나는 시의회로 출근한다

김 영 희 　 의 정 일 기

나는
시의회로
출근한다

김영희 지음

부산광역시의회 5대(2006년~2010년) 시의원

산지니

무엇보다도 너 자신에게 진실하라!

— 셰익스피어

벌써 4년이 지났다. 아니 이제야 4년이 지났다고 말하는 것이 맞겠다. 2006년 7월 1일부터 임기를 시작해서 2010년 6월 30일까지 했던 부산광역시 시의원 활동이 내게는 너무나 긴 시간이었다.

의회 본회의장에 들어선 첫날의 낯섦은 지금도 기억이 생생하다. 살아온 날을 회상하기에는 내가 아직 젊다고 생각하지만, 지난 4년 동안의 의정활동은 내가 그동안 살아왔던 40여년의 시간과 공간을 훌쩍 뛰어넘는 것이었다.

의원으로서 시의회에 처음 발을 들여 놓았을 때, 부산시의회에 친분이 있는 사람은 아무도 없었다. 의회 안에서 나를 제외하고는 자기들끼리 다들 잘 알고 있는 것 같았고, 나만 혼자 던져진 느낌이었다. 애초 아무런 기대를 하지 않았지만 왠지 모를 소외감으로 나는 자꾸 움츠러들었고, 그만큼 모든 면에 있어서 조심스러웠으며 스스로 위축되었다. 심지어 내가 의원이랍시고 나를 대우해주는 공무원들의 태도도 무척이나 낯설고 부담스럽기 짝이 없었다. 그러나 한편으로는 눈치 볼 사람도 없고, 꺼릴 것도 없었다. 내가 평소 살아온 대로 소신껏 의정활동을 펼치면 그만이었다. 하지만 마음 한구석에 주눅이 드는 것은 어쩔 수가 없었다.

지난 4년 동안의 의정활동을 어떻게 정리할 것인가 고민했다. 처음에는 그동안 써온 일기 내용을 그대로 의정일기라는 형식으로 정리할까도 생각해보았다. 그러나 시의원의 활동이 개인의 활동이 아니라는 점과 그 신분 역시 부산시민을 대표하는 것이기 때문에 사사로운 일상까지 망라할 필요는 없다는 생각에 내용을 조금 다듬어 정리하기로 하였다.

그렇다면 어느 정도 책임성이 있는 글로 정리되어야 했다. 그리고 아직 서툴지만 의정활동에 임하면서 느낀 생각을 나 개인의 정치적 소신으로 재정립하는 과정도 필요하다는 생각이 들었다. 내 개인의 사사로운 일기가 아닌 바에야 부산 시민에게 조금이라도 도움이 될 만한 이야기를 정리하는 것이 좋겠다는 생각을 했다. 그리고 이후에 임기를 시작하는 시의원들에게도 조금이나마 도움이 될 만한 내용이 되어야 하지 않을까도 생각했다. 일기라는 형식을 빌리지만 꼭 일기로만 정리하지는 않았다.

의외로 의정활동은 복잡하다. 그리고 골치가 아플 정도로 그 분야 또한 다양하다. 전혀 들어보지도 못한 내용이 의회 안건으로 상정될 때도 있다. 그럴 때면 밤을 새워 공부를 해도 그 안건이 다루어질 때까지 제대로 내용조차 파악을 하지 못할 때도 있다. 시의원이 이 정도인데 일반 시민이 자신의 이해관계가 아닌 분야에서 일어나는 의회활동의 내용을 제대로 이해하기에는 거의 힘들다고 보면 될 것이다.

그래서 나는 의정일기를 일기라는 형식을 빌리되 내용을 중심으로 다시 정리하여보았다. 그래도 시민들이 자신의 삶과 관련이 있는 활동 분야가 있으면 관심을 가질 수 있게 각각의 꼭지를 따고 그 내용에 따라 과정을 삽입하는 방식으로 정리했다.

이러한 나의 의정일기는 전적으로 나의 경험에 의존한 것이다. 그렇기 때문에 이 일기에서 보여주는 내용이 모두 정확한 것은 아닐 것이다. 어쩌면 일기에서 언급하는 각종 문제가 그것들의 상호작용 속에 내가 보지 못한 숨겨진 사실관계들이 있을 것인데, 내가 그것을 보지 못한 채 나타난 현상만을 가지고 정리한 내용도 있을 것이다.

하지만 이 의정일기는 당시에 일어난 일들에 대해 그때그때 내가 보고 느끼고 발언한 것들을 일기로 기록한 것이다. 지나치게 솔직하고 감정이 드러나는 세세한 부분이 많아서 이 글의 내용에 해당하는 당사자들이 매우 불편해할 수 있다는 것도 고백하지 않을 수 없다. 널리 양해를 구할 뿐이다. 동료 시의원들이 4년간 나를 지켜보고 함께하며 가졌던 나에 대한 이미지가 일치할 수도 있겠고, 이렇게 동료의원을 날카롭게 후벼 파내다니 하면서 기분 언짢아할 수도 있겠다는 생각이 든다.

만약 이 책의 내용들이 외부에 기고하는 글이었다면, 매우 정제되고 관조하듯이 썼을 수도 있었다는 생각이 든다. 하지만 일기라는 것이 일어난 일에 대해 있는 그대로, 생각하는 대로 쓰일 수밖에 없기 때문에 나 개인의 주관적인 생각이 많이 가미될 수밖에 없었다.

이번에 의정일기를 정리하기 위해 지난 일기를 다시 찬찬히 읽어보면서 나 역시 놀랐다. 당시에 일어났던 각각의 사안에 대해 이렇게까지 자세히 정리를 하고 고민을 했단 말인가 싶을 정도였다. 만약 이렇게 일기를 그때그때 써놓지 않은 상황에서 누군가가 기억을 더듬어 지난 4년간의 활동을 써보라고 한다면 도저히 이렇게는 쓸 수 없을 것 같았다. 그렇기 때문에 이러한 일기 내용에 대해 다소 심기가 불편한 사람이 있다고 할지라도 그 당시의 사실을 있는 그대로 정리하고 그때의 감정까지 그대로 반영하는 것이, 부산 시민에 대한 나의 의무가 아니겠는가 하는 생각에 그대로 정리하기로 했다. 물론 조금의 수정은 불가피했지만 말이다.

나는 그동안의 의정활동에 대한 평가를 통해 과분한 칭찬을 많이 받았다. 시의회는 1년에 한 번 행정사무감사를 수행하고, 예산결산에 대한 심사, 조례 제정과 개정을 주된 임무로 한다. 그 외 시장과 교육감을 상대로 어떤 사안에 대해 본회의장에서 시정질문을 진행하기도 한다.

의원은 하려고만 한다면 할 수 있는 일이 매우 많다. 이런 활동을 통해 시집행부와 의회가 긴장관계를 유지하면서 적절히 조화를 이룬다면 시민들이 누릴 권리와 삶의 질은 더 나아질 수 있다. 하지만 나의 의정활동 4년은 단 1명의 소수당 의원으로서 수행했던 활동이었다. 그렇기 때문에 4년 내내 동분서주했지만 내가 이루고자 한 애초의 뜻은 기대에 못 미치거나 찻잔 속의 태풍으로 끝난 것 아닌가 하는 생각도 든다.

특히 의원 중에서 부산시장을 상대로 시정질문을 제일 많이 했지만, 본회의장에서 내가 들을 수 있었던 시장의 답변은 형식적이고 구태의연한 답변들뿐이었다. 진정성을 느낄 수 없는 답변이라는 것이다. 진정으로 내가 듣고자 했고, 시민들이 열망하고 고대했던 답변은 끌어낼 수가 없었다. 아마도 시의회가 한 개의 당이 일방적으로 독주를 하는 것이 아니라 어느 정도 적절한 여·야의 균형관계를 유지했더라면 상황은 판이하게 달라질 수 있었다고 믿는다.

미래는 과거의 역사와 함께 오늘의 현실을 반영한다. 오늘의 현실을 직시하고 그것을 조금씩 바꾸어나갈 때 미래는 좀 더 나은 상황으로 다가올 것이다. 역사에는 비약이 없다고 한다. 미래는 과거의 우리, 현재의 우리를 고스란히 평가하는 거울이 될 것이다.

2007년 일기가 상대적으로 적다. 일어난 일들은 무척 많았는데 나에게 시간적 여유가 없었던 탓이다. 2008년 초에는 민주노동당이 분열하면서 민주노동당과 진보신당, 어느 한 편에도 설 수 없는 처지에 놓이게 되었다. 그 이후로 나는 거의 당과 교류를 하지 않고 의정활동에만 전념하게 되었다. 그래서인지 2008년, 2009년에 쓴 일기가 많다. 스스로를 당 활동에서 해제시킨 결과다. 잃는 것이 있으면 얻는 것도 있다는 말이 맞는지 모르겠지만 아마도 상대적으로 남는 시간을 의정활동에 대한 일기뿐만 아니라 각종 기고문이나 교육을 위한 강의 자료를 만들기 위해 글을 쓰며 보낸 것 같다.

이렇게 당 활동과는 거리를 두면서 지낸 나의 처지가 2010년 6월 2일 실시된 동시 지방선거에 출마하지 않은 이유로도 말할 수 있을 것이다. 이 글을 쓰고 있는 지금 나는 의원 신분이 아니다. 그리고 민주노동당도 탈당했다. 현재 나는 아무런 정당에도 소속되어 있지 않다. 다시 원점에서 시작하리라 마음먹으면서 이 글을 쓰고 있는 것이다.

한편으로는 지난 4년 동안 민주노동당과 진보신당 소속 모든 당원들에게 감사를 드린다. 비록 당은 분열되었지만 그동안 맺어왔던 많은 당원들의 격려와 성원이 있었고 그것은 나에게 큰 힘이 되었다. 내가 무사히 의정활동을 할 수 있도록 배려해준 것에 많은 감사를 드리면서 이 의정일기를 통해 지난 4년간의 활동을 보고 드린다.

이제는 약간 홀가분한 마음을 가지고 내가 선택할 수 있고, 가고 싶은 길을 가려고 한다. 지켜봐주시길 바란다. 또한 나의 가족들, 특히 친정 엄마와 남편, 딸 지현에게도 고마움을 전하고 싶다. 딸과 아내, 엄마로서 당연히 담당해야 할 몫이 4년이나 유예된 셈이다. 의정활동 4년을 대학입학시험 준비하듯이 했다. 고등학교 3학년을 4년 동안 보낸 거나 마찬가지의 세월을 보냈으니 남편과 딸의 수고로움은 말로 다 표현할 수가 없을 것이다. 우리 가족들에게 너무나 감사하다.

2011년 1월
김영희

| 차례 |

김 영 희 의 정 일 기

제3부

그래도 남은 일기

김 영 희 의 정 일 기

시민을 대신해 말했다

첫 출근

2006년 7월 5일,
처음으로 양복을 입고 출근을 하다.

아침에 영도 봉래동에서 버스를 탔다. 그리고 영도다리를 건너 남포동에서 지하철을 갈아탔다. 자리가 없어 서서 가는 내내 지하철 안의 분위기가 어색하다. 오늘이 7월 5일, 부산광역시의회에 첫 등원을 하는 날이라 여름양복을 한 벌 구해 입고 가는 중이다. 지하철 안은 마침 에어컨이 나와 시원하기는 하였지만 앉아 있는 사람들 대부분은 반팔 티셔츠에 얇고 짧은 바지나 치마를 입고 있는데 나만 긴팔 양복을 입고 있다. 그것도 짙은 감청색 양복이다. 이날따라 필기구와 지갑 그리고 가지고 갈 서류가 몇 개 있어 커다란 핸드백을 어깨에 메고 가는 내 모습이 왠지 어색해 보인다. 더구나 지금까지 집안 결혼식이나 명절을 제외하고는 양복을 입고 다닌 적이 없는 나로서는 몸에 맞지 않는 헝겊을 둘러쓴 기분이다. 부산역을 지나자 마침 자리가 하나 비어 앉자마자 눈을 감아버렸다. 그리고 한번 감아버린 눈은 부산시청역에 도착할 때까지 뜨지 못하였다. 속으로 많은 생각이 났다. 당장 남편에게 승용차를 사자고 해야겠다. 그리고 나는 운전을 못하니까 남편을 자가용 운전수로 채용해야지. 차는 어떤 차를 사지? 옷도 한 벌 더 마련해야 되겠다. 이런저런 생각을 하며 나는 속으로 피식 웃었다. 우선 이런 내 생각들이 남편에게는 씨알도 먹히지 않을 거라는 점과 짧은 기간이지만 선거운동을 하는 동안 나 자신에게 한 약속이 있었기 때문이다.

사실 나는 부산시민들의 시의원으로 선택되기 전에 매우 치열한 당내경선을 거쳤다. 야당 몫으로 정해져 있는 비례시의원은 일정비율 이상의 당지지율을 획득하면 자동으로 당선되기 때문에 당 내부 경선은 매우 치열할 수밖에 없었다. 전체 당원이 투표를 하여 내가 2표차로 상대후보를 이겼다. 이후부터 나는 시장후보와 각 지역구로 출마한 타 후보를 지원하기 위해 바쁘게 돌아다녔다. 그리고 그때마다 시민들 앞에 여러 가지 약속을 하였다. 그 약속 중에 내가 시의원 활동을 하는 동안 대중교통을 이용하겠다는 내용이 들어 있었다. 어차피 나는 승용차도 없고 운전도 하지 못하니 별다른 생각도 없이 쉽게 한 약속이었다.

그 약속을 떠올리며 나는 속으로 다시 웃었다. 이 약속은 내가 지킬 수밖에 없는 약속이기 때문이다. 지키기 싫어도 지킬 수밖에 없는 약속, 그것은 내가 차가 없기 때문이고 운전을 할 줄 모르기 때문이다. 거기에 더해서 나의 남편은 절대로 이런 나의 편리를 도와줄 리가 없기 때문이다.

부산시청역에 도착했다는 음악소리가 경쾌하게 들려온다. 비로

소 눈을 뜬 나의 눈길에 지하철 문이 스르르 열린다. 지금부터다! 지하철역을 나서 부산시청 건물로 들어서서 시의회로 걸어가며 나는 심호흡을 하였다.

첫 출근이라고 해야 하나? 정해진 출근시간도 없고, 누가 간섭하는 사람도 없고, 출근카드도 없다. 그러나 나는 출근을 해야만 한다. 하루도 빠짐없이 출근을 해야 한다. 그것도 버스를 타고 지하철을 갈아타면서 출근을 해야 한다. 이것은 시민과의 약속이다. 그리고 나와의 약속이다. 앞으로 4년 동안 지켜야 할 약속이다. 그 약속을 위해 나는 최선을 다할 것이다.

시의회 회의장에 들어선 첫날, 낯선 날이다

첫 등원하는 날! 오전 9시 30분부터 시청 앞 광장에서 부산지역 시민사회단체와 민주당, 민주노동당 등이 함께하는 지하철요금인상 관련 기자회견이 있어 참석하였다. 시의원으로 의회 회의장에 들어서기도 전에 기자회견 집회부터 한 셈이다. 기자회견을 마친 뒤 바쁘게 시의회 본회의장으로 갔다. 이미 많은 의원들이 와 있었다.

본회의장으로 들어서면서 나는 무언가 두려움을 느꼈다. 아니 두렵다기보다는 그 두려움 뒤에 일어나는 전율이랄까, 오히려 몸 전체를 감싸고도는 짜릿한 몸떨림, 희열감이 일어났다. 의장석에는 시의회 공무원이 분주하게 왔다 갔다 하며 회의준비에 바빴다. 나의 자리를 찾아 두리번거리는데 의회직원이 안내를 해주었다.

5대 시의회의 첫 등원에서 의원들이 하는 일은 앞으로 시의회를 이끌 의장단과 상임위원회를 구성하고 상임위원장을 선출하는 것이다. 그야말로 하루 종일 투표를 하면서 시간을 다 보냈다. 투표방식은 말로만 듣던 교황식 선출방식으로 진행되었다. 사전에 입후보도 하지 않고 당일 자기가 원하는 사람 이름을 써내는 선거방식이었다. 선거방식이 이렇다 보니 하루 종일 투표가 진행되었다. 그냥 의원 이름을 써내면 제일 많이 쓰인 의원을 의장으로 뽑고, 다음 부의장 선거는 선출된 의장을 제외한 채 다시 교황식으로 의원 이름을 써내는 식이다.

제1부의장이 뽑히고, 제2부의장은 의장과 제1부의장을 제외하고 다시 다른 의원 이름을 써낸다. 보통 일이 아니었다. 나서는 사람도 없는데 계속 이런 이름 써내기를 하다니, 황당하기 그지없었다. 그리고 상임위원장 선거도 마찬가지로 한꺼번에 5개 상임위원회 의원들 이름을 써 낸다. 의장, 부의장, 상임위원장이 어떻게 의회를 이끌어나갈 것인지 아무런 발언도 없이 그냥 이렇게 한다. 이게 민의의 전당 시의회에서 진행하는 투표방식이다. 현재 부산뿐만 아니라 전국 시의회에서 이렇게 투표를 하고 있다고 한다. 그리고 각 의원들을 상임위원회에 배정하는 일을 의장단이 진행한다. 2년에 한 번 의장단 선거하느라고 본회의장이 하루 종일 바쁘다. 이날만큼은 아무리 바빠도 시의원들은 누구 하나 자리를 비우지 않고 하루를 같이한다고 하였다.

의원들은 의사담당관의 호명에 따라 의장선거를 했다. 조길우 의원이 의장에 당선됐다. 다음 순서는 제1부의장 선거였다. 선출된 의장을 제외하고 의원 이름을 다시 썼다. 박삼석 의원이 제1부의장으로 당선되었다. 그리고 제2부의장 선거를 했다. 1표 차이로 조양환 의원이 제2부의장이 되었다. 이렇게 의장단 선거를 하고 나니 오전이 다 가버렸다. 오후에는 각 상임위원장을 선출한다고 했다. 점심을 먹고 다시 의원들은 자기가 원하는 상임위를 의장한테 써내고, 상임위가 배정되었다. 각 상임위원을 배정하는 데도 시간이 걸렸다. 인기 있는 상임위가 있는가 하면 그렇지 않은 상임위원회가 있어서 그런지 어떤 상임위는 지망하는 의원이 많아 본인이 원하는 상임위에 배정받지 못한 의원도 있었다. 그들은 불만이 가득했지만 선거는 계속 진행되었다. 운영위원장을 제외하고 5개 상임위원회 위원장 선거는 한꺼번에 이름을 다 써내는 방식으로 진행되었다. 한나라당 45명 의원들은 서로를 어느 정도 알아서 그런지, 아니면 사전에 어떤 정보를 갖고 있는 것인지 별 어려움 없이 선거를 하는 모양새다.

*

나는 이러한 선거과정에 나 홀로 참여하였다. 누가 누구인지 거의 알 수 없는 상황에서 투표를 해야 하는 심정은 스스로 접해보지 않고서는 이해하기 힘들 것이다. 나로서는 시의회 의장부터 전혀 모르는 사람이다. 물론 4대 민주노동당 시의원을 했던 분의 조언이 있었지만 그 조언만으로 지금 상황이 이해될 수는 없었다. 그리고 누가 누구인지 알 수 없다는 것은 부산시의회 의원 47명 중 45명이 한나라당 소속이고 지금까지 일면식도 없는 사람들이었기 때문이다. 더구나 야당 의원은 2명밖에 없었다. 그것도 비례대표 시의원이다.

그런데 단 1명 아는 사람이 있었다. 대학시절 소위 학생운동을 할때 함께했던 후배가 있긴 했다. 하지만 이 의원 역시 소식이 끊긴 지오래되었고 그동안 한나라당으로 입당하여 국회의원 보좌관을 한다는 풍문만 들어왔을 뿐이었다. 그런데 시의회에서 만나게 될 줄누가 알았겠나. 이 후배 역시 당황했을 것이다.

어쨌든 그런 한나라당 일색의 본회의장에서 의장, 부의장, 상임위원장 선거를 해야 했으니 정말 어떻게 해야 할지 전혀 감이 잡히지 않았다. 같은 당 전 시의원 선배의 조언을 참고하여 몇몇 의원 이름은 써냈지만 상임위원장은 도저히 이름을 쓸 수가 없었다. 할 수없이 투표용지에 이름을 쓰지 않은 채 낼 수밖에 없었다. 모르는 사람 이름을 함부로 쓰고 싶지는 않았다. 나중에 후회할 수도 있으니까 말이다.

이날 하루의 회의는 이렇게 시작되어 오후 6시가 되어 끝났다. 그리고 이날 하루의 활동으로 임시회를 폐회하고 1주일 후에 다시 임시회를 개최한다고 하였다.

첫 시정질문과 상임위 활동

2006년 7월 중순,
벌써 날짜를 잊다.

7월 중순이 되어 임시회가 소집되고 두 번째로 임시회에 참석하게 되었다. 7월 임시회는 시정질문이 있다. 1년 중 3월, 7월, 10월을 정하여 세 번의 시정질문을 할 수 있다고 한다. 나는 지하철요금인상 건과 관련해서 시정질문을 하겠다고 신청했다. 사실 나는 의회가 개원하기도 전인 6월 말부터 지하철요금인상에 대해 문제의식을 가지고 있었다. 시장한테 이 문제에 대해 물어보고 앞으로 어떻게 해나갈 것인지 직접 답변을 들어야 되겠다는 생각을 가지고 이런 저런 고민을 하고 있었다. 지하철요금인상 문제는 부산시민들에게 중요하다고 판단했기 때문이다.

특이한 것은 이날 나를 포함해서 초선의원 3명이 시정질문에 나섰다는 것이다. 시의회의 관행상 보통은 첫 번째 원을 구성하고 나서 7월은 시정질문을 잘 하지 않는데 5대 의회에서 이 공식을 깨뜨렸다고 하였다. 특히 지하철요금인상 건을 가지고 부산시장을 직접 불러내어 질문을 하면서 의원의 역할이 얼마나 중요한 것인지 실감했다.

먼저 교통국장을 답변대에 세우고 질문을 했다. 올해 초 건설교통위원회에서 지하철요금을 100원 인상할 거라고 의원들한테 보고했는데 100원의 인상근거가 뭐냐고 물었다. 국장은 답변을 하지 못

했다. 주먹구구식으로 올린 것 아니냐고 물었지만 동문서답을 할 뿐이었다. 국장이 제대로 답변을 하지 못하자 나는 사전에 준비한 대로 시장을 답변대로 불렀다. 시장과 질문 · 답변을 하면서 치열한 공방이 벌어졌다. 그리고 공방 끝에 시장으로부터 내년에는 지하철 요금을 인상하지 않겠다는 답변을 받아냈다. 의외의 답변이었다. 함께 참석한 시청 고위공무원들이 서로 얼굴을 마주보며 술렁였다. 물론 100원의 인상근거가 없다는 점이 확인되고 그러한 점을 조목 조목 따져 묻는 나의 논리에 대해 궁색한 답변을 할 수밖에 없는 시 장으로서는 내 말을 받아들일 수밖에 없었을 것이다. 또한 본회의 장이라는 공개적인 자리에서 방청석 시민들이 지켜보고 있다는 점 도 이러한 시장의 답변을 끌어내는 데 힘이 된 것 같다.

그렇게 본회의장에서 처음으로 시정질문을 마무리했다. 그동안 막연하게 생각했던 의정활동에 무언가 가닥이 잡히는 것 같았다. 아! 이렇게 하면 되는구나 하는 생각이 들었다.

기획재경위원회를 택하다

시정질문이 끝나고 나서 다음 날부터 각 상임위원회별로 업무보 고 청취가 시작되었다. 상임위원회는 의장을 제외한 의원 46명이 5 개 상임위에 소속되어 부산시의 활동을 감시감독하고, 예산안에 대 한 예비 심사와 조례 제 · 개정 활동이 주가 된다. 본회의는 특별한 경우가 아니라면 상임위에서 결정한 사항을 거의 대부분 승인하는 요식절차에 불과하다. 그렇기 때문에 상임위활동은 의회활동에서 기본이 된다고 해도 지나친 말이 아니다.

　나는 기획재경위원회를 선택하였다. 물론 이러한 상임위조차도 의장단이 각 의원을 선정하여 배치해야만 하기 때문에 본인이 원하는 대로 배정되는 것은 아니다. 그럼에도 나는 야당의원으로서 의장단과 일전을 치르고서라도 나의 요구를 관철시킬 각오로 기획재경위원회 배치를 요구하였다. 처음에 의장단에서는 나를 보사환경위원회로 배치하겠다는 의사를 전달해왔다. 이미 기획재경위원회 위원 정원이 모두 찼다는 것과 민주노동당 시의원은 보사환경 관련 활동에 관심이 더 많은 것 아닌가 하는 것이 그 이유였다. 물론 전임 민주노동당 시의원 역시 보사환경위원회 활동을 했다는 것도 덧붙였다. 말은 안 하지만 아마도 내가 여자라는 이유도 있었을 것이다. 여성은 복지와 환경에 주로 맞지 않겠는가 하는 생각이었을 게다. 그러나 나는 기획재경위원회 배정을 요구하였다. 그 이유는 기획재경위원회가 부산시 전체 활동을 종합적으로 파악하고 시정에 관한 기획과 예산을 수립하는 곳이었기 때문이다. 그래서 나는 기획재경위원에서 활동을 하고자 마음을 먹고 있었다. 의장에게 직접 찾아가 이러한 내 생각을 전달하였다. 의장은 4대 때 한나라당 비례대표 의원으로 들어온 한국노총 소속 의원과 민주노동당 의원이 언쟁을 많이 했기 때문에 내가 기획재경위원회에 가는 걸 경계했다. 한국노총 소속 의원은 계속 비례 2번으로 시의원으로 들어왔고, 이 의원은 기획재경위원회에서 활동을 하기 때문에 내가 같은 상임위원회에 있는 것이 바람직하지 않다고 생각을 한 모양이었다.

기획재경위원회 위원이 되어 현장확인을 나가다

그러나 나는 나의 주장을 굽히지 않았다. 한나라당을 빼고는 5개 상임위원회조차 다 채우지 못하는 2명뿐인 야당의원인데, 야당의원이 원하는 상임위원회에 배정하지 못한다는 것은 말이 안 된다. 그리고 한국노총 소속 시의원과 뭐가 그리 격돌할 일이 많을 거라고, 아닌 말로 격돌한다고 할지라도 그것은 의정활동의 문제이고 의원 개인의 몫이다. 배려치고는 과잉배려다. 또한 왜 한국노총 출신 비례의원들만 계속 기획재경위원회에 배치해야 한단 말인가? 의장단은 의회운영에 대해 말하면서 소수당을 배려한다는 약속까지 했다. 생각하고 있지도 않는 보사환경위원회에 일방적으로 배치하는 것은 그 약속에도 어긋난다.

나는 끝까지 내 주장을 했고 의장단에서도 야당의원에 대한 배려와 함께 동료의원에 대한 이해심으로 받아주면서 나는 기획재경위원회 위원이 되었다. 상임위원회에서 첫 업무보고를 받았다. 열흘간의 업무보고는 나에게 매우 큰 도움이 되었다. 업무보고를 처음 시작했을 때 나는 무엇을 어떻게 해야 하는지 알 수가 없었다. 그러나 열흘간의 업무보고를 다 듣고 나서는 상임위원회의 활동 내용을 대충 파악하게 되었고 이후 활동에 대해 어떻게 준비해야 하는지 알게 되었다.

의원 개인 사무실이 없다

시정질문 준비와 함께 앞으로 어디로 출근할 것인가가 고민되기 시작했다. 부산광역시의회에는 의원 개인 사무실이 없다. 각 상임위별로 방을 정하여 약 9명의 의원들이 공동으로 사용하는 사무실이 있다. 일단 그곳으로라도 출근하기로 마음을 먹었다. 지난 4대 민주노동당 의원은 당사무실로 출근했다. 그러나 5대 시의원부터는 의원유급제가 도입되고 그만큼 시민들의 기대가 커지면서 의원의 의정활동에 대한 책임도 무거워진 것이다. 그리고 한나라당 초선 의원 중에도 의정활동에 전념하는 의원들이 생기고 이분들이 의회로 출근한다는 소식을 접하게 되었다. 나도 시의회로 출근하는 것이 좋겠다는 생각을 했다. 마침 민주노동당 당사도 좁고 민주노동당 의원의 존재감을 알릴 필요도 있어 당에는 시의회로 출근하겠다는 의사를 전달했다. 나는 그렇게 해서 매일 시의회로 출근하게 되었다.

누가 내 출근을 체크하는 것은 아니지만 매일 9시에 출근해서 저녁 6시까지는 근무하기로 마음을 먹었다. 당으로 출근한다고 해도 상근자들의 출퇴근이 이 시간에 맞춰져 있으니까 당연하다고 생각했다.

출근해야 할 사무실은 기획재경위원회실이다. 기획재경위에는 의원 책상 10개가 놓여 있다. 다른 상임위원회는 의원 9명으로 구성되어 있어 책상 9개가 있다. 기획재경위원회의 피감기관이 제일 많기 때문에 다른 상임위원회보다 의원이 1명 더 많다고 한다. 각 의원 명패가 책상 위에 놓여 있어 내 책상을 찾아 앉으면 되었다. 14평 정도 되는 방에 학교 교무실처럼 책상이 줄을 맞춘 듯 붙어 있다. 바로 내 책상 옆에 붙어 있는 한나라당 시의원도 출근을 한다고 한다. 4대 의회 때는 의원실로 출근하는 의원들이 없어서 의회 직원들이 편하게(?) 근무했다고 하는데, 몇몇 의원이 출근하기 시작하자 직원들이 분주해졌다.

기획재경위원회 의원은 10명이 있지만 1명은 부의장이다. 부의장은 부의장실이 따로 있어 상임위원회실로 오지 않는다. 그래서 9명이나 마찬가진데, 거의 매일 나오는 의원은 나를 포함해서 2~3명이다. 물론 매일 의원 사무실에 출근한다고 해서 의원의 책임을 다한다거나 의정활동을 잘한다고 볼 수는 없다. 그러나 유급제 의원으로서 최소한의 의무를 다한다는 의미로 나만의 방식을 정해본 것이 출근이었다.

의외로 상임위원회실은 조용했다. 나는 아직 초선의원으로 업무파악도 힘든 상황이라 내 책상 위에 놓인 자료를 훑어보기도 바쁘다. 나와는 달리 다른 의원들은 꽤 바쁘게 움직이는 것 같다. 그러다보니 다른 의원은 자리를 비우는 시간이 많아 나 혼자서 방을 사용할 때가 많은 편이다. 어떤 면에서는 의원 10명이 다 나온다면 꽤 시끄러울 텐데 나 혼자서 사용할 때가 많으니 조용해서 일하기는 좋았다. 바로 옆방은 기획재경위원회 전문위원실 직원들이 근무한다. 10명의 의원들 방보다는 작았다. 직원들은 늘 그 방에서 근무하면서 의원들을 보좌하는 업무를 맡았다.

*

나는 매일 9시까지 시의회로 출근하기 위해 8시 20분 정도에 집을 나선다. 버스를 타고 영도다리를 건너 남포동역에서 지하철로 바꿔 탄다. 차 없이 지금까지 살아왔기 때문에 차가 없어서 그렇게 불편하다고 생각하지는 않는다. 의원이 되면 바쁘게 다녀야 하고 그렇기 때문에 승용차가 필요할 수도 있을 것이다. 그러나 승용차로 출퇴근할 만큼 내 주머니 사정은 넉넉하지 못하다.

어쩌겠는가. 살아온 대로 살아야지. 의원이 됐다고 해서 빚을 내서 차를 살 수도 없고, 시간을 맞춰놓고 더 용의주도하게 움직일 수밖에. 그렇게 매일 매일 대중교통을 이용해 시의회로 출근한다.

그런데 한 가지 어색한 것은 있다. 의원들은 늘 정장차림으로 다니기 때문에 나 혼자 편한 차림을 하기는 어렵다. 7월에 등원해서 더운 여름인데도 모든 의원들이 긴 와이셔츠에 양복을 입고 있다. 여성의원들도 곱게 차린 정장을 입고 있다. 그런 분위기 속에 나 혼자 반팔을 입고 다닐 수가 없다. 이런 의회 분위기가 익숙하지 않지만 일단 분위기에 맞추기로 했다. 나 혼자 하던 대로 하면 나만 주목을 받기 때문에 그것은 싫었다. 되도록 의회 분위기에 맞추는 것이 나도 편하고 그들도 어색하지 않을 것 같아 정장을 입고 다녔다. 그러니 대중교통을 이용하는 나로서는 난감한 일이었다. 다른 사람은 다 반팔을 입는데 긴팔 정장을 입고 다니니 영 말이 아니었다. 하지만 어쩌겠는가! 여름의 긴팔 정장도 의정활동의 일부로 받아들일 수밖에……

첫 반대토론

2006년 9월 7일,
162회 임시회 본회의 2차 부산경제회복을 위한
산업용지 확충 촉구안에 대하여 반대토론에 나서다.

의회를 구성한 지 채 두 달도 안 된 8월 말경에 조길우 시의회 의장이 기획재경위원회 위원장을 통해 '촉구안'을 기획재경위원회 명의로 발의할 것을 급하게 요구해왔다. '촉구안'의 정식명칭은 '부산경제회복을 위한 산업용지 확충을 위한 촉구안'이었다. 이 안건 상정과 관련해서 나는 위원회실에 나오는 몇몇 의원과 의견을 나누었다. 의원들 반응은 부정적이었다. 기획재경위원회의 이러한 반응을 감지한 조길우 의장이 '촉구안'을 상정하기 위해 의원들을 개별 접촉하기 시작했다. 그리고 의장은 자신의 의견에 동조하는 의원들을 설득해서 상임위원회를 열어 이 안건을 통과시키기 위한 수순을 밟아나갔다.

그런데 그 방법이 나로서는 이해할 수 없는 일이었다. 5대 의회

들어 상설화된 예산결산특별위원회(이하 예결특위)가 첫 업무보고를 청취하는 날의 같은 시간대에 기획재경위원회를 열어 이 안건을 처리한 것이다. 나는 기획재경위원이었지만 동시에 야당 몫의 예결특위 위원이었기 때문에 미리 회의가 잡혀 있었고, 첫 업무보고를 하는 예결특위에 참석해야만 했다. 또한 예결특위에는 기획재경위원회 소속 의원이 2명이나 더 있었다. 더구나 1명은 예결특위 위원장을 맡고 있었다.

이러한 사정을 다 알고 있으면서도 위원장은 기획재경위원회 소집 방침을 그대로 밀고 나갔다. 나는 이러한 사실을 사전에 모르고 있었다. 예결특위가 열리고 있는 중에 기획재경위원회 회의참가 통지가 왔다. 갑자기 소집된 회의이기도 하지만, 예결특위에서 진행되고 있는 시정 관련 첫 업무보고는 매우 중요한 사안이라 나는 회의 자리를 빠져나갈 수가 없었다. 그러나 다른 의원은 잠시 자리를 비우고 회의를 진행하는 일이 아무것도 아닌 듯했다.

그리고 그 회의는 나를 제외한 상태에서 '촉구안'을 통과시켰다. 이렇게 통과된 기획재경위원회 명의의 촉구안은 9월 7일 162회 임시회 마지막 날 본회의에 상정하여 처리한다고 했다(뒤에 확인한 기획재경위원회 회의록에는 나까지 참석하여 촉구안을 결의한 것처럼 되어 있었다).

이러한 일련의 과정을 그냥 두고 볼 수는 없었다. 촉구안의 내용도 문제지만 그 처리 과정은 도저히 묵과할 수 없는 일이었다. 아무리 시의회가 한나라당 일색이라고 하지만 의회에서 지켜져야 하는 최소한의 민주적 절차는 밟아야 하는 것 아닌가? 이런 일이 반복되

어서는 안 되겠다는 판단으로 당과 의논하여 본회의장에서 반대토
론을 하기로 결정했다. 기획재경위원회 전문위원실을 통해 반대토
론을 신청하고 9월 6일 저녁에 나는 민주노동당 부산시당 운영위원
회가 있어서 참석했다. 의정활동 보고를 통해 산업용지 확충을 위
한 촉구안이 가진 문제점을 공유하고 반대토론에 나선다는 설명을
상세하게 했다.

162회 임시회 본회의에서 '부산 경제 회복을 위한 산업용지 확충을 위한 촉구안'에 대한 반
대토론에 나서다

그리고 나는 반대토론문 작성을 위해 당 사무실에서 정책위원들과 머리를 맞댔다. 전혀 예기치 못한 안건 상정에 대해, 내가 의원이 되고 나서 처음으로 반대토론에 나서야 한다는 것이 약간 부담이 되었다. 또한 소속 상임위원회에서 발의한 안건에 대해 같은 소속 의원이 본회의장에서 반대토론에 나선다는 것이 동료의원들에게 어떻게 비칠지 염려스럽기도 했다. 혹여 향후 의정활동에 동료의원들의 협조를 얻어내는 데 어려움이 닥치지 않을까 하는 걱정도 되었다. 하지만 민주노동당 의원이 당연히 감수해야 할 몫이라면 짊어져야 할 수밖에 없음을 잘 알기에 토론문 내용 속에 그런 마음을 담았다.

9월 7일 오전 10시에 본회의가 열리고 마무리 시점에 나는 반대토론에 나섰다. 의원 한 사람이라도 반대하면 상정된 안건은 투표를 해야 한다. 나의 반대토론으로 촉구안을 만장일치로 채택하려던 계획은 물 건너간 셈이다. 나는 본회의장 의장석 아래 발언대로 나갔다. 미리 준비한 원고를 읽어 내려갔다. 그리고 표결이 시작되었다. 표결 결과 46명 의원이 참석한 속에 10명이 내 의견에 동의해서 반대와 기권표를 던져주었다. 나는 안도했다. 첫 반대토론이라서 얼마나 많은 의원들이 내 의견에 동의를 표시해줄지 마음을 졸였는데 생각보다 훨씬 많은 의원이 내 의견에 동의해준 것이다. 비록 촉구안은 채택되었지만 11명의 의원이 반대함으로써 이후 의회운영에 대한 경고를 한 셈이 되었다.

부산시의 이상한 행정

2006년 10월 20일,
부산외국어대학교 부지 특혜, 해도 너무 하다.

　기획재경위원회에 넘어온 공유재산 관리계획을 심의하기 위해
자료를 검토했다. 그중에 부산시가 외국어대학교로부터 기부채납
받는 토지 취득 건이 있었다.

　내가 속한 기획재경위원회는 재정관실을 소관 업무로 하고 있었
기 때문에 부산시 예산을 제일 가까이에서 살펴볼 수 있는 이점이
있다. 재정관실은 몇 개 과로 나뉘어 있고 재산의 취득과 매각 관련
업무도 다루고 있는데, 재산의 취득과 매각은 반드시 의회의 승인
을 얻어야 하며 기획재경위원회에서 예비심사를 한다. 의원이 되어
처음으로 예비심사를 하는 자리인 만큼 공부를 열심히 했다. 그런
데 그 내용이 참으로 특이했다.

　공유재산 관리계획을 심의해달라고 부산시가 의회에 넘긴 의안
은 몇 가지가 묶여 하나의 안건으로 넘어왔는데, 이중에서 그동안

그린벨트로 묶여 있던 남산동 부산외국어대학교 캠퍼스 부지가 풀리면서 대학교를 조성할 수 있게 된 건이 있었다. 이 건은 용도가 변경되어 생기는 막대한 개발이익 가운데 일정 부분을 사회에 환원하는 조건으로 그린벨트가 풀리게 된 것이다. 그러므로 외국어대학교 측은 부산시에 토지를 기부채납해야 하는 의무가 생겼고, 부산시는 이에 따라 토지를 취득하게 된 것이다. 취득에 따른 승인 절차를 의회에서 밟아야 하는데 심의에서 문제가 생긴 것이다.

기획재경위원회는 이 안건을 심의하기 위해 부산시 금정구 남산동 부산외국어대학교 캠퍼스 부지에 현장 확인을 나갔다. 이곳은 그동안 그린벨트로 묶여 있어서 부산시민들이 축구나 야구 등 각종 스포츠를 즐기는 운동장으로 사용되어왔다. 이렇게 넓은 부지가 외국어대학교 소유라는 것을 나는 처음 알았다. 외국어대학교는 이 땅에 건축물을 지을 수 있게 하기 위해 수십 년간 그린벨트 해제를 위해 노력을 해왔고, 결국 외대 입장에서는 소원이 성취된 것이다. 부산시 역시 시의 재산이 늘어나기 때문에 좋은 일이었다. 하지만 기부채납하겠다는 땅이 문제가 되었다. 원래 그린벨트 해제 조건은 해제된 그 땅의 일부를 기부채납해야 하는 것이다. 그런데 외대 측에서 그 부지의 땅이 아니라 금정산 정상 근처에 있는 쓸모없는 땅을 기부채납하겠다는 내용이었다. 사람의 발길이 닿을 수도 없는 산꼭대기 땅을 부산시가 받아봤자 아무런 의미도 없을 뿐더러 그 땅은 그린벨트로 묶여 있는 곳이었다. 사용할 수 없는 땅을 받아서 부산시가 뭘 할 수 있단 말인가? 그리고 이런 땅을 받겠다고 안건으로 넘긴 부산시가 한심했다. 일반적인 상식으로는 도저히 이해할 수 없는 일이었다.

문제는 이것만이 아니었다. 부산시에 기부채납해야 할 금액과 외대가 부산시에 주겠다는 토지가 기준을 달리해서 산정되어 있었다. 순전히 외대 측에 유리하게 산정하는 방식으로 계산되어 있었다. 쓸모없는 땅을 무조건 받아야 하는 부산시의 입장을 백보 양보해서 이해한다손 치더라도, 외대 측이 법적으로 부산시에 기부채납해야 하는 토지는 자기들이 내야 할 만큼 정확히 내야 한다. 그러나 받아야 하는 금액의 토지 산정가는 공시지가로 산정하고 외대가 주겠다는 쓸모없는 땅의 산정가는 감정가로 산정해놓았다. 부산시는 이로 인해 33억 원이나 손해를 보게 되는데 이런 바보 같은 행정 처리를 의결해달라니 기가 찰 뿐이었다. 둘 다 공시지가로 산정하든지 아니면 둘 다 감정가로 산정해야 공평할 텐데 부산시는 도대체 왜 이렇게 했을까? 이 사안은 어느 누가 보더라도 부산시가 일방적으로 외대 측에 유리하게 산정한 명백한 특혜일 수밖에 없었다.

나는 특혜라고 규정하고 부산시를 상대로 문제제기를 하기 시작했다. 사안이 워낙 중요해서 특혜 의혹을 규명하라는 기자회견을 당 차원에서 준비했다. 소식을 접한 외대 측도 가만있지 않았다. 나를 만나겠다고 당으로 연락이 오고, 직접 사람들이 찾아오기도 했다고 한다. 나는 외대 측과 따로 만날 필요를 느끼지 못했다. 내 의견을 접한 외대 측에서는 나와 친분이 있는 교수를 통해 연락을 취해왔다. 시당위원장은 나한테 외대 측과 한 번 같이 만나보자고 했다. 나는 별로 만나고 싶지도 않았고, 이미 외대 측은 심의과정에서 의회에 참석해 그간의 사정을 잘 알고 있을 거라서 만나지 않았다.

그리고 시기적으로도 적절하지 않은 것 같다는 생각이 들었다. 대신 시당위원장이 외대 측과 만났다.

의원이 된 지 석 달이 안 된 상태에서 너무 큰 사안과 부딪히면서 어깨가 무거워졌다. 의원이란 직책이 이렇게 무거운 일이었구나, 절감했다. 내 말 한마디가 이렇게 큰 파장을 몰고 오다니! 그래서 더더욱 그들을 만날 수 없었다. 내가 그들을 만난다는 것은 공식적인 일이 될 테고, 그렇게 되면 뭔가 그들과 결정해야 되는 것은 아닐까 하는 걱정도 생겼다. 그 만남이 나한테는 절대로 가볍지가 않았다. 그들은 내가 당사에 있는 줄 알고 사람을 보내 험상궂은 분위기까지 연출했다고 한다. 당을 뭘로 보고 이런 짓을 한단 말인가! 한편으로 그들이 내 신변에 위협을 가해올 수도 있겠구나 하는 생각도 들었다.

그런 가운데 당 차원의 기자회견은 기자회견대로 준비를 하면서 나는 의원으로서 기자회견을 열었다. 의회 출입 기자들 모두가 참석했다. 당에서는 부위원장과 대변인 등이 참석했다. 내가 잘 모르는 부산시 관계자, 외대 측 관계자도 온 것 같았다. 그들에게는 내가 무슨 얘기를 할 건지가 초미의 관심사였다. 특히 외대 측으로서는 예상치 못한 복병으로 의회라는, 그것도 민주노동당의 한 의원과 마주해서 조기에 수습해야 하는 처지가 된 것이다. 그리고 이렇게 부산시민들에게 공식적으로 알려지는 기자회견이 외대 측이나 부산시에게 달가울 리가 없었다. 아예 기자회견 자체를 막고 싶었을 거라는 생각이 들었다. 기자회견은 내용을 잘 아는 내가 주도할 수밖에 없었고, 기자들의 질문도 집중적으로 나에게 쏟아졌다. 굉장

히 떨렸다. 속으로 빨리 끝나기를 얼마나 고대했던지. 온몸의 신경
이 곤두설 정도로 나는 긴장하고 있었다. 기자회견을 마치고 나서
복도로 나오니 사람들이 꽤 많이 모여 있었다.

한편 다행스러운 것은 기획재경위 의원 중에 내 의견에 동조하는
의원이 있었다는 점이다. 그것은 나에게 큰 힘이 되었다. 부산시도
나 혼자만이 아니라 다른 의원 눈치를 보아야 하는 입장에 놓이면
서 곤혹스러워하는 분위기였다. 나는 내 주장을 강하게 밀고 나갔
다. 언론에서도 관심을 보였는데 특히 부산일보에서는 지속적으로
취재를 하여 기사를 실었다. 특혜의혹이라는 예민한 문제 제기가
계속되자 라디오 생방송 인터뷰도 하게 되었다.

다음 날 신문에 기자회견 내용이 사진과 함께 나왔고 텔레비전에
도 방송되었다. 앞으로 파장이 만만치 않을 거라는 생각이 들었지
만 나는 평소처럼 마음을 안정시키고 의정활동에 충실하려고 애를
썼다. 나를 제외한 기획재경위원회 의원들이 어떤 생각을 하는지
알 길이 없었다. 이런저런 얘기를 듣고 나름대로 판단을 하고 있을
거라는 짐작만 했다. 기획재경위원회 위원장이 외국어대학교 출신
이라서 그 입장이 어떨지도 궁금했고, 외대 측으로부터 압력을 받
았을 거라는 생각이 들었다. 외대 측이 나한테 가한 일련의 움직임
만 보더라도 충분히 미루어 짐작할 수 있었다.

그 사이 내 주장이 옳다는 것(기부채납 토지와 개발이익이 생기
는 부지의 산정가가 같은 기준으로 산정되어야 한다는 것)을 증명
하기 위해 변호사 자문까지 구했다. 변호사 자문 결과 변호사도 나
의 주장이 타당하다는 의견을 주었다. 내가 확신을 가지고 밀고 나

가는 데 힘이 되었다.

한편 외대 측도 외대 자문 변호사와 다른 여러 변호사의 자문을 구했다고 한다. 자문 결과 한 쪽은 나의 주장에 이의를 제기하고 다른 변호사는 내 주장이 타당하다는 자문을 했다고 한다. 외대 측은 일이 빨리 마무리되어야 하는데 불리한 입장이라 그런지 나를 만나기 위해 의회로 찾아왔다. 만나주지 않자 기획재경위원회 다른 의원들한테도 연락을 취해서 자기들의 입장을 개진했다고 한다. 결국 나는 기획재경위원회 위원실에서 외대 측과 만나 얘기를 나누었다. 외대 측은, 다른 큰 사학들은 이것보다 더 심한데 외대 같은 작은 사학은 어렵고 하니 잘 좀 봐달라는 식의 얘기를 했다. 속으로 외대 측에서도 자신들의 잘못은 인정하고 있구나 생각하며 경청했다. 나는 혼자 결정하는 것이 아닌 만큼 원만하게 해결될 것이라는 식으로 좋게 말을 해주었다.

의안을 제출했던 부산시 도시계획국은, 창피는 다 당하고 뭔가 수습책을 내놓아야 하는 상황에 처하게 되었다. 그 사이 나는 도시계획국에 토지 산정가를 같은 기준에 의거해서 33억 원의 차액만큼 외대 측이 대체토지를 내놓든지 아니면 부산시에 돈으로 지불하든지 결정하라고 주문했다. 외대 측에서는 돈도 없고 내놓을 토지도 없다고 어깃장을 부렸다. 답답한 것은 외대 측인데 이렇게 배짱을 부리는 모습이 우스워 보였다. 부산시의 처사는 한심하다 못해 도대체 이런 사람들이 부산시민을 보호할 능력이나 있는지 의심이 들 정도였다.

나는 외대 측의 입장을 고려해서 33억 원을 한꺼번에 내놓기 어려우면 10년 동안 거치해서 분할하는 조건을 제시했다. 그러나 외대 측은 그렇게 되면 이자까지 내야 하는데 그렇게는 못하겠다고 했다. 서로 간에 아무 타협 없이 시간이 흘러갔다. 정말 돈이 없어서일까? 그건 아닌 것 같다. 외대 사학재단은 부산시 권역 내에 괜찮은 땅들을 보유하고 있는 것으로 알려져 있다. 하지만 절대 땅을 내놓을 수 없다고 버틴다. 아마 이전에도 이런 방식으로 일들이 해결되지 않았을까 싶다. 답답한 쪽은 외대가 아니라 부산시였다.

나는 부산시나 외대 측에 33억 원에 해당하는 뭔가를 내놓지 않으면 공유재산 관리계획은 통과될 수 없다는 것을 분명히 했다. 기획재경위의 다른 의원들도 이러한 나의 생각에 동의하고 있었기 때문에 부산시와 외대 측으로서는 어떤 식으로든 해결책을 마련해야만 했다. 결국 기획재경위 간사와 도시계획국, 외대 측이 머리를 맞대어 안을 만들어 왔다. 썩 좋은 안은 아니었지만 사안 자체가 연내에 해결하지 않으면 공사일정이나 시와의 관계 등에서 문제가 발생할 수 있어 받아들이기로 했다. 외국어대학교가 부산시민을 대상으로 33억 원에 해당하는 무상교육을 실시하기로 한 것이다. 10년간 지역 영세자녀 대상 영어캠프, 부산시 공무원 외국어 무료교육, 노인 및 주부 정보화교육, 외국인 이민자 한국어교육 등의 내용으로 협약을 체결하기로 했다. 이 안을 가지고 부산시장과 외대총장이 협약서에 도장을 찍는 것으로 마무리되었다. 내가 문제제기한 이후 3개월이 흐른 끝에 공유재산 관리계획은 협약서를 포함해서 의결되었다.

신문이나 텔레비전 등 언론을 통해 외대 캠퍼스 특혜의혹 건을 접한 사람들이 나에게 잘했다고 격려를 해주었다. 민주노동당 의원을 의회에 보내 놓았더니 역할을 톡톡히 해냈다는 것이다. 부산시는 의회에 발을 들여놓은 지 3개월을 조금 넘긴 초선의원으로부터 강한 문제제기를 당한 것에 대단히 난감해했고 5대 의회가 만만치 않다는 걸 배우게 된 것 같았다. 민주노동당 의원의 주장에 한나라당 의원까지 동조했으니 부산시가 얼마나 당황했을까. 한나라당 소속 시장에 한나라당 소속 시의원 45명이 있는 의회여서 당연히 자기들 뜻대로 될 것이라고 믿었을 텐데 그렇게 안 됐으니 말이다.

한편 부산시와 외대 측이 맺은 협약이 잘 지켜질지는 전적으로 부산시와 시민들의 책임이 될 것이다. 협약종료 시점인 2016년까지는 현시장의 임기를 포함해서 부산시장이 세 번이나 바뀌게 되는데, 그 시장이 얼마나 살림을 잘 해 나가느냐에 따라 부산시민들에게 돌아가는 혜택의 내용이 달라질 것이기 때문이다.

카드수수료 인하와
투기과열지구 해제

2007년 4월,
한 달 내내 매달리다 하루를 갈등하다.

영세상인들의 카드수수료는 백화점이나 대형마트에 비해 높다. 서민들과 함께하는 민주노동당으로서는 카드수수료를 같은 수준으로 맞추려는 노력을 지속적으로 해왔다. 국회의원이 카드수수료 인하 건으로 입법발의를 하여 전국적으로 힘을 모으기 위해 광역의원들과 기초의원들이 지방의회 차원에서 결의문 채택을 해나가기로 결정했다. 나에게도 당연히 이 과제를 실천해야 하는 책무가 주어졌다. 그러나 바쁜 일정과 한나라당 일색인 부산시의회에서 이를 성사시킬 수 있을 것인지 고민하며 이리저리 상황만 살피던 중이었는데, 중앙에서 진행되는 국회 일정으로 보아 더는 미룰 수 없게 되었다. 나는 용기를 내 1명뿐인 소수당 의원이지만 전체 의원을 설득해보기로 했다. 일단 기회를 잡아 4월 9일 기획재경위 김신락 위원장을 만났다.

영세상인들의 카드수수료가 대형마트나 백화점, 힘 있는 기관에 비해 너무 높기 때문에 영세상인들을 생각해서 카드수수료 인하 촉구 결의문을 채택하려고 하니 도와달라고 요청했다. 위원장은 쉽게 그러자고 했다. 나는 매일 의회로 출근하고 있기 때문에 기획재경위원회 사무실로 나오는 의원이 있으면 그때그때 초안으로 작성한 결의문을 건네주고 협조를 요청했다.

노회찬 국회의원은 이 문제를 가지고 국회에서 지속적으로 활동해온 의원이다. 4월 13일은 부산 남구 지역에서 노 의원이 참석하는 기자회견이 열렸다. 나도 기자회견에 참석하고 상인 간담회까지 함께했다. 어깨가 무거워졌다. 오후에는 조길우 부산시의회 의장을 만나서 신용카드 가맹점 카드수수료 인하 촉구결의문을 채택하려하니 협조해달라고 공식적으로 요청했다. 결국 본회의에서 채택하려면 의장의 허락 없이는 어렵기 때문이다. 나름대로 이렇게 수순을 밟아나갔다.

4월 16일 국제신문 신수건 시의회 출입기자로부터 전화가 와서 인터뷰를 하였다. 의정 활동 10개월 동안의 평가와 앞으로 활동 방향에 대해서 물었다. 나는 담담하게 얘기했다. 그러는 중에 4월 임시회가 곧 개회될 텐데 카드수수료 인하 관련 결의문을 채택하려한다고 언급했다. 신 기자는 이를 국제신문 지면에 보도하였다. 의원들이 국제신문에 나온 기사를 보고 인사를 건네기도 했다.

4월 18일은 168회 임시회 본회의가 열리는 날이었다. 여느 때와 마찬가지로 지하철을 타고 의회로 갔다. 지하철을 타려고 교통카드를 찍는데 입구에 부산시보가 놓여 있어 한 부를 집어 들었다. 부산시보에는 시의회 소식이 실려 있었다. 투기과열지구 해제 건의문을 본회의에서 채택한다는 내용이 있었다. 10시경에 본회의장에 들어갔다. 나는 책상 위에 놓인 회의 순서지와 투기과열지구 건의문을 읽어보고서야 내용을 자세히 알게 되었고, 이 건의문에 대해 어떤 입장을 취해야 할 것인지 고민하기 시작했다. 본회의가 시작되어 의장 인사말이 진행될 때에야 비로소 나는 반대토론에 나서야겠다는 판단을 했다. 그리고 반대토론을 신청했다. 나의 반대토론 때문에 본회의장 분위기는 싸늘해졌다. 따가운 눈총을 받고 있다는 느낌이 들었다. 부산시장을 비롯한 고위직 공무원, 의장, 한나라당 시의원들은 반대토론이 나올 거라고는 예상치 못해서 그런지 표정이 어두워졌다. 의사진행에 따라 표결이 진행되었다. 결과는 반대 2명, 기권 3명이었다. 건의문은 통과되었지만 만장일치가 되지는 못했다.

나는 사실 반대토론을 할 것인지를 두고 30분 남짓 굉장히 고민했다. 왜냐하면 이 건의문에 대한 반대토론에 나서게 되면 의장이나 기획재경위원회 소속 의원들한테 카드수수료 인하 결의문 채택과 관련해서 그동안 받아놓았던 협조가 무산될 것이기 때문이었다. 카드수수료 인하 결의문 채택과 관련해서 그들의 협조를 받아내자면 투기과열지구 해제 반대토론에 나서면 안 된다는 것을 나는 직감적으로 알고 있었다. 하지만 그 짧은 순간에 나는 카드수수료 인하 결의문 채택이 뜻대로 잘 안 된다고 할지라도 투기과열지구 해제에 대한 반대토론에 나서는 것이 민주노동당이 추구하는 가치에 부합하는 만큼 반대토론에 나서야 한다고 판단했다. 이러한 과정이 나에게는 애가 타는 것이었다. 민주노동당 의원이란 것이 이런 고통이 따르는 자리구나 하는 것을 뼈저리게 느끼는 순간이었다.

본회의가 끝나고 다음 날 조길우 의장을 만났다. 어제 본회의장에서 투기과열지구 해제 반대토론에 나선 데 대해 의장이 유감을 표시했다. 나는 우리당 당론임을 강조했다. 조길우 의장은 이 해제 건의문을 지난 3월에 채택하려고 했는데 미뤄졌다고 얘기하면서 김 의원이 속한 당론도 있지만 한나라당 당론도 있다고 하며 나를 꽤 압박했다.

이런 무언의 압박 결과는 내가 우려했던 현실로 나타났다. 결국 4월 25일 오전 9시 30분에 기획재경위원회는 의원 간담회를 통해 내가 우려했던 카드수수료 인하 결의문을 채택하지 않겠다는 결정을 했다. 심지어 위원장은 간담회를 진행하면서 의원들의 자유로운 의견개진을 위해 같은 기획재경위 소속인 나에게 퇴장해줄 것을 요청했다. 나는 그렇게 하는 것이 기획재경위 의원들에게 편하다면 퇴장해주겠다고 하고 자리를 비켜주었다.

나를 내보내고 한나라당 의원들끼리 앉아 진행한 간담회가 어땠을지는 안 봐도 뻔했다. 국제신문에 나의 기사가 크게 나가고 투기과열지구 해제 건의문에 대해 반대를 했으니 이번 임시회에서 통과시켜줄 리가 만무했다. 괘씸죄에 걸려버린 것이다. 간담회 결과 4월 임시회에서는 채택하지 않고 5월로 미루겠다는 전갈을 받았다. 일부 한나라당 의원들이 나의 생각에 동의한다고 할지라도 이번 일처럼 명확하게 드러나는 괘씸죄에는 지도부의 생각을 거스르기가 힘들었을 것이다.

그러한 한나라당 시의원이 장악하고 있는 부산시의회가 어떻게 결정할 것인지는 이미 예정되어 있었는지도 모른다. 어쩌면 내가 순진한 것인지도 모른다. 조금은 타협도 하고 때에 따라서는 내가 생각하는 가치의 기준을 유보하기도 하면서 실익을 챙기는 것이 오히려 시민들에게는 도움이 될 수도 있을 텐데 아직 그러한 경지에 도달하지 못한 일개 평의원으로서 가슴이 아프다. 앞으로 남은 임기 3년 동안의 의정활동이 결코 순탄치 않을 것임을 예고하는 일이었다. 이번이 벌써 내가 본회의장에서 두 번째 나선 반대토론이었다. 앞으로 몇 번이나 이런 일이 나를 기다리고 있을지, 무거운 짐을 진 것처럼 어깨가 아파온다.

추가: 5월 16일 오후 5시 30분 제169회 임시회 기획재경위원회 회의에서 내가 직접 제안 설명한 신용카드 가맹점 카드수수료 인하 건의문은 만장일치로 통과되었다: 이 제안문은 기획재경위원회 안으로 해서 5월 23일 2차 본회의에서 채택되었다.

첫 1년 의정활동 보고

2007년 7월 12일, 당을 대표한 의원으로서
소속정당에 1년의 활동을 보고하다.

시의회와 의원의 권한

반갑습니다. 김영희입니다. 영상 어떻게 보셨습니까? 뭔가 활동은 열심히 한 것 같은데 무슨 활동을 한 건지 잘 모르시겠죠? 영상을 통해 본 활동에서 빠진 중요한 부분에 대해 설명을 덧붙이도록 하겠습니다. 오늘은 작년 7월 5일 5대 의회가 개원한 지 1년 하고 1주일 되는 날입니다. 1년이란 세월이 주마등처럼 지나가버렸습니다.

시의원이 무슨 일들을 하는지 아십니까? 우리는 상식적으로 시의회는 시정에 대한 견제와 감시감독을 해나가는 기관이라고 알고 있습니다. 그리고 이 일을 해나가기 위해서 시의원에게는 관련 법령에 의해 주어진 권한이 있습니다. 바로 이 무기가 시의원에게 주어져 있습니다. 그러면 여기에 기초해서 시의원이 하는 역할 중 중요한 세 가지를 말씀드리겠습니다.

첫째는 조례의 제정과 개정, 둘째는 행정사무감사, 셋째는 예산·결산 심의권입니다. 그리고 의원들은 의장을 제외하고 모두 상임위원회에 배치되어 상임위를 중심으로 의정활동을 해나갑니다.

회기가 120일인데, 8월을 제외하고 매월 임시회가 10일간 있고, 1년에 정례회가 두 번 있습니다. 정례회 중 한 번은 6월에 있는데 결산심사가 있습니다. 그리고 11월과 12월에 걸쳐 31일간 행정사무감사와 예산심사가 있습니다. 저는 지난달에 열린 결산심사를 끝으로 시의원이 해야 하는 중요한 일들을 거의 대부분 경험했습니다.

오늘 영상에서 실었던 것 중에 행정사무감사 시 경제진흥실 대부업 관련 질의와 기자회견이 있었고, 재정관실의 공유재산 취득과 관련해서 남산동 부산외국어대 제2캠퍼스 특혜의혹 질의와 기자회견이 있었으며, 작년 12월 예산심의 시 버스준공영제 예산 삭감에 대한 언급이 있었습니다.

그리고 올 3월 시정질문을 했는데, 허남식 시장을 상대로 고리원전 1호기 수명연장과 방사선비상계획구역과 관련한 질문이었습니다. 이 질문에 대해 시장이 답변을 제대로 못하면서 곤욕을 치렀습니다. 이 일 때문에 담당 공무원에 대해 문책성 인사로 확대될 뻔했다는 말이 있었습니다. 의회협력계장이 전화를 해서 그럴 수 있느냐고 항의하며 난리가 났죠. 부산시 윗선에서 안일하게 대응한 결과를 말단 직원 문책으로 허 시장의 분노를 무마하려는 발상 자체가 놀라웠습니다.

광안리 경관조명사업 특혜의혹을 파고들다

영상에는 소개되지 않았지만 올해 5월 추경과 6월 결산을 하면서 이슈화된 일에 대한 언급을 해야 할 것 같습니다. 최근의 일이기도 하구요. 광안리 경관조명 사업 특혜의혹과 관련한 민주노동당 부산시당 차원의 진상조사를 위한 특별위원회가 꾸려진 것이 그것이죠. 특위의 조사활동 결과가 나와야 되는데 아직 조사 중인 것 같습니다.

시의회에서도 5월 추경과 6월 결산에서 이슈가 된 것은 광안리

경관조명사업과 관련한 것입니다. 이미 KBS방송국에서는 광안리 경관조명사업이 당초 20억 원 사업으로 진행되다가 어떻게 40억 원으로 증액되었는지, 부산시가 진행하고 있는 모든 경관조명사업의 담당부서가 건설방재국 도로계획과 일인데 유독 광안리 경관사업만 문화관광국의 문화예술과로 갑자기 왜 바뀌었는지, 이 사업이 특정 국회의원과 가족이 연루된 특혜가 아닌지에 대해 4월 중순부터 6월 말까지 보도가 됐습니다.

이런 가운데 5월 추경에서 광안리 경관조명사업과 관련해서 운영비가 신규로 9천만 원이 올라왔습니다. 제가 예결위원으로 활동하고 있어서 그 문제를 지적했고 예결위에서는 그 예산을 삭감했습니다. 그리고 6월에 진행된 결산심사를 위해 결산서를 검토했습니다. 부산시가 의회에 제출한 결산서를 들여다보니 10억 원에 가까운 예산이 사고이월이 돼 있었습니다. 2004년도에 '부산광역시 야간경관 기본계획'이 수립되고 2005년에 이 사업이 마무리되어야 하는데 2007년 4월에야 완공되었습니다. 이 사업에 대해 두 달 동안 추적해 들어가니 행정적으로 실수한 부분이 발견되기 시작했습니다. 예산을 두 배로 증액하는 과정에서 상당한 무리수가 있었습니다. 20억 원 이상의 재정이 투입되는 사업은 관련법에 따라서 중기재정계획과 재정투융자 심사를 거치게 되어 있습니다.

이상한 점이 발견되었습니다. 제일 먼저 제가 소속되어 있는 기획재경위원회 재정관실의 결산심사에서 재정관과 이 사업을 두고 설전을 벌였습니다. 재정관은 투융자심사를 거쳤다고 우기더군요. 재정관이 투자심사를 거쳤다고 우기는 근거는 이랬습니다.

2004년 말에 해운대, 광안리, 송도, 온천천 등에 150억 원이 투입되는 경관조명사업을 추진하기 위해 심사를 통해 조건부로 통과되었다는 것이었습니다. 그런데 제가 볼 때는 그 근거가 엉터리입니다. 150억 원으로 조건부 심사를 통과할 당시 광안리 경관조명은 도로계획과에서 조명을 설치하는 사업으로, 20억 원의 예산으로 하는 것이고 가용재원의 범위 내에서 하는 것이었습니다.

그런데 2005년 6월에 이 사업의 주무부서가 문화예술과로 바뀌고, 광안리 경관조명사업은 바다빛미술관사업으로 내용이 바뀌었습니다. 예산도 2005년 6월 추경을 통해 40억 원으로 100% 증액되고, 40억 원 예산 중에 10억 원은 채무부담으로 하는 것으로 되어 있었습니다. 외상으로 빌려 쓰고 다음 년도 예산으로 메우는 것으로 이 사업을 한 거죠. 이렇게 되면 이 사업은 애초에 계획한 사업과 완전히 다른 것으로 탈바꿈한 것입니다. 그리고 야간경관 기본계획과 연계해서 추진하라고 조건부 통과시킨 건데, 이 조건을 충족시키지 못하는 것이었습니다.

저는 이제 이 과정을 살펴보건대 이 사업은 완전히 새로운 사업이고, 이에 따라 재정투융자심사를 새로 받아야 되는 것이라는 논리를 폈습니다. 하지만 제 말이 맞는다고 해도 공식적인 석상에서 의원 말이 맞다고 얘기할 공무원은 없습니다. 결국 재정관실 심사에서는 결론이 안 나서 재정관한테는 더 검토해보고 예결위 심사장에서 다시 얘기하자고 했습니다. 그리고 예결위 심사 때 재정관하고 얘기를 나누었습니다. 저는 예결위 심사에서는 또 새로운 문제제기를 했습니다. 업체가 위반한 부분에 있어서 계약서에 의거해서 지체상금을 물려야 하는데 왜 부산시는 지체상금을 받지 않았느냐고 했죠. 별 말이 없더군요.

그 다음 두 번째 문제는 이렇습니다. 사업의 주무부서가 바뀌면 행정자치과 사무인계인수규칙에 의해 문서가 남아 있어야 합니다. 그런데 이 문서가 없는 겁니다. 문서가 왜 없을까요? 문서를 작성하지 않았으니 문서가 있을 리가 없는 거죠. 부시장이 구두로 이 사업을 도로계획과에서 빼내 문화예술과로 돌리고 20억 원을 증액시켜 40억 원을 투입하기로 결정한 겁니다. 한마디로 권력남용입니다. 권력남용 앞에 법이고 규칙이고 헌신짝이 된 겁니다. 공무원들은 의원이 야간경관 기본계획이니, 중기재정계획이니, 투융자심사니 하는 것을 연구해서 결산 때 한꺼번에 제기할 거라고 생각을 못했겠죠.

제가 5월 추경심사 때 행정부시장에게 광안리경관조명과 관련해 의혹이 있어서 감사를 실시하라고 말했습니다. 부시장은 감사를 할 건지 말 건지 검토하겠다고 답변했습니다. 그리고 한 달이 경과했는데, 제가 감사하라고 한 내용과는 완전히 다른 백남준 작품의 위작관계만 조사해서 기자회견을 했습니다. 비디오테이프로 기자회견 내용을 봤는데, 문제의 본질을 다른 데로 돌리려는 술책으로 보였습니다. 언론 쪽에서 문제를 계속 파고 보니 작품의 위작시비까지 확대된 것이고, 본질은 국회의원과 시장에 의해 저질러진 특혜로밖에 볼 수 없더군요.

무엇이 특혜냐면 작년 6월 말, 2006년 6월에 진행된 결산과정을 살펴보니 광안리경관조명과 관련해서 30억 원이 집행 잔액으로 처리되었습니다. 집행 잔액이라는 것이 뭡니까? 이 사업 끝났다는 말 아닙니까? 정말 눈 감고 아웅 해도 너무 심한 것이었습니다. 작년 결산에 30억 원을 남겼다가 2006년 12월에 30억 원의 예산을 새로 받고, 또다시 10억 원을 사고 이월시켰습니다. 이런 예산집행이 정상

적이라고 얘기할 수는 없는 거죠.

예결특위에서 의원들의 질의가 있었습니다. 예결위원장을 제외하고 10명의 예결위원 중 5명이 이 건과 관련한 질의를 계속했다는 것은 매우 이례적인 일이었습니다. 결국 시의회 역사상 초유의 사태가 벌어졌습니다. 예결위원 전원이 광안리경관조명사업과 관련해서 시집행부에 감사를 요구하고 시의회에 보고하라고 심사보고서에 부대의견을 달 것을 결정했습니다. 6월 29일 본회의에서 시의원 전원이 예결위원회가 결산심사한 보고서를 통과시켰습니다.

시정의 문제점과 의혹을 파헤치는 법

하나를 보면 열을 안다고, 어디 이 사업 하나만 국회의원 입김에 의해 이렇게 변질이 되었겠습니까? 얼마나 많은 국회의원들이 이런 식으로 자기 이득을 채우겠습니까? 민주노동당이 할 일이 많은 것 같습니다. 예산에 대한 감시를 철저히 해야 합니다. 국회의원과 연루된 의혹은 집중적으로 파헤치고 의혹이 제기되면 확실히 결론이 날 때까지 파헤치는 근성을 가져야 될 것 같습니다.

사실 5월에 추경하면서 예결위 심사장에서 부시장을 상대로 질의를 하고 관련 국장을 답변대에 세워서 충분한 지적을 했다는 생각에 마무리하고 넘어가려 했습니다. 그러나 6월 결산서를 보니까 확실하게 더 짚어야만 할 필요가 있더군요. 민주노동당 의원으로서 그냥 대충 넘어간다는 것은 제 자존심이 허락하지 않았습니다. 부산시 집행부가 얼마나 엉터리로 일을 처리하는지 확실히 밝혀내는 것이 중요하다고 생각했습니다.

예를 들면, 급식조례를 통과시키고도 예산을 배정하지 않는 탁상행정을 펼치면서 광안리경관조명 같은 이런 말도 안 되는 사업에는 온갖 편법을 동원해서 40억 원의 예산을 들이는 부산시를 정말 이대로 두어야 하는 것인지, 이러고도 시장이 시민들 앞에 떳떳하게 나설 수 있는 것인지 의문이 듭니다. 정말 대한민국의 앞날이 걱정되지 않습니까?

한편 이 건을 다루면서 처음에는 어떻게 시작해야 할지 막막했습니다. 뭘 알아야지 접근을 할 텐데, 어떻게 해야 할지 감이 잡히지 않았습니다. 고민을 하다가 우선 시의회 건설교통위원회와 행정문화교육위원회 건설방재국, 문화관광국의 회의록을 다 뒤지기 시작했습니다. 공적인 사업에는 항상 회의록이 작성되고 그 내용 속에 공식적인 자료가 남아 있을 것이기 때문입니다. 그리고 부산시 예산서와 결산서 3년 치를 모아서 검토했습니다. 또한 그와 관련한 법과 시행령, 규칙을 찾아서 공부했습니다. 이러한 분석에 근거해서 내가 필요한 자료가 뭔지 알게 되고 부산시에 자료제출을 요구하고 그 답변서들을 보면서 실마리를 찾아냈습니다.

이렇게 파고드니까 시 집행부의 실수가 드러났습니다. 거기서 노출된 문제점을 정리하고 질의서를 만들었습니다. 그것이 위에서 제가 말씀드린 내용입니다.

또한 저는 이 사업과 관련이 있어 보이는 시의 관련 공무원들에게 제가 파악한 내용을 미리 전해주기도 했습니다. 내가 이 문제 저 문제 등을 질의할 거니까 시는 미리 답변을 준비하라는 배려도 해주었던 것이죠. 그런데 예결특위 회의장에서 들은 국장의 답변이 걸작이었습니다.

한 의원이 광안리 경관조명사업과 관련해서 이렇게 일이 처리되는 것이 잘 된 거냐고 질의를 하니까, '잘 된 것으로는 생각되지는 않습니다' 라고 하더군요. 곧 죽어도 잘못했다고는 말하기 싫은 거죠. 다들 어이가 없어서 웃었습니다.

저는 이 광안리 경관조명사업과 관련해서 두 가지를 배웠습니다. 사실 결산이라는 걸 어떻게 해야 할지 몰랐는데, 이 건을 통해서 결산심사에 어떻게 접근하고 해나가야 하는 것인가 하는 것을 확실히 배웠습니다.

그리고 공부하고, 연구하고, 준비하면 그만큼 반드시 성과가 있다는 것입니다. 사실 두 달 이상을 이 문제에 골몰하면서 먹은 것이 소화가 안 될 정도로 힘들었습니다. 그러나 남산동 외대캠퍼스 특혜 의혹 건이나 이번 광안리경관조명 건을 제기하면서 작은 성과라도 만들어내는 것이 시민들에게 도움이 된다면 그 이상의 보람은 없을 거라는 생각을 합니다. 특히 외대캠퍼스 특혜 의혹과 관련해 앞으로 10년 동안 저소득층 자녀들에 대한 외국어 교육 실시 등으로 시민들에게 혜택이 돌아가도록 한 것은 저에게는 정말 큰 보람을 느끼게 한 일이었습니다.

공공기관 무기계약직 전환 문제

다음은 최근에 진행된 일로, 저는 4월에 부산시로부터 제출받은 무기계약 전환서와 관련해서 시청과 논쟁을 벌였습니다. 무기계약 전환과 관련한 업무는 작년에는 경제진흥실 노동정책과가 담당했는데, 행정자치부, 기획예산처가 논의해서 부산시 기획관실 업무로 바꾸었습니다.

현재 한국사회의 화두인 사회양극화, 그리고 비정규직 문제는 향후 우리 사회의 안정과 통합을 위해서도 반드시 해결해야 할 문제입니다. 그런데도 업무가 바뀐 탓인지 담당 공무원들은 어쩌면 자신들의 문제가 될 수도 있는 공공기관의 무기 계약직 전환문제에 대해 처음부터 관심이 없었던 것인 양 고민조차 하지 않고 있었습니다. 지금 바로 자신들의 옆에 동료, 부하직원들이 비정규직으로 업무를 보고 있고, 무기계약직 전환 문제로 고민을 하고 있는데도 말입니다.

비정규직을 무기계약으로 전환하는 것은 예산이 없기 때문에 어렵다고 이야기를 하는데, 해결해나가겠다는 의지가 조금이라도 있다면 이런 식으로 얘기하면 안 되죠. 중앙정부 회의에 참석해서 건의도 하고 예산을 반영할 수 있는 방안을 여러 가지 경로로 모색을 해야지요. 그러나 이러한 흔적은 어디에도 없었습니다. 그럴 의지가 전혀 없는 것이지요.

이 과정에서 부산시의 태도가 정말 어이가 없습니다. 제가 요구한 비정규직의 무기계약직 전환 계획에 대한 답변서로 시청이 제출한 자료가 너무 상세한 자료여서 다른 시 · 도의 공무원들로부터 엄청난 항의를 받았다는 것입니다. 왜 그렇게 상세한 자료를 김영희 의원에게 제출해서 자신들을 곤란하게 만드느냐는 것입니다. 의원이 요구한 자료는 당연히 제출해야 하는 게 맞는데, 그럼 자료를 제출하지 않아야 한다는 것인지 말문이 막힐 정도입니다.

1년 동안 경험한 것을 많이 쏟아내고 싶지만 저에게 주어진 시간을 지켜야 할 것 같군요. 부족한 부분이 있었다면 다음에 다른 기회를 통해서 얘기하기로 하고 여기서 마치도록 하겠습니다. 앞으로 남은 3년 여러분들과 함께 하도록 하겠습니다. 많이 도와주십시오. 감사합니다.

또 절차를 지키지 않는 부산시

2007년 11월 16일,
예산은 정책인가 정치적 산물인가.

2007년 행정사무감사가 16일부터 시작되었다. 이번 정례회 기간은 한 달간에 걸쳐서 2008년 예산심사와 공유재산관리계획(안)에 대한 심사가 있다. 작년 부산외국어대학교 제2캠퍼스 특혜의혹과 관련한 공유재산 관리계획 심의 이후 기획재경위원회에서는 부산시가 공유재산 관리에 법 위반이 없도록 지속적으로 점검을 해온 탓에 이번에 제출된 안건은 별 문제가 없을 것이라는 기대 속에 자료들을 검토했다. 시가 제출한 안을 살펴보니 눈길을 끄는 게 있다. 문화예술과에서 예총회관을 신축하기 위해 안을 제출한 것이다.

우선 기획재경위원회 의원들이 예총회관이 들어설 부지가 어디인지 알기 위해 현장 확인을 갔다. 건립 예정부지는 부산시 옛 차량등록사무소 자리였다. 이곳은 차량등록사무소가 강서지역으로 이전을 해서 현재 주차장으로 사용되고 있는 상태이기 때문에 이

곳에 예총회관을 건립하겠다는 계획이었다. 현장을 답사하는 자리에서 부산시가 제출한 자료를 가지고 질의응답 시간을 가졌다. 의원들은 부산시 문화예술과가 예총회관 건립을 위해 구체적인 내용이 부족하다는 것과 더 세밀한 계획이 필요하고, 이곳이 적정부지인지, 건립 후 자체적으로 운영이 가능한지 등에 대해서 즉석에서 질문들을 쏟아냈다. 주무 국장과 과장이 참석하지 않은 상태라 계장이 답변을 하느라고 진땀을 흘렸지만 제대로 된 답변이 나오지 않았다. 현장 확인을 다녀온 후 의원들 사이에서는 예총회관 건립 건에 대해서 부정적인 의견이 많았다. 신축에 들어가는 예산이 만만치 않고 신규예산인 만큼 심사숙고해야 한다는 것과 이후 부산예총이 예총회관을 자력적으로 꾸려나갈 수 있는지에 대해서 많은 의문이 있었다.

부산시가 예총회관을 건립하겠다고 했다면 그동안 검토에 검토를 거듭한 결과 공유재산 관리계획(안)에 포함시켰을 거고, 그렇다면 충분한 준비가 되어 있을 거라 판단했는데, 실제 검토를 해보니까 준비 정도가 너무 미미하다는 것이 기획재경위원회 중론이었다. 나는 이 건 심의를 위해 관련법과 조례를 보고 판단을 해보기로 했다.

자료를 검토하면서 뭔가 미심쩍다는 생각이 드는데 그것이 무엇인지 도저히 찾아낼 수가 없었다. 밤늦도록 자료를 다시 보고 또 보다가 퍼뜩 머리를 스치는 것이 있었다. '아 바로 그걸 확인하면 되겠구나' 하는 생각이 들었다. 부산시는 11월 11일 새해 예산안을 의회에 제출했다. 무언가 미심쩍은 것이 있다면 예총회관을 주관하는

예총회관 건립 예정부지에 현장확인을 나간 기획재경위원회 의원들

해당 상임위 자료에서 어떤 실마리를 찾을 수 있을지 모르겠다는 생각이 들었다. 나는 혹시나 하는 마음으로 행정문화교육위원회 예산서에서 예총회관과 관련한 내용이 있는지 찾기 시작했다. 내 예상이 맞아 떨어졌다. 예총회관 건립에는 수십억 원이 소요되지만 새해 예산에는 설계용역비로 2억 원이 편성되어 있었다. 이것 봐라 하는 생각이 들었다. 전체 예산은 아니지만 용역비 2억 원을 편성함으로써 슬그머니 사업을 진행하는 것으로 예산편성을 한 것이다. 얼마 전 외국어대 캠퍼스 부지 건으로 그렇게 홍역을 치르고도 부산시의 행정은 여전히 변하지 않고 있었다.

시장이 예산 편성권을 가지고 있지만, 예산을 편성해서 의회에 제출할 때는 반드시 사전 절차의 이행이 적법하게 이루어져야 한다. 그런데 이 신규예산은 현재 의회에서 공유재산 관리계획으로 승인받지 않은 상태이다. 그렇기 때문에 예산 편성을 할 수 없는 것이었다. 나는 다음날 새벽녘이 다 될 무렵에야 무언가 미심쩍었던 내 마음의 숙제를 풀 수 있었다.

예총회관을 건립하기 위해서는 예산을 편성하기 전에 예총회관 건립을 위한 부지취득에 대해 공유재산 관리계획안을 기획재경위원회에서 승인받아야 한다. 승인을 받지 않은 상태에서 시장이 예산을 편성해선 안 된다. 그러나 시장은 기획재경위원회에 재산을 취득하겠다고 의결을 요청한 상태에서 동시에 행정문화교육위원회에는 예산을 편성해서 심의해달라고 상정한 것이다. 다시 말해 시장이 조례를 위반한 것이다. 부산시는 뭐가 그렇게 급했을까. 의회에서 우선 재산 취득과 관련한 공유재산 관리계획의 안을 의결받고 난 이후 다음 해에 예산편성을 해도 될 텐데, 조례를 위배하면서까지 추진해야 할 만큼 이 사안이 촌각을 다투는 것인지 의문이 들었다. 나는 심의하는 자리에서 관련 조례를 위배한 사항을 지적했고, 다른 의원들은 현장 확인 결과와 그동안 담당부서와 논의한 내용으로 미루어 볼 때 검토가 더 필요하다는 점을 들어 이 안건 심의를 보류했다.

의원이 조례 위배인 것을 알면서 안건을 통과시킬 수는 없는 일이었다. 이 안을 담당했던 부서와 재정관은 할 말을 잃게 되었다. 그리고 작년에 이어 두 번째 파란이 일었다. 기획재경위원회의 보류 결정이 외부로 알려졌고 예총 회장도 알게 되었다. 예총 회장이란 분이 나에게 전화를 했고, 득달같이 의회로 달려왔다. 나는 처음 보는 예총 회장에게 기획재경위원회에서 보류된 까닭을 얘기했다. 또한 내가 예총회관 건립을 반대하는 것이 아니라, 예총회관이 충분한 준비를 거치면서 적법한 절차에 따라 건립될 수 있도록 심사숙고한 것이라고 얘기했다.

내 말의 의미를 아는지 모르는지 예총 회장은 한때 자기도 민주화교수협의회 회원이었고 내가 소속되어 있는 민주노동당 시당위원장인 김석준 교수와의 친분도 거론했다. 또 예총뿐만 아니라 민예총도 회관을 함께 사용할 수 있도록 할 거라고 했다. 아마 내가 이 건과 관련해서 제일 강도 높게 문제제기를 한 것으로 전달받았는지 모르지만, 나의 호감을 사기 위한 말들을 쏟아냈다. 아마 내가 민주노동당 의원이니까 예총보다는 민예총과 가까울 것이라고 짐작했는지도 모르겠다.

사실 나는 예총, 민예총에 대한 구별이나 서로 간의 문제에 대해서는 잘 모르기도 하거니와 별로 관심이 없었다. 오히려 지금 다급하게 내뱉는 예총 회장의 말들이 생소하기도 하지만 역설적으로 예술계에 대해 문외한인 나에게는 현재의 예총 상태를 이해하는 데에 도움을 주었다. 예총의 문제라기보다는 예산편성 절차의 문제였고, 그것은 곧 부산시 행정의 문제인데, 예총 회장은 전혀 다른 인식을 하고 있었다.

물론 예산을 심사하고 감시하는 의원 신분인 나에게 예산편성 절차상의 문제가 중요한 것이라면, 실질적인 업무를 수행하며 공간을 사용하는 집행책임자인 예총 회장의 입장에서는 절차상 하자가 조금 있다고 하더라도 그 사업을 실질적으로 수행하는 것이 더 중요할 수 있다. 그러나 반복되어 나타나는 부산시 행정절차상의 문제점이 드러난 이상 그냥 넘어갈 수 있는 문제는 아니었다. 안타까웠다.

한편 기획재경위원회는 이 건 심사를 보류했는데, 행정문화교육위원회 의원들은 문화관광국 예산을 예비심사하면서 문제제기 없이 그냥 통과시켰다. 아울러 예총회관 건립지 근처를 대학로로 조성할 수 있도록 추가로 예산까지 만들어 상임위의 계수조정을 통해 예산을 증액시켜 통과시키기에 이르렀다. 예총회관 건립과 관련해서 사전 절차가 이행되었는지 어쨌는지 어느 누구도 확인하지 않은 채 행정문화교육위원회에서 그냥 통과되고, 예산 증액까지 된 것이다. 그런데 행교위에서는 기획재경위원회에서 이 건이 보류되었다는 소식을 접하고 매우 난감해했다. 사실 상임위원회에서 예산예비심사를 하더라도 예산결산특별위원회가 원점에서 다시 심사를 하기 때문에 상임위가 통과시킨 대로 되지는 않는다. 예결특위에서는 상임위에서 삭감된 예산은 존중하되 상임위에서 증액된 예산은 인정하지 않는 관례가 있다. 그래서 행교위에서 증액된 예산은 예결특위에서 일단 삭감한다. 그런데 이것을 알면서도 행교위가 그렇게 무리수를 둔 것은 어떤 다른 의도가 깔려 있을 거라는 생각이 들었다.

나는 예결특위에서 문화관광국장에게 이 예산에 대해 사전 이행 절차를 거치지 않은 것에 대한 문제제기를 했다. 문화관광국장은 잘못을 시인했다. 질의는 끝나고 계수조정 소위가 꾸려졌다. 예결위원 11명 중에 7명으로 소위가 구성되었다. 작년에는 야당의원 몫으로 민주당 소속 의원이 계수조정소위에 들어갔으나 이번에는 내가 들어갈 차례라서 내가 소위 위원이 되었다. 나는 예산과 관련해서 심의는 심의대로 하되 계수조정소위를 통해 계수를 조정하는 것은 또 다른 차원에서 논의한다는 것을 알고 있었다. 작년에 경험을 했기 때문이다. 계수조정을 하면서 예총회관 예산과 관련해서 내가 문제제기를 했지만, 의원들 생각이 다 다르기 때문에 이 예산이 통과될 수도 있고 삭감될 수도 있다. 어쩌면 설계 용역비 2억 원만 올라왔기 때문에 아무리 조례 위반이라고 할지라도 계수조정소위 의원들이 그냥 통과시킬 수도 있다고 생각했다.

그런데 갑자기 이상한 일이 벌어졌다. 계수조정을 하는 예결특위 위원실에 부의장이 들어와서는 예총회관 예산을 삭감하라는 것이다. 부의장은 의장의 지시라고 했다. 이유는 이러했다. 며칠 전 봉생

문화재단 문화상 수상식 행사장에서 예총회장이 축사를 하면서 시의원을 폄하하는 발언을 했다는 것이다. 그 자리에서 이 말을 들은 시의원이 의장한테 전달을 했고, 의장이 크게 화를 냈다는 것이다. 의장의 전언이 전해지자 계수조정을 하고 있던 의원들은 예총회장에 대한 일대 성토를 시작하였다. 다른 의원들은 예총회장을 이전부터 알고 있었고, 나름대로 예총회장에 대한 판단을 하고 있었던 모양이다. 이러한 소동 속에 어느 누구의 반대도 없이 예총회관 예산은 삭감되어 사라졌다. 문제를 제기한 내가 머쓱해질 정도였다.

겉으로는 예산 삭감 사유가 명백하게 법과 조례 위배에 해당하기 때문에 아주 타당했다. 하지만 그 이면에 숨겨져 작동되는 기제는 이것이 아니었기 때문에 나는 정말 곤혹스러웠다. 나의 빈틈없는 문제제기보다도 한나라당 의원들한테 걸려든 괘씸죄가 더 큰 힘을 발휘한다는 생각이 들었다. 나는 의원들의 심기를 건드리면(?) 이렇게 예산심의에도 그 결과가 나타날 수 있다는 것을 이번에 알았다. 이런 결정에 나의 문제제기는 예산삭감의 근거로서 정당성을 부여하는 꼴이 되어버린 것이었다. 하지만 어쩌겠는가? 자기들 사이의 감정이 얽혀 이런 결과가 나왔다면 다시 얽힌 실타래를 자기들이 풀 것이고, 부산시는 또 다시 창피를 당하고, 시의회의 절차를 거친 후에 예산 편성을 다시 할 것이다.

나는 예산은 정책의 다른 이름이라고 배웠다. 하지만 현실에서, 특히 거의 절대 다수당이 독식하는 시의회에서 예산은 결코 정책이 아니었다. 공무원들은 나한테 이렇게 말한다.

"의원님, 예산은 정치적 산물입니다."

사회적일자리 창출사업 심사

2008년 2월 21일,
정말 어려운 심사다.

2월 21일 오후 2시부터 부산고용종합지원센터에서 노동부 공모
사업인 사회적일자리 창출사업 중 기업연계형에 대한 심사가 진행
되었다. 작년에 비해 예산지원 규모가 줄었고, 또 공모를 신청한 기
관도 적었지만 4시간 넘게 진행되었다. 심사기준에 맞는 서류를 제
출하지 못한 2개 기관을 제외하고는 모두 본심에 올라온 것이었다.
물론 최종심의가 남아 있긴 하지만 대부분의 사업은 그대로 선정되
는 것이 관례였다.

오후 6시가 넘어 심사가 끝나는 바람에 정확한 점수 집계에 의한
심사결과를 알지 못한 채 다음 날 1차 관문을 통과한 기관을 알게
되었다. 문제가 있는 기관이 선정되었다는 사실을 관계공무원이 알
려주어 잠시 고민을 했다. (사)한국실버뱅크가 신청한 '영어권 국제
결혼 이주여성을 활용한 다문화/일반가정 자녀 영어 방과후 학습지

원사업'이 그것이다. 심사결과 실버뱅크는 61점에 가점이 붙어 66점으로 나왔다. 노동부가 부산청에 내린 예산범위로 계산하면 점수가 낮았지만 작년에 비해 신청기관이 적어서 실버뱅크가 신청한 30명 인건비 중 6명을 줄인 24명으로 조정해서 선정하는 것으로 1차 관문은 통과했다.

이 기관이 제출한 신청서를 보니 다양한 곳과 협정서를 맺어서 서류를 첨부하고 있었다. 그런데 이 약정서와 그들이 제출한 사업계획서가 일치하지 않는 내용이 있었다. 한국실버뱅크 측이 부산광역시교육청과 맺은 약정서의 내용을 보면, 첫째, 표준약정서 체결과 관련해서 문제가 있었다. 약정서 제2조(사업단 구성)에는 "'갑', '을' 및 후원기업은 '사업'을 수행하기 위한 사업단을 구성하고, 공동으로 사업계획서를 작성하여 정부 지원금에 대해서는 공동명의로 신청한다"라고 되어 있다.

그런데 공모신청을 위한 사업계획서를 부산시교육청에 제출하지 않고 구두로 설명하는 선에서 이 약정서를 체결한 것이다. 또한 외국인근로자 상담 및 다문화가정자녀 학습지원사업 행정지원 동의서에서 밝히고 있는 행정지원 내용으로는, 외국인근로자 상담지원을 위한 자원봉사자 모집, 다문화가정자녀 교육희망자 모집 및 홍보, 외국인근로자 상담 및 다문화가정 자녀교육을 위한 강의실 지원으로 구성되어 있다.

하지만 사업계획서 내용에서 영어학습지원과 관련해서 외부지원비로 바우처 학습지원비(연 1인당 최대 30만 원)를 명기하고 있다. 부언하면 사업계획서에서 수익확보 수단으로 1)자유수강권(바우처)수입: 다문화가정 자녀 및 저소득층 지원 1인당 년 30만 원을 부산광역시 교육청으로부터 받을 수입으로 잡아놓고 있다. 또한 구체적인 산출근거로 A반: 30개 반×10명×30만 원=9천만 원으로 소상하게 명기하고 있다. 이것은 심사위원들로 하여금 교육청이 9천만 원에 해당하는 바우처를 한국실버뱅크 측에 제공하는 것으로 착각하게 만들어 믿게 하는 근거로 작용한다.

바우처제도는 현장에서 어떻게 실행되고 있는 것인가? 특정 재단에 바우처를 몰아줄 수는 없다. 교육청은 지역교육청에 할당된 바우처를 각 학교 저소득층 아동들에게 다양하게 제공하는 것으로 되어 있다. 방과후 교육프로그램을 제공하는 다양한 사설기관이 이러한 바우처를 따내기 위해 백방으로 학교와 관계를 맺어나가고 있는 것 아닌가? 그러니 바우처에 기대어 한 개라도 더 프로그램을 하기 위한 경쟁도 치열한 것 아닌가? 이 문제는 근본적으로 해결하지 않은 채 사업계획서를 짜고 있었다.

두 번째, 부산인적자원개발원(약칭: 인자원)과 맺은 약정서를 보면 통상적인 약정서를 베껴놓은 것에 불과하며 이 약정서를 왜 맺었는지 모호하기 이를 데 없다. 프리젠테이젼 할 때 내가 질의를 통해 인자원의 역할이 뭐냐고 물었을 때, 이 사업이 선정되면 인자원에서 영어캠프에 6천만 원을 지원할 것이라는 답변을 했다. 나는 이미 인자원은 이사회를 통해 올해 예산안이 통과되어 끝났음에도 마치 인자원에서 새로운 예산을 지원받을 수 있다는 확신을 가지고 대답을 하는 것은 맞지 않다고 지적했다.

사업계획은 미래예산에 대한 불확실한 근거를 가지고 수립될 수 없다. 그리고 이 사업계획서에 들어 있는 영어캠프는 이미 인자원에 내려오는 국비를 통해 두 번이나 한 사업이다. 동아대 지식개발센터가 주체가 되어 2007년에 실행했던 과제다. 심사를 위한 실무진의 검토의견서에서도 한국실버뱅크가 동아대 부설로 설립된 기관이어서 두 기관 간에 인력, 자금 관리가 불분명할 우려가 있다고 검토가 필요하다는 의견을 낸 바 있다.

세 번째, 사회적일자리 창출사업에 응모한 단체 중에 (사)아시아공동체에서 신청한 사업이 이와 거의 유사하였다. 2007년 지역인적자원개발사업 공모사업인 '국제결혼여성자녀 언어 및 한국문화 체험학습을 통한 다문화정체성 함양 프로그램'은 아시아공동체가 사업 참여 기관으로 실버뱅크와 함께 이 사업을 진행했다는 것을 나중에야 알게 되었다. 그러니 거의 유사한 기획안이 동시에 올라올 수밖에 없었던 것이다.

이러한 내용으로 나는 이 사업에 대해 부적합하다는 판단을 하였고 서류심사를 마쳤다. 심사 후 회의에서 했던 내 발언으로 탈락 가능성을 감지한 실버뱅크 측에서 2월 26일부터 아는 인맥을 통해 나를 만나려는 시도를 해왔다.

내가 의원이 된 지 2년이 다 되어가지만 전화를 주고받을 그런 관계가 아닌 모 의원으로부터 전화가 걸려왔다. 무슨 일인가 싶었는데, 동아대학교 모 교수와 같이 식사를 하자는 것이다. 바로 사업을 제안한 한국실버뱅크 측 담당교수이다. 나는 알지도 못하는 사람과 식사를 같이하기가 어색하다는 얘기로 정중히 사양하고 혹시 나와 할 이야기가 있으면 대신 해달라고 얘기하며 전화를 끊었다. 그러고 나서 몇 시간이 지나 동아대학교로 추정되는 전화번호가 내 휴대폰 화면에 뜨면서 울리기 시작했다. 전화를 받지 않았다. 그리고 이후에도 몇 차례나 전화벨이 울렸다. 회의 중이기도 하고, 다른 일을 하는 중이기도 하고, 왠지 전화를 받기가 망설여지기도 해서 나는 일체 전화를 받지 않았다.

1차 심사가 끝난 후 다른 현안 때문에 더 이상 신경 쓸 여력이 없었지만, 전화가 오기 시작하니 내가 혹시 자료를 잘못 보았는가 싶어 심사했던 자료를 다시 꼼꼼히 챙겨보게 되었다. 아는 만큼 보인다고 심사위원인 교육청의 모 과장과 내가 지적했던 부분을 중심으로 자료를 보충해서 찾고 의문점에 대해 확인했다. 실버뱅크 측에서 심사 자료로 제출한 인자원과의 협정서는 의미가 없는 협정서였다. 인자원의 구체적인 역할을 담지 않고 있었기 때문이다. 이 사업의 공신력을 높이기 위한 수단에 불과한 것으로밖에는 해석되지 않는 빈껍데기 협정서였다.

2월 27일 실버뱅크가 교육청과 맺은 협정서 내용을 확인하기 위해 교육청 평생교육복지과 담당 장학사에게 전화를 했다. 교육청의 협정서와 동의서에서 적시하고 있는 내용과 공모 사업계획서에 나와 있는 부분이 일치하지 않는 부분에 대해 물었다. 담당사무관은 완성된 공모사업 계획서를 문서로 받지 못한 채 협정서를 체결했다고 답변했다. 협정서에도 버젓이 나와 있는 내용을 위배하면서 교육감의 직인을 함부로 찍었다니. 담당 장학사는 이런 자신의 행위가 문제가 될까 싶어 걱정스러워했다. 나는 장학사를 문제 삼으려는 것은 아니라고 안심시켰다.

하나를 보면 열 가지를 안다고 했던가. 교육청은 동아대학교 부설 기관인 실버뱅크가 하는 사업이라 꼼꼼히 따져보지도 않고 사인을 해준 것으로 짐작되었다. 고용지원센터에 제출한 사업계획서를 교육청이 사전에 입수해서 검토했더라면 도장을 쉽게 찍어주는 실수를 저지르지 않았을지도 모르겠다는 생각이 들었다.

사회적 일자리 창출 기업연계형 공모사업은 예산지원규모가 상당히 큰 편이다. 이 사업에 대해 관심을 가지고 지속적으로 사업을 수행해온 기관이라 할지라도 향후 사회적기업으로 발전하기 위해서는 시장수요와 수익창출에 대해 면밀히 검토하여 그 근거를 제시하지 않으면 선정되기 어렵다. 이 사업에 응모자가 적은 이유이기도 하다. 또한 기관들이 자치단체나 공공기관의 문턱이 높아서 협정서 한 장 받기도 쉽지 않은 터였다. 실버뱅크는 10개 정도의 협정서를 첨부했지만 다른 신청기관들은 겨우 한두 개일 정도였다.

최종 심사일인 3월 4일 진행될 지방고용심의회에서 내가 문제제기를 하게 되면 참으로 난감한 상황이 연출될 것 같아 노동정책과장과 의논을 했다. 노동정책과장은 나의 문제제기를 고용지원센터에 전달해서 해결책을 찾아보겠다고 했다. 난감한 상황이란 것은 공모사업을 최종 선정하는 고용심의회 위원들의 면면 때문이다. 시장, 부교육감, 노동청장, 부산경총회장 등등 소위 부산의 최고위급 인사들이 참석하는 자리이고, 이들은 사전 심의위원들이 아니었기 때문에 사전 심의에서 제기된 세세한 문제점을 알 수 없다. 그런데 문제제기가 되고 토론을 하기 시작하면 회의 꼴이 말이 아니게 돌아갈 것이 뻔하다. 자초지종을 모르는 시장에게 사회를 보게 하면서 이런저런 시시콜콜한 얘기를 하는 것은 노동정책과장이나 고용지원센터 소장이 피하고 싶은 일일 것이다. 부산시의 노동정책과장이 이 사안에 대해 결단을 내려 실버뱅크 건을 정리하는 것으로 했다.

한편, 같은 고용심의위원인 민주노총 부산본부의 부본부장과 이 건에 대해서 전화통화를 하다가 동아대 모 교수가 민주노총으로 전화해서 김영희 의원을 만날 수 있도록 주선해달라고 했다는 얘기를 들었다. 2월의 마지막 날인 아침에 의회로 지하철을 타고 출근을 하는데, 나와 연락이 잘 되지 않자 이 교수로부터 휴대전화로 음성메시지가 들어왔다. 음성메시지는 의외의 내용이었다. 3월 12일 노사관계 토론회가 있으니 나더러 토론자로 나와 달라는 것이었다. 현재 진행되고 있는 일과는 전혀 무관한 내용이었다. 더구나 나는 이런 토론에는 문외한이었고 토론회 일정도 보름 남짓밖에 남지 않아 나의 능력으로는 준비하기가 힘든 일이었다. 이 교수가 정말 토론회 건으로 나한테 이렇게 전화를 했는가 하는 의구심이 들었다.

9시 30분경에 지난번 전화를 했던 모 의원에게서 전화가 왔다. 역시 공모사업 때문이었다. 이 사업에 내가 강하게 문제제기를 하고 있는 것으로 알고 있는데 통과시켜달라는 부탁이다. 자기 지역구의 일이라면서 말이다. 나는 지역구의 일이면 실버뱅크가 해당 지역구와 MOU를 체결해야지 왜 김해시청과 체결했냐고 했다. 이 의원은 하여간 한 번 봐달라고 한다. 잠시 마음이 흔들리지 않은 것도 아니지만 어쨌든 사업계획서에서 발견된 문제점이 있는데 그렇게 할 수 없어 죄송하다고 했다.

실버뱅크 측에서 내가 묻는 질문에 답변을 제대로 하지 못했을 뿐만 아니라 인자원에서 약속하지 않은 예산지원 사실을 기정사실 화해서 답변한 것은, 만약 시의회였다면 의원들이 가만있지 않을 내용이었다. 어쨌든 도와주지 못해서 미안하다고 얘기하고 의정활동을 통해 내가 어떤 사람이란 것을 잘 알지 않느냐고 얘기하면서 거절에 대한 답을 대신했다.

그러나 나는 괴로웠다. 내가 실버뱅크 측의 사업을 반대하거나 사전에 어떤 선입견을 가지고 거부하는 것이 아닌데도 주변 사람들은 마치 내가 실버뱅크 사업을 반대하는 것처럼 생각하는 것 같다. 사업공모 내용의 미비점을 지적하는 것이고, 지금까지의 잘못된 관행을 지적하는 것이고, 그것을 충족시키지 못한 사업계획에 대해 시민의 혈세를 낭비할 수 없다는 것이 나의 단순한 생각이었다. 이전의 외대캠퍼스 건이나 예술회관 건도 모두 사업내용이 문제가 된 것이 아니라 사업준비과정에서 절차를 어기거나 지나친 특혜를 주었기 때문이다. 철저하지 못한 공무원들의 태도를 지적하는 것이고, 필요한 사업이라고 해서 법과 규정을 지키지 않아도 상관없지 않겠느냐고 생각하는 상층부의 안일함을 지적하는 것이다. 일반시민들에게는 주차위반이나 교통신호위반까지 수만 원의 벌금을 매기면서 자신들은 수억 원이 넘는 돈을 아무렇게나 사용하겠다니 해도 너무한다는 생각이 들었다.

잠시 후 동아대 모 교수로 짐작되는 전화가 걸려왔다. 나는 마침 지금까지 진행된 여러 가지 사정을 미리 얘기하는 것이 좋겠다는 생각을 하고 전화를 받았다. 이 교수는 두 가지를 얘기하겠다고 했다. 한 가지는 3월 12일 토론자로 참석해달라는 얘기였는데 거절했다. 그리고 공모사업 얘기를 했다. 작년에도 나 때문에 탈락했는데 올해는 좀 봐달라는 요지의 얘기였다. 많은 얘기가 오갔다. 나는 이미 공개적으로 사업계획서의 문제점이 드러났고 관련 심의위원들도 다 알고 있는 상태에서 그냥 넘어갈 수는 없는 일이라고 말했다.

그는 시장이 참석한 회의에 실버뱅크를 거론하면서 논란을 벌이는 것은 바라지 않는다는 입장이었다. 고용센터 측에 알아보니 실버뱅크를 제외하고 심사에 올려서 처리하겠다는 얘기를 듣고 나한데 전화를 한 것이고, 내가 이 사업을 선정하는 데 동의한다면 회의에 올릴 거라고 고용센터 측이 말했다는 얘기를 해주었다. 나도 이 공모사업에 대해 찬성하고 좋은 사업이라고 생각하지만 이미 사업의 문제점이 공식적으로 거론되었기 때문에 문제제기를 할 수밖에 없다는 점을 거듭 얘기했다. 내년에는 사전에 검토를 하여 사업이 잘 될 수 있도록 하고 도와주겠다고 했다.

심사도 힘들었지만 일주일 내내 이 문제를 놓고 씨름하면서 내 양심을 시험받는 것 같아 고통스러웠다. 우리 사회에 광범위하게 펴져 있는 로비는 민주노동당 의원이라고 예외는 아니었다. 복잡하게 얽혀 있는 인간관계 속에 자유로울 수 있는 심사위원이 몇이나 될까 싶다.

하나로카드 매각 특혜 의혹

2008년 3월 말부터 시작된 일이
일 년을 가다

4월 25일 나는 5분 자유발언에 나섰다. 지난 2월에 김성길 의원이 카드수수료 인하 때문에 수입이 반으로 준 하나로카드 보충상들을 위해 나더러 5분 발언을 해주면 좋겠다고 요청했다. 서민들을 위한 내용이니 한나라당 의원인 자기보다는 내가 더 좋겠다는 것이다. 하지만 당시는 3월 시정질문을 준비해야 하기 때문에 3월 이후에 하겠다고 했다. 시정질문은 신경이 많이 쓰이는 일이기 때문에 다른 걸 돌아볼 틈이 없어서였다. 그래도 하나로카드 매각 건과 관련한 5분 발언을 준비하기 위해 시에 자료를 요구하기 시작했다. 각종 언론을 통해 파악할 수 있는 자료 외에 직접 부산시에 자료를 요구해서 이를 기초로 삼아겠다고 생각했다. 대강 필요한 자료를 요구했는데 이것이 내가 마음먹은 대로 확보되지 않아 애를 먹었다.

제일 먼저 요구한 자료에 대해 부산시는 모르쇠로 일관하는 답변서를 보내왔다. 부산시는 민감한 문제다 싶으면 항상 무성의하고 상투적인 답변서를 보내왔다. 나는 고민을 하기 시작했다. 어떻게 해야 내가 원하는 자료를 받아낼 수 있을까. 며칠 생각하다가 나는 나 자신이 잘 모르는 일을 잘 알고 있는 것처럼 생각해서는 안 되겠다는 판단을 하였다. 그리고 완전히 원점에서 처음 시작하는 마음으로 자료에 대해 접근했다. 우선 부산시가 보유하고 있는 자료가 무엇인지 내가 정확히 알 수 없기 때문에 하나로카드 매각, 하나로카드 사업과 관련해서 부산시가 갖고 있는 자료와 공문 목록 자료를 요구했다.

　무의성한 자료를 보내온 교통국장의 답변서에 대해서도 그냥 앉아 있을 수는 없었다. 2008년 4월 1일 이 사업 담당인 대중교통개선팀장과 통화를 했다. 내가 요구한 자료를 보내주지 않고 있는 무성의를 짚었다. 그리고 조길우 의장에게도 이러한 사실을 알리고 도움을 요청했다. 다음 날, 팀장한테서 전화가 왔다. 내가 요구한 자료를 다음 날까지 주겠다고 했다. 조길우 의장이 그나마 도와준 덕분이다. 4월 3일 팀장이 직접 자료를 가지고 기획재경위원실로 왔다. 하지만 자료가 다 온 것은 아니었다. 빠진 자료를 언제 줄 거냐고 하니까 그제야 다시 자료를 가져다준다고 한다. 4월 4일이 되어서야 내가 봐야겠다고 요구한 조정위원회 회의록을 받았다.

　자료를 요청하고 받아내는 것 자체가 기싸움의 연속이었다. 내가 무엇을 필요로 하는지 누구보다 부산시가 더 잘 알지만, 그들은 절대로 의원이 구체적으로 요구하지 않는 것은 주지 않는다. 숨길 수 있으면 숨기고, 있다는 걸 알면 의원 스스로 알아서 찾아서 요구하라는 식이다. 심지어 의원이 요구하는 자료가 있어도 그들은 '해당 자료 없음'이라는 답변을 하는 경우가 많다.

*

4월 25일 5분 발언 후 4월 29일 부산시 기획관리실장을 만났다. 나는 실장한테 하나로카드 보충상인들의 어려운 사정을 나의 5분 발언을 통해 잘 들었을 터이니 면담을 통해 그들의 목소리를 들어달라고 말했다. 실장은 만나는 것은 어렵지 않지만 인하된 수수료를 다시 원상회복시키는 것은 불가하다고 말했다. 해줄 것이 없으니 만나봐야 뭐 하겠느냐는 것이다. 나는 그래도 그들의 이야기를 일단 들어보자고 했다. 실장은 원상회복은 불가하다는 조건을 받아들인다면 그들을 만나겠다고 했다. 그러면서 내 5분 발언 원고의 글자 하나하나가 얼마나 고심해서 작성되었는지 느낄 수 있었다고 말했다. 나는 칭찬으로 받아들였다. 5월 6일, 드디어 하나로카드 보충상인들과 부산시 기획관리실장의 면담이 이루어졌다. 이 자리에서 기획관리실장은 애초 나한테 얘기한 대로 간담회를 진행했기 때문에 보충상인들에게는 별 소득이 없이 끝났다.

*

다시 5월 30일 13시에 하나로카드 보충상인들과 대중교통개선팀장이 면담을 했다. 이 자리에서 보충상인들의 언성이 높아졌다. 여전히 인하된 하나로카드 보충 수수료 원상회복은 불가하다는 부산시의 답변에 격분한 것이다. 아울러 보충상인들의 목소리가 커지자 부산시 관계자들도 언성이 높아졌다. 나는 팀장에게 같이 언성을 높일 것이 아니라 이들의 목소리를 들어주는 것이 너무나 필요한 것 아니겠느냐고 말했다. 성난 이들의 소리를 들어주는 그 자체만으로도 그들의 심정이 누그러뜨려진다는 것을 알아야 한다고 했다. 이날 면담은 그동안 만남을 거부해왔던 교통국의 대중교통개선팀과 만나게 되는 첫 자리였지만 팀장은 계속 하나로카드의 보충 수수료 인하는 부산시와는 무관하기 때문에 책임이 없다고 주장했다.

면담 이후 발신자 표시가 뜨지 않는 전화가 걸려왔다. 전화를 받아 보니 하나로카드 매각과 관련해서 내가 5분 자유발언을 한 사실을 알고 있으며 나한테 끝까지 이를 파헤칠 수 있겠느냐고 묻는 성명미상의 사람으로부터 걸려온 전화였다. 나는 그래야 하지 않겠느냐고 대답했다. 그리고 나서 일방적으로 전화가 끊겼다. 다시 전화가 왔다. 역시 발신자 표시가 뜨지 않았다. 만나서 얘기를 나누고 싶다고 했다. 나는 성명미상의 이 사람을 31일 날 만났다. 만나 보니 얼마 전 신문에 버스운송사업조합 전무가 뇌물을 받고 구속된 사건이 보도되었는데, 거기에 제보를 한 당사자였다. 이 사람과 얘기를 나누고 많은 얘기를 들으면서 부산시를 상대로 의혹을 파헤치기 위해서는 의원으로서 내가 감당해야 할 몫이 많다는 생각이 들었다. 부산시가 이 건에 대해서 어떤 관련이 있는지를 구체적인 자료와 증거를 통해서 밝혀내야만 되는 것이지, 추측이나 어디서 들은 내용으로 얘기를 해봤자 소용없기 때문이었다. 어쨌든 생계가 반 토막이 나 어려움에 처한 하나로카드 보충상인들과 제보자를 만나면서 하나로카드 수수료가 2%에서 1%로 인하된 이유와 부산시가 이에 책임이 있다는 것을 입증해내지 않고서는 실마리가 풀리지 않을 거라는 생각이 들었다. 한동안 자료 속에 묻혀 살았다.

나는 5분 자유발언에다가 5월 달에는 부산시 추경심사 때도 하나로카드 건과 관련해서 교통국장과 본격적으로 공방을 시작했다. 추경심사를 끝내고 나서 6월 2일 나는 예결특위 간사를 맡고 있는 이동윤 의원에게 6월 말에 예정되어 있는 부산시 결산심사에서 하나로카드 매각 의혹 건을 가지고 공동으로 주제 있는 결산심사를 하자고 제안했다. 이동윤 의원은 고민 끝에 받아들였다. 나는 내친 김에 예결특위 위원 중 몇 분에게 더 협조요청을 구했다. 김성우 의원과 허태준 의원에게도 결산장에서 하나로카드 매각 의혹과 관련한 질의를 해줄 것을 요청했다.

*

6월 25일, 예산결산특별위원회의 부산시 결산승인안 심사가 있는 날이다. 11명의 예결특위 위원들이 결산심사를 했다. 하나로카드 매각 의혹 건과 관련해서 허태준 의원이 제일 먼저 교통국장한테 질의를 시작했다. 하나로카드의 부산교통공사 지분을 마이비로 넘긴 부분이 공개입찰이 아니라 수의계약한 부분에 대해 집중적인 질의가 펼쳐졌다. 공기업법 위배라는 취지로 추궁했다. 두 번째로 내가 질의를 했다. 수수료 인하에 대해 부산시가 명백한 책임이 있다는 사실을 부산시 공문을 통해 밝혀냈다. 부산시가 나한테 제출한 자료에는 이런 내용이 있었다.

2006년 12월 26일 부산하나로카드(주)와 마이비(주)가 작성한 「새로운 교통카드시스템 구축 사업 조정 계획서」에 의하면 사업비의 수익 보전방안으로 가장 먼저 교통카드 이용수수료 조정(보충수수료 형평성 유지)을 들고 있었고, 이 계획서에 대해서 부산시는 승인을 했다. 즉, 교통카드 보충수수료율 인하를 부산시가 승인한 것이다. 여태껏 부산시는 보충수수료 인하에 대해서 호소하는 보충상인들에게는 보충수수료 인하와 시는 전혀 관계가 없다는 식의 답변을 했는데, 이 자료가 명백하게 증거로 남아 있으니 부산시는 내 질의에 할 말이 없게 되었다. 시민을 기만하고 우롱하는 행위를 더는 할 수 없게 된 것이 내 질의의 성과였다.

그리고 이동윤 의원이 예결특위 간사지만 질의의 맥락상 자기가 제일 마지막으로 질의를 해야 하는데 이 건과 관련해서 질의를 하겠다고 해서 3명이 연이어 교통국장한테 질의를 했다. 이동윤 의원은 하나로카드 주식회사에 대표이사나 감사로 재직했던 인사들이 부산시 고위직에 있었고, 그것도 교통국장 출신이 포함된 것은 문제가 있다는 것과 이 사람들이 이 매각과 관련해서 영향을 미칠 수밖에 없는 것 아니냐는 취지의 질의를 했다. 3명의 의원이 연달아 질의를 펼치자 부산시는 굉장히 당황했다. 미처 예상하지 못한 일격을 맞은 표정이었다. 민주노동당 의원이 제기한 하나로카드 매각 의혹 건에 대해 한나라당 의원 2명이 가세해서 질의를 펼쳤으니 당황한 것이다. 그것도 이 의원들은 의회에서 대단히 유능한 의원으로 정평이 나 있던 터라 더 당황한 것 같았다. 의원들의 조리 있고 근거 있는 질의에 대해 교통국장은 판에 박힌 답변에서 벗어나지 못했을 뿐만 아니라 교통국장이 된 지 얼마 되지 않은 탓에 제대로 내용을 숙지하지도 못한 것 같았다. 대회의실을 가득 메운 공무원들과 그들 중 한 사람인 부시장, 기획관리실장이 어떻게 생각했을지 모르겠지만, 그들도 많이 놀라는 것 같았다. 마침 이 질의를 끝으로 점심시간이 되었고 2시부터 예결특위가 속회되었다. 나는 2회 질의에서도 교통국장에게 하나로카드 매각 의혹과 관련해서 추가 질의를 했다.

이런 속에 예결특위의 2007년 회계연도 부산시 결산은 마무리되었다. 예결특위가 끝나고 시의회 출입기자들과 예결특위 위원 전원이 오찬을 했다. 기자들이 돌아가면서 예결특위 위원들한테 덕담을 건네는 중에 연합통신 민영규 기자가 하는 말이 나에게 무척 와 닿았다. 민영규 기자는 예결특위가 결산 심사하는 것을 모니터했는데 하나로카드 매각 의혹 건이라는 주제를 가지고 당을 초월해서 의원 여러 명이 공동 질의를 하는 모습에서 대단히 감동을 받았다고 말했다. 생각지도 못한 찬사였다. 함께 이 주제 질의에 동참한 의원들도 매우 흡족해했다. 아마 기자들에게는 공통주제를 놓고 의원들이 협력을 통해 의정활동을 펼치는 것 자체가 대단히 신선하게 받아들여진 것 같았다.

나 혼자가 아니라 결산심사를 통해 한나라당 의원들까지 가세한 덕에 7월 10일경에 하나로카드(주)를 인수한 마이비 측과 보충상인들이 처음으로 협상을 시작하였다.

나는 협상이 시작되는 것을 보고 일단 이 건과 관련해서 할 만큼 했다고 생각하게 되었다. 김성길 의원이 5분 발언 한 번만 해주면 된다고 해서 시작했는데, 5분 발언은 시작에 불과했고 부산시가 나의 자료요청에 대해 매우 고압적인 자세로 나를 무시했기 때문에 여기까지 온 것이었다. 또한 부산시가 이런 고압적인 자세로 일관하는 데에는 그만큼 자신이 지은 죄가 있는 것 아니겠냐는 의구심이 생겨 여기까지 온 것이었다. 하여간 협상이 이루어진 것은 대단한 성과였다.

그리고 나는 다른 일로 바빴다. 그래서 곧 시정질문을 하게 되지만 이 주제를 놓고 시장한테 시정질문을 하지 않으려고 했다. 그랬는데 어떤 기자가 확실히 뿌리를 뽑는 것이 좋지 않겠느냐고 조언을 해왔다. 나는 그 말도 맞다는 생각이 들었다. 그래서 7월 17일 시정질문에 나서겠다는 신청을 했다. 시정질문에 나서는 의원들의 명단과 주제가 부산시에 알려지자 교통국장한테서 전화가 왔다. 목소리가 격앙되어 있는 듯했다. 시정질문을 할 건지 묻고, 안 하면 안 되겠느냐고 했다. 이종철 국장은 5월에 국장으로 임명되어 이 건에 대해서는 실제 책임이 없는 상태였지만 직책이 직책인지라 현직이 모든 것을 책임져야 하는 위치에 있었다. 나로서는 어쩔 수 없었다. 결산심사장에서도 꽤 힘들었는데, 다시 시의회 본회의장에 서서 질문을 받아야 될 테니까 무척 곤혹스러운 것 같았다. 하지만 어쩌겠는가. 국장 개인의 사정까지 봐주면서 의정활동을 한다면 의원이할 게 없을 것 같았다. 애초 신청한 대로 나는 7월 17일 시정질문을 했다. 먼저 이종철 국장을 불러내서 질문을 하고 최고책임자인 허남식 시장을 질문대로 불러냈다.

시정질문의 순서는 시정질문을 제일 많이 한 의원이 마지막에 한다. 왜 이런 관례를 정했는지는 모르지만, 내가 시정질문을 제일 많이 하다 보니 나는 항상 마지막에 한다. 내 질문이 끝나자 본회의가 마무리되었다. 내가 본회의장을 나오는데 이종철 교통국장부터 대중교통개선팀원들이 보사환경위원실로 다들 나를 쫓아 들어왔다. 이례적인 일이었다. 보통 시정질문이 끝나도 국장들이 따라오지는 않는 법인데 왜 왔는지 모르겠다. 나는 다른 급한 사건이 터져 있어서 정신이 없었다. 이종철 국장한테는 나중에 다시 보자고 양해를 구하고 이들을 돌려보냈다. 오늘 시정질문에 따른 뒷수습을 마무리할 생각이었던 모양이다.

*

한편 7월부터 시작된 하나로카드 보충상인들과 마이비 측의 협상은 시간만 가고 별 진척 없이 10월로 들어섰다. 몇 차례 보충상인들의 하소연 섞인 말을 전해 듣고 10월 17일 교통국 회의실에서 진행되는 협상장에 처음으로 내가 직접 참가했다. 나는 이 자리에서 마이비 측을 대면했다. 나는 인사말을 통해 내가 5분 발언을 시작한 이후로 시간이 많이 흘렀는데 협상이 잘 타결될 수 있도록 노력해줄 것을 마이비 측에 정중히 얘기했다. 마이비 측이야 내가 얼마나 밉겠는가? 그들의 마음은 너무나 잘 읽히지만 나는 최대한 부드럽게 얘기했다. 그들은 나의 문제제기로 인해 다 끝난 카드수수료 인하 문제가 불거질 대로 불거졌고, 그들이 부산시에 압박을 가해 카드수수료 인하를 공문을 통해 허락받은 것을 내가 밝혀냈으니 어찌 마음이 편했겠는가? 그러나 잘못된 것은 지적되어야 하는 것이고 그 잘못된 것은 고쳐져야 한다. 부산시도 귀찮은 의원 하나 때문에 창피를 톡톡히 당했다 싶을 것이다. 하여간 근 6개월 이상 신경을 쓴 덕에 2009년 들어 협상이 타결되었다. 이후에도 나는 간간이 대중교통개선팀장으로부터 협상소식과 결과를 보고받고 있는 터라 다행이다 싶었다. 온전한 원상회복은 아니었지만 한시적으로 1% 인하를 다시 2%로 환원하고, 보충상인들 전체는 아니지만 일정한 요건에 해당하는 상인들에게 그 혜택을 주는 것으로 정리되었다.

처음 이 건을 접수한 후 1년 세월이 걸린 것이다. 부산시는 하나로카드 보충상인들이 의원님 때문에 좋아졌다고 했다. 나는 속으로 웃었다. 어찌 나 때문에 그들이 좋아졌겠는가. 그들이 억울해서 여기저기 안 가본 데 없이 다니고, 이 당 저 당, 이 단체 저 단체 다니면서 자기들의 억울한 사정을 호소하고 행동한 결과가 나를 움직이게 한 데 불과한 것 아닌가? 이들의 문제제기가 없었다면 나는 이렇게까지 하지 않았을지도 모른다. 의원이 왜 존재하는가? 부산시민들이 이런 일들을 하라고 자기들을 대표해서 의원을 뽑아놓은 것 아닌가? 부산시가 그동안 이 건과 관련해서 아무런 책임도 없다고 발뺌을 했지만, 결국 부산시 책임이 명백하다는 것을 밝혀내고 나서야 고개를 숙인 것 아닌가? 수십 년간 부산시 교통행정을 위해 열심히 일해온 하나로카드 보충상인들과 아무런 협의 없이 마이비 측과 일방적으로 수수료율 인하에 승인을 해놓고, 나 때문에 보충상인들에게 혜택이 돌아갔다니. 그들은 당연히 누려야 할 권리를 되찾은 것이다. 나는 이 과정에서 많은 것을 느꼈다. 예산결산 심의와 행정사무감사권을 갖고 있는 의원인 나한테도 이들 공무원들의 태도는 대단히 고압적이었는데, 일반시민들에게는 어땠을까 하는 생각이 들었다.

시민들이 민원을 제기한다고 해서 100% 다 민원인 요구대로 관철되는 것은 없다. 시민들도 그렇게 생각하지 않는다. 하지만 민원을 처리하는 공무원의 태도나 자세를 통해 부산시민들은 부산시 공무원들의 진정성을 읽어낼 수 있다. 공무원들의 태도나 말투를 통해 부산시 행정에 대한 시민들의 신뢰를 높일 수도 있고 불신을 증폭시킬 수도 있는 것이다. 시민의 세금, 국민의 혈세로 부산시가 운영되고 공무원들이 살아간다는 것을 절대 잊어서는 안 된다. 이것만 항상 명심한다면 부산시는 시민들로부터 신뢰받고 사랑받을 것이다. 공무원들의 분발이 너무나 아쉽다.

공기업 이사장 업무추진비

2008년 5월 13일,
대부분의 공무원은 양심적이기에 이 글을 쓴다.

부산시 산하 5개 공기업 이사장 업무추진비 사용 관련 자료를 받아서 분석해보았다. 앞전에 부산일보 기사를 보면서 문제의식을 갖게 되었는데, 그 기사는 바로 행정자치부에서 공시한 2006년도 업무추진비 자료를 분석한 기사였다. 나는 2006년, 2007년 업무추진비 관련 상세내역과 영수증 첨부자료를 부산시에 요청해서 받았다.

내가 자료를 요청한 후 부산교통공사는 관계 직원이 시청 출입기자를 찾아가서 더 이상 기사가 안 나가게 해달라고 부탁했다는 이야기를 들었다. 부산도시공사는 내가 아는 전 노조위원장을 동원해서 나에게 전화를 했다. 자료는 받아놓았지만, 시정질문과 다른 일들로 인해 분석은 하지 못한 채였다. 부산환경공단은 임의로 자료를 지워서 제출했다. 나는 환경공단에 다시 자료제출을 요구했다.

작년에 행정사무감사를 앞두고 한 차례 감사관실, 공보관실, 총무과, 행정자치과에 업무추진비와 관련해서 자료를 요구한 바 있었지만, 5개 공기업은 내심 불편했던 모양이다. 내가 2006년, 2007년 2년 치 자료를 요구했기 때문에 그 양이 너무 많아 복사하는 것이 귀찮아 불편한 걸로 생각했는데, 뭔가 구린 게 있었던가 보다.

내가 자료제출을 요구한 후에 시설공단 이사장의 비리가 터져 나왔다. 그리고 다들 몸을 사리고 있었는데, 하필이면 그 시기에 내가 업무추진비 사용내역 자료를 요구했으니 얼마나 불편했겠는가? 나만 그러한 사정을 이해하지 못하고 있었던 것 같다.

그런 와중에 5월 7일 부산일보에 업무추진비 관련 기사가 대서특필되면서 시끄러워졌다. 사전에 부산일보 이병철 기자로부터 업무추진비 분석을 진행하고 있다는 정도는 들어 알고 있었다. 그리고 보도일자를 정해놓고 나의 멘트가 필요하다고 해서 내가 해야 할 말을 정리해 메일로 넣어주기도 했다. 그러고는 잊어버리고 있었는데 신문에 기사가 크게 나버린 것이다.

작년에는 업무추진비 관련 자료를 받아들고서도 제대로 분석을 하지 못하고 넘어갔다. 당시에 감사관실 행정사무감사 시 감사관에게 업무추진비도 감사를 하느냐고 질의했더니 한다고 했다. 그게 기억이 나서 5개 공기업 업무추진비 자료를 요청한 후에 감사관실이 2006년, 2007년도 부산시 산하 기관들에 대하여 업무추진비 관련 감사결과 보고서를 추가로 요청해서 자료를 받았다.

감사관실 공무원은 공식적인 자료도 아닌 답변서를 가지고 왔다.

그러면서 종합감사 시 감사를 하기 때문에 매년 산하 기관을 감사하는 것은 아니라고 했다. 결과보고서는 A4용지 2장뿐이었다. 지적 사항은 경륜공단 한 건이었다. 그렇게 문제가 된 시설관리공단에 대한 감사 내용은 없었다. 궁색한 변명을 했다. 종합감사의 범위가 넓어 업무추진비 같은 것은 감사하기 어렵고, 문제가 생겨야 감사를 한다고 했다. 다른 말로 하면 감사를 하지 않는다는 것이었다.

업무추진비 사용은 전적으로 이사장 개인의 양심에 맡겨놓고 있다는 거였다. 도대체 양심의 기준이란 게 무엇인가? 시설공단 이사장의 양심, 교통공사 사장의 양심, 도시공사 사장의 양심, 환경공단 이사장의 양심이 따로 있는 것은 아닐 게다.

양심에 대한 판단을 어떻게 할 것인가? 설사 양심적으로 사용했다고 하더라도 그것이 공적인 비용이라면 판정하는 기준이 있어야 한다. 하지만 어떤 걸 '양심적'이라고 판정하는지 그 기준은 없다. 양심은 기준점을 잡기가 매우 어렵기 때문이다. '양심적이다' 또는 '양심적이 아니다'라는 것은 사람 마음에 달려 있다. 즉 양심이 객관화된 기준이 아니라 주관에 달려 있다면, 양심에 대한 판단은 저마다 달라질 수밖에 없다. 여기에 보편타당성의 개념이 주어진다. 양심에 대한 판단은 주관적일 수밖에 없으나 한편으로 '보편타당성'을 갖고 있어야 한다는 말이다. 바로 시민들이 합의해서 만든 제도이다. 그것은 법률로도 제정되어 있고 조례로도 제정되어 있다. 물론 시민들이 도저히 따를 수 없는 악법도 있어 악법개정 투쟁도 일어나지만, 고위 공직자들의 양심의 기준을 정하는 정도는 법이나 조례만이 아니라 내부규정으로도 충분하게 정해져 있다.

*

　5월 7일 부산일보 보도기사는 사회면에 실린 "있지도 않은 식당에서 접대하는 공기업 사장"이란 제하의 내용이었다. 그러고 나서 이 기사를 쓴 이병철 기자가 곤경에 처하게 되었다. 다 정으로 선물을 주는 건데 너무 한 것 아니냐는 등, 더 이상 기사 쓰지 말라는 등 인신공격성 비난이 기자에게 쏟아졌다. 나는 기사가 나간 후 오후 늦게야 이병철 기자와 만나서 그 사실을 알게 되었다. 내가 미안했다. 바쁜 의회일정을 대충 마무리하고 이병철 기자에게 힘내라는 문자메시지 몇 개를 보내주는 정도로 위로를 대신했다.

　오후 6시가 다 되어 재정관실 공기업담당계장이 왔다. 부산일보 기사와 관련해서 허 시장에게 보고해야 된다고 보도자료가 있으면 달라고 했다. 나는 지금 줄 수 없고, 나중에 주겠다고 했다. 또 계장은 업무추진비와 관련하여 제도개선할 내용이 있으면 얘기해달라고 했다. 나는 제도개선이란 걸 생각지도 못했는데, 계장이 얘기하니 고민해봐야겠다는 생각이 한편으로 들었다.

　다음 날인 5월 8일, KBS 1라디오 '부산 포커스' 작가한테 전화가 왔다. 부산일보 기사 건과 관련해서 생방송 인터뷰를 하고 싶다고 것이다. 나는 흔쾌히 수락했다. 오후 5시 10분이 지나 인터뷰가 시작되고 10분간에 걸쳐 마무리했다. 신문에 보도가 되고 라디오방송까지 나가게 되면서 업무추진비 문제가 공론화되어버린 셈이 되었다. 나는 이렇게 된 마당에 지난번 부산일보에 멘트한 내용을 실천해야겠다는 생각을 했다. 5월 21일 열리는 부산시의회 임시회 본회의장에서 5분 자유발언을 통하여 부산시에 시정을 요구하기로 마음을 먹었다.

*

5월 13일 오후 4시경에 부산도시공사노조의 전 위원장으로부터 전화가 왔다. 나는 손님과 대화 중이어서 길게 얘기할 처지가 아니라 간단하게 얘기하자고 했다. 요점은 신문보도 때문이었다. 부산도시공사가 나에게 제출한 자료에는 '접대비 의뢰'로 되어 있지만 첨부된 영수증은 접대비로 사용한 것이 아니라 매일 50만 원 미만의 물품을 구입한 영수증이 지출되어 있다는 것이었고, 누구한테 쓰였는지도 알 수 없는 명절선물구입비라고 하면서, 직원이 해명하러 온다는 것이다. 위원장도 함께 오겠다고 해서, 그러면 내가 부담스러우니까 담당 직원이 혼자 와서 해명하는 게 좋겠다고 했다.

나는 5분 발언의 요지를 대충 정리하여 일단 의회협력계장에게 넘겼다. 사전에 발언요지를 주지 않아도 되지만 대부분은 관례로 진행해오던 일이고 나 스스로도 거스를 게 없다는 생각으로 속 타는 의회협력계장을 위해 5분 발언 원고를 주고 말았다.

임시회 하루 전인 5월 20일, 공기업 이사장 업무추진비 건의 5분 발언 원고가 집행부에 전해지면서 한바탕 소동이 일어났다. 기획관실 의회협력계장이 달려왔다. 선물명단 리스트를 빼달라느니 특정 인물을 거명하는 부분을 빼달라, 어느 구절은 빼달라고 하소연이다. 나는 못하겠다고 했다. 옆에서 동료의원인 허 의원이 함께 사정했지만 거절했다.

그리고 나서 한참 있다가 6시 퇴근시간이 다 되었는데 예산담당관, 공기업 계장, 감사관(국장) 등이 몰려왔다. 감사관은 한 발짝 더 나아가 이미 지난번 언론에 나왔으니 5분 발언 자체를 취소하란다. 자기가 책임지고 업무추진비와 관련해서 특별감사를 하겠다고 하면서 부탁을 하였다. 나는 말이 되는 얘기를 해야지 5분 발언 자체를 거두어들일 수는 없다고 말했다. 특별감사를 하겠다고는 하지만 글쎄다 싶은 게 솔직한 심정이었다. 나는 이미 언론에 5분 발언 원고를 다 보냈다고 했다. 그렇다면 원고를 수정하자고 한다. 전문위원, 옆에 있던 동료의원까지 나서서 한 번 봐주자고 거든다. 조금 험악한 분위기가 감지되었다. 잘못하면 험한 말들이 오갈 것 같다. 예산과장은 1만 원, 2만 원짜리 선물은 돌려보낼 수도 없단다. 나는 선물이 6만 원짜리고 리스트에 색칠한 부분의 선물명단은 조금 더 비싼 것이라고 얘기했다.

이렇게 시시콜콜하게 내가 본 자료에 대한 문제점을 얘기하자 서로가 괴로워졌다. 그들은 어떤 내용은 빼달라고 애원까지 했다. 내가 수용할 수 있는 범위이긴 하지만 원고를 수정하다 보니 화가 났다. 어쨌든 화를 삭이고 원고 작업을 마무리했다. 나는 원고에 이 건에 대해 부산시의 특별감사를 요구하는 것으로 마무리했다. 결국 부산시는 나의 발언 후 특별감사에 착수하고 이후에 나에게 보고를 했다. 잘못 쓰인 업무추진비는 환수 조치되었다는 보고였다.

사행산업 정책추진 관련 건의안 부결

2008년 7월 25일 10시,
본회의장에서

오늘은 본회의가 있는 날이다. 10시에 시의회 5층 본회의장으로
들어갔다. 나는 평상시처럼 내 책상 위에 놓인 회의 자료들을 훑어
보았다. 행정문화교육위원회가 "사행산업 정책추진 관련 건의안"
을 제출해놓고 있었다. 내용을 읽어 내려갔다. 부산시 경륜공단이
경륜사업을 하고 있는데 정부가 이에 대한 규제를 더욱 강화하고
있어 이를 완화해달라는 건의문을 시의회가 채택해서 정부기관과
국회 등 여러 곳에 보낸다는 것이다. 당장 본회의가 시작될 거라서
나는 어떻게 할 것인가를 놓고 급하게 생각을 정리했다. 반대토론
에 나서야 할 것 같았다. 부산경륜공단의 사업이 어렵다고 시의회
가 사행산업규제완화를 위한 건의문을 채택하는 것은 올바른 선택
이 아니라는 생각이 들었다. 경륜사업이 시민들에게 재미를 주고
휴식을 제공하는 측면도 있지만 돈이 오고가는 사행성 산업으로서

결국은 도박의 성격이 짙다. 이러한 사업은 제한적으로 허용하면서 시민사회에 미치는 영향을 최소화해나가는 것이 중요하다. 그런데 그런 사안에 시의회가 나서서 규제완화를 요구한다는 것은 부산시민의 정서에 맞지 않는 일이라고 판단했다.

나는 시의회가 제출한 안에 대해 반대토론에 나서는 것이 부담스럽긴 하지만 이번 일을 그대로 내버려둘 수는 없었다. 본회의장 뒤에 있는 직원 석에 가서 반대토론을 하겠다고 신청했다. 사실 나는 이런 내용의 건의문이 이번 본회의에서 채택되는지를 몰랐기 때문에 미리 반대토론문도 준비할 수 없었다. 내 머릿속에 있는 생각들을 메모지에 급하게 정리해나가기 시작했다. 건의문 채택에 대해 내가 왜 반대하는지 이유를 밝혀야 되기 때문에 대강의 요지를 정리해서 의원들에게 전달해야 했다. 건의문 채택은 본회의 제일 마지막 순서였다. 이날 제181회 임시회 2차 본회의는 5대 의회 후반기 의장단 선거를 통해 당선된 신임의장이 진행하는 첫 임시회의 중에 열리는 두 번째 본회의였다. 의장, 상임위원장이 바뀐 상태이고 의원들도 약간이긴 하지만 상임위원회를 바꾼 사람도 몇 명이 있었다. 나도 기획재경위원회에서 보사환경위원회로 상임위원회를 바꾼 상태였다.

나는 대충 정리한 메모지를 들고 반대토론에 나서 발언을 시작했다. 아주 공손하게 그러나 절절한 마음으로 호소를 하였다. 곧바로 표결이 진행되었다. 표결 결과 건의문 채택은 부결되었다. 나는 그 결과에 너무나 놀랐다. 나만 놀란 것이 아니었다. 건의문이 설마 부결될 것이라고 생각한 사람은 아무도 없는 듯했다. 본회의장이 일

순간 술렁거렸다. 모두가 믿기지 않는 표정이었다. 나는 기껏해야 반대할 의원은 4~5명에 불과할 거라고 생각했다. 부산시장을 비롯해 본회의장에 있던 고위 공무원들도 예상 밖의 결과에 모두 놀란 것 같았다. 술렁임과 함께 임시회가 끝이 났다. 이 건을 상정한 행정문화교육위원회와 의장단은 체면을 구기게 되었다. 본회의장을 나오니까 몇몇 의원이 악수를 청했다. 또한 부산시 문화관광국장이 쓴웃음을 지으며 잘했다고 말을 건넸다. 쓴웃음 속에 내가 얼마나 원망스러울까 싶었다. 이 건을 놓고 말들이 무성해졌다. 의장단 선거 후유증이니 어쩌니 하는 말들이었는데, 반대한 의원 명단을 나중에 알게 되었지만 나의 생각에는 소신껏 반대표를 던진 의원들임이 확실했다.

어쨌든 부산시의회 20년 역사상 시의회가 직접 발의해서 제출한 건의문이 의원들의 반대에 부딪혀, 그것도 야당의원에 의해 부결된 것은 처음 있는 일이었다. 의회 역사상 한 획을 긋는 일대 사건이었다. 부산시의회가 자신의 위상을 높이며 어느 정도 자정능력을 갖추어나가는 과정으로 볼 수도 있는 중요한 사건이었던 것이다.

본회의가 폐회되고 며칠 후 KBS 총국장의 출판기념회가 있어서 KBS방송국에 갔다. 그곳에서 부산경륜공단 이사장을 만났다. 이분은 나를 보자 화난 듯 얘기했다. 김영희 의원의 반대토론과 부결 때문에 경륜공단은 직격탄을 맞았으니 이제 경륜공단은 문을 닫아야겠다고 했다. 건의문 부결이 내가 반대토론을 잘해서 그런 것처럼 이야기하는 것은 고맙기야 하지만 다른 의원들도 이번 건에 대해서는 문제가 있다고 판단했기 때문 아닌가? 이러한 의원들의 생각을 헤아리지도 못하는 이사장이 딱했다. 나는 그냥 웃어 넘겼다.

나중에 안 일이지만 이 건의문 채택을 위해 경륜공단이 처음에는 기획재경위원회를 상대로 로비를 했다고 한다. 그러나 기획재경위원회는 이 제의를 거절했다. 그러자 다음 순서로 행정문화교육위원회를 설득해서 본회의에 회부했다는 걸 나는 한참 후에 듣게 되었다. 이미 나는 보사환경위원회로 상임위원회를 옮겼기 때문에 기획재경위원회에서 일어나는 일에 대해서는 알 수가 없었다. 더구나 나는 평의원이기 때문에 정보도 없었다.

한편 내가 반대토론을 해서 부결시켰다는 것을 어떻게 알았는지 7월 29일 강원도 원주교구의 한 신부님이 전화를 걸어왔다. 나의 반대토론과 부결이라는 결과는 대단하다는 것이었다. 이 신부님은 사행산업감독위원회 위원으로 활동하고 계신데, 최근 많은 어려움을 겪고 있는 중에 이런 좋은 결과를 전해 듣고 너무나 기뻐서 꼭 감사하다는 말을 직접 전하고 싶어 나에게 전화를 했다는 것이다. 강원도와 부산의 거리가 꽤 먼데 이런 격려와 감사의 전화를 받다니, 너무나 행복했다. 의원이란 직분으로 이런 일을 할 수 있다는 것이 얼마나 중요한지 또 한 번 느끼게 하는 일이었다.

나는 혼자가
아니었다

내 방이 생겼다

　말도 많고 탈도 많았던 의원회관이 건축되어 입주식을 가졌다. 지하 1층, 지상 4층짜리 건물로 시의회 앞마당 빈터에 붙여서 지었다. 의장단과 상임위원장은 기존 사무실을 쓰고 나머지 평의원들은 선수와 여성, 나이순으로 4층에서부터 1층까지 방이 배정되었다. 방 배정을 어떻게 할 것인지를 두고 설왕설래하였으나 이렇게 결정했다.

　전반기 의장을 맡았던 조길우 의장의 임기 때 배정된 내 방은 3층 301호였다. 하지만 공사에 문제가 발생하면서 입주가 늦어져 후반기 의장 선거 이후로 미루어지면서 전반기 때 정했던 방 배치를 다시 하게 되었다. 내 방은 303호로 변경되었다. 3층에 있는 의원실 중 301호에서 306호까지는 남향이라 볕이 잘 들어온다. 여성의원이 3층에 3명이 있게 되었는데, 모두가 남향에 있게 되었다.

내가 시의원이 되기 전인 4대 시의회에서 의원회관 별관을 지어 5대 의원들부터 개인 사무실을 배정하는 것으로 예산이 이미 확보되어 있었다. 그로부터 2년을 넘겨서야 의원회관이 완성된 것이다. 그동안 시의회는 외부로부터 따가운 시선과 많은 비판을 받아왔다. 나는 의원으로 당선된 해 10월에 있었던 TV 생방송에서 의회개혁과 관련한 주제를 놓고 토론을 한 적이 있었는데, 토론자로 나온 시민단체 대표가 시의회를 질타한 말에 가슴이 아팠다. 그 대표는 학생이 공부를 잘해놓고 부모님한테 공부방을 마련해달라고 해야 하는데, 공부방부터 마련해주면 공부 잘할 거라고 얘기하는 것은 순서가 아니라는 식의 비유를 통해 시의회를 비판했다.

나 역시 그 의견에 동의할 수밖에 없었다. 더구나 시의원 대다수가 별도의 직업이 있기 때문에 의원실이 거의 빌 수밖에 없다는 점도 그러한 비판을 받는 이유가 되는 것 같다. 물론 시의원 각자의 노력 속에 조금씩 나아지겠지만 당장의 상황은 이러한 비판을 비켜갈 수 있는 여지가 없는 것 같다.

한동안 논란은 이어질 것이다. 나는 이러한 논란 속에 시민들의 혈세로 지어진 의원실에서 업무를 본다. 의정활동에 대한 책임이 무거워질 수밖에 없다. 10평 남짓한 방을 혼자서 사용한다는 것이 가시방석이다. 전반기 의정활동을 하며 2년 이상 매일 전문위원실과 붙어 있는 상임위원회실로 출근하다가 개인 의원실로 출근을 하자니 어색하다. 하루 종일 혼자 방에 있으니 갑자기 내쳐진 느낌마저 든다. 사람들은 의원실이 꼭 대학교수 연구실 같다고 하지만 의원들은 처음부터 공부나 연구에 익숙한 사람들이 아니다. 의원실 문을 열고 나가면 조용한 복도와 3층을 지키는 직원 1명이 데스크에 조용히 앉아 있다. 그야말로 의원실과 의원회관이 적막하다.

보건환경연구원의
공유재산관리계획 심의 보류

2008년 10월 22일,
결정적 하자를 발견한 것이 화근이 되다.

　오전 10시 상수도사업본부 소관 업무청취가 진행될 예정이라 10분 전에 보사환경위로 갔다. 복도에서 같은 상임위 동료의원을 만났다. 인사를 하고 악수를 나누려고 했으나 동료의원은 목만 약간 끄덕이고는 가버렸다. 뭔가 이상하다고 생각하면서 사무실로 들어서니 분위기가 어색했다. 전문위원한테 분위기가 왜 이렇냐고 물었다. 돌아오는 말이 내 속을 상하게 했다. 지금 분위기가 좋게 됐냐고 한다. 말문이 막혔다. 어제 기획재경위에서 공유재산 관리계획안 심의에서 보건환경연구원 건이 보류되었기 때문인 것으로 짐작이 되었다. 그렇다고 하더라도 이렇게까지 분위기가 살벌해지는 데 대해서는 이해가 안 되었다.

　위원장실로 들어간 이후는 더 가관이다. 10시 회의인데 아직 의원들은 다 오지 않았다. 위원장과 간사가 있었다. 보통 때 같으면 나에게 먼저 악수를 청하는 분인데 위원장은 나한테 눈길도 주지 않은 채 보건환경연구원 건과 관련해서 '우리 상임위 의원 두 명도 도와주지 않는데 뭐가 되겠냐'고 노골적으로 불평을 하였다. 나와 조용원 의원을 겨냥한 말이다.

지난 월요일 보건환경연구원 업무보고 시 복지건강국장을 출석시켜 보건환경연구원 건과 관련해서 행정절차의 잘못된 점을 나와 조용원 의원이 조목조목 따졌던 것이 화근이 된 모양이다. 나 참, 분명한 것은 따져도 된다고 해놓고서는 왜 나를 원망하는 것인지? 그리고 따지지 말라고 해도 따질 수밖에 없는 내용이었다.

위원장은 창문 쪽으로 서서는 나에게 상반기 동안 활동했던 기획재경위로 돌아가라고 막말을 한다. 그러고는 자신이 위원장을 그만두겠다고 한다. 참, 속에도 없는 말을 어찌 그리 잘하는지. 자신이 위원장이 되기 위해 한 표라도 더 얻으려고 온갖 감언이설을 할 때는 언제고 이제 와서 저런 말이 쉽게 나올까 싶었다. 또 다른 의원은 기획재경위가 보사환경위의 의견을 무시하고 보류시켰으니 보사환경위원회가 기자회견을 하자고까지 한다. 어이가 없다. 격세지감을 느끼게 했다.

2006년 12월 예산심사 시 나는 예결특위 위원으로서 교통국 예산의 잘못을 지적해서 단일 사안에 대한 예산 37억 원을 삭감한 적이 있다. 이 삭감된 예산을 예비비로 돌리는 것보다는 필요한 분야에 쓰일 수 있도록 해야겠다는 생각이 들어 보건환경연구원 부지 매입비로 19억 원을 증액시킨 적이 있다. 나의 지적으로 37억 원 예산을 삭감시킨 결과가 있기 때문에 가능한 일이었다. 이렇게 19억 원이라는 예산이 증액되자 보건환경연구원과 보사환경위원회 의원들이 나한테 고맙다고 인사를 건네기도 했다. 그 사실을 그새 잊었는지, 자기들도 해내지 못한 사안을 다른 상임위원회에 있는 의원이 해결해주었다고 고맙다고 할 때는 언제고, 이제 와서 이렇게 나오는 것은 동료의원에 대한 예의가 아니다.

이렇게 어수선한 분위기 속에 전문위원실 공무원들은 상수도사업본부가 업무보고를 하려고 기다리고 있고, 모 단체에서 의정활동을 모니터하기 위해 기다리고 있기 때문에 회의실로 들어가야 한다고 채근했다. 한 의원은 상수도사업본부도 기획재경위가 다 심의하라고 넘겨주자는 등, 말도 안 되는 얘기를 늘어놓는다. 기획재경위가 이렇게 해도 되는지 따져보자느니 국회는 어떻게 상임위를 운영하는지 다 알아보라고 난리다. 심지어 자기가 어제 기획재경위의 심의에 참관하면서 들었던 재정관의 답변이 문제가 있었다고 생각한다며, 재정관이 왜 그런 답변을 했는지 따져야겠다고 오후에 재정관을 출석시키라고까지 한다. 한걸음 더 나아가 보건환경연구원 설립부지로 북구가 안 되면 강서구도 안 되니까 부산시가 가지고 있는 다른 공공부지를 알아보라고까지 한다. 화가 날 대로 났는지 할 말 안 할 말 가리지 않고 거칠게 쏟아냈다.

마냥 공무원들을 기다리게 할 수 없어 회의를 짧게 끝내기로 하고 보사환경위 회의실로 들어갔다. 상수도사업본부 본부장의 업무보고가 끝나고 질의가 이어졌다. 내가 제일 먼저 질의를 하고 다음에 김성우 의원이 질의하고는 30분을 넘기지 못하고 상임위가 끝나버렸다. 그리고 다시 회의에 참가했던 의원들이 위원장실로 다 들어왔다. 위원장실 분위기가 너무 엉망이라 나 혼자 이 분위기 속에 앉아 있는 것이 싫었다. 나는 조용원 의원한테 전화를 해서 '지금 보사환경위가 난리가 났다, 빨리 내려오시라'고 했다. 그랬더니 운영위원장실에 있던 조용원 의원이 내려왔다. 그리고 늦게 송숙희 의원도 왔다. 송숙희 의원은 왜 이렇게 상임위가 빨리 끝났느냐고 물었지만 아무도 대꾸하지 않았다.

조용원 의원이 들어와서 자리에 앉자마자 모 의원은 그냥 나가버렸다. 참 어이가 없는 상황이 자꾸만 벌어졌다. 그런 와중에 조용원 의원이 분위기에 개의치 않고 어제 논의되었던 보건환경연구원 설립부지 선정에 대한 자신의 생각을 이야기했다. 지역구가 강서구인 조용원 의원은 애초 보건환경연구원 부지가 강서구로 결정되었다가 북구로 바뀌는 것에는 무조건 찬성할 수 없었기 때문이다.

위원장은 의원들이 있는 쪽으로 오지도 않고 뒷짐을 지고 서 있다. 아무도 뭐라 하지 않는다. 뭐라고 할 사람이 없다. 일부 의원은 나가버렸고 위원장은 칸막이를 사이에 두고 의원들이 있는 쪽으로 오지도 않고 손상용 의원은 행정교육위에 가서 아직 오지 않고 있다.

그러는 사이 전문위원이 제종모 의장의 전갈을 알려주었다. 보사위와 점심을 같이 먹자는 내용이었다. 나는 지금 점심을 같이 먹는 것보다 기획재경위와 보사환경위 그리고 조용원 운영위원장이 의장과 함께 이 문제를 수습하는 것이 우선이지 않겠느냐고 했다. 그러고 나서 헤어졌는데, 보사환경위에서 예정대로 점심식사를 한다고 오란다. 식당에 갔으나 김성우 의원, 조용원 의원, 이영숙 의원, 나밖에 없다. 전문위원은 의장을 모시고 위원장과 함께 오고 있다고 한다. 먼저 식사를 하라고 해서 그러려니 생각하고는 식사를 하기 시작했다. 하지만 의장은 오지 않았고, 위원장과 허동찬 의원, 손상용 의원만 왔다. 애매한 분위기 속에 점심을 먹는 둥 마는 둥 말도 없이 식사가 끝나고 위원장이 먼저 일어나면서 모두 다 일어나게 되어 점심식사 자리는 흐지부지 끝나버렸다.

나는 의회로 다시 들어왔다가 오후 2시에 진행되는 해운대여성인력개발센터 15주년 행사에 참석하기 일찍 나와버렸다. 바쁜 일정 때문에 어제까지 행사에 참석할지 말지 망설였는데 오늘 같은 날은 이 행사가 고맙기까지 했다. 내 방에 앉아 있는 것이 정말 견디기 어려웠다. 행사가 끝나고 저녁을 먹기 위해 기장 쪽으로 이동하고 있는데 허태준 의원으로부터 전화가 왔다. 보건환경연구원 건이 언론에 나올 것 같다고 한다. 어떻게 된 거냐고 했더니, 보사환경위에서 위원장과 간사가 기자실에 가서 얘기를 했고, 그 얘기를 들은 기자들이 기획재경위 간사를 불러서 사실 관계를 물어보았다는 것이다. 언론에 보도가 된다는 것은 결국 보사환경위만 바보가 된다는 건데 그것도 생각하지 못하고 일을 저지르는 동료의원들이 너무나 안타까웠다. 다시 전화벨이 울렸다. 연합통신에 기사가 나갔다는 것이다. 나는 절로 탄식이 나왔다. 부산시가 투자심사를 받지 않았는데도 기획재경위원회의 공유재산 관리계획안 심의를 받기 위해 투자심사를 받은 것처럼 허위자료를 기획재경위원회에다 제출했는데 어째서 보사환경위원회 의원들은 이것이 통과될 것이라고 생각했단 말인가? 위원장은 왜 기자실에 가서 기사거리만 주고 도리어 언론으로부터 매를 맞고 있는가. 안타까운 생각이 들었다.

결국 보사환경위원회만 바보가 되고 말았다. 그리고 보사환경위 의원들은 이러한 결과가 발생한 것이 내가 기획재경위 의원들에게 부산시가 투자심사를 받지 않았다는 사실을 알려주었기 때문이라고 생각하는 듯했다. 기획재경위원회 의원들이 모르고 지나갔다면 아무 문제가 없었을 거라는 것인데, 이미 보사환경위 업무보고 시 나와 조용원 의원이 복지건강국장에게 이러한 내용과 절차상의 하자를 강력하게 따지면서 공론화되고 있던 문제였기 때문에 기획재경위 의원들도 당연히 알 수밖에 없는 일이었다. 사실을 알아낸 건 나지만 공식적인 회의에서 발언하고 처리한 것은 기획재경위 의원들이다. 이런 중요한 사실을 알고 발언을 하지 않을 기획재경위 의원들이 아니기 때문이다.

보육교사 처우개선비 인상

2008년 10월 30일,
허 시장을 만나 부탁하다.

오후 4시 30분이 넘어 보육정책과 보육정책계장으로부터 전화가
왔다. 잠시 의원실에 들러도 되겠냐고 물었다. 나는 오시라고 했다.
그런데 계장은 여성가족정책관실 국장과 함께 내 방으로 들어왔다.
국장까지 방문하다니, 조금 이상했다. 그런 생각을 하면서 얘기를
나누기 시작했다. 보육교사 처우개선비 관련한 얘기가 오가던 중
에, 공공노조가 시장 관사 앞에서 어제부터 1인 시위를 한다는 얘
기가 나왔다. 오늘이 2일차인데 이를 말려달라는 것이다. 나는 공
공노조 조합원도 아닌데 내가 말린다고 되겠느냐고 하면서, 왜 아
침에 얘기하지 퇴근 시간이 다 되어서야 얘기하느냐고 물었다. 그
랬더니 나한테 얘기를 할까 말까 하루 종일 고민하다가 지금에야
왔다는 것이다. 그제야 나는 왜 국장이 직접 의원실까지 찾아왔는
지 알아차렸다. 시장 관사 앞 일인시위를 말려달라는 부탁을 하기

위해서였다. 공공노조가 시청 앞에서 그동안 농성을 계속해오다가 부산시에서 반응이 없자 시장 관사 앞까지 찾아가 시위를 하는 모양이었다.

나는 속으로 그러려니 하는 짐작을 하면서, 공공노조가 시청 앞에서 시위를 한 지도 꽤 오래되지 않았느냐고 말을 건넸다. 국장은 오며 가며 그들과 얘기를 잘 나누고 있다고 했다. 그리고 공공노조에서도 '우리가 이렇게 시위를 하는 것이 해당 국에 힘을 실어주는 것 아니냐'는 말도 했단다. 나는 어쨌든 전화를 하기는 하겠지만 내일 당장 시위를 그만두게 하는 것은 장담 못한다고 했다. 나는 국장이 돌아가고 나서 이들이 이런 부탁을 한다고 내가 당장 공공노조에 전화를 거는 것이 맞는지 생각해보았다. 그러다가 지난번 허남식 시장과 만났던 일이 생각났다.

그날 나는 허 시장에게 보육교사의 처우개선비 인상 필요성에 대해 설명을 하고 허 시장으로부터 처우개선비 인상에 대한 긍정적인 반응을 받았다. 그러나 아직 공식화할 일은 아니라서 알리지 않고 있었는데 이제는 알려져도 괜찮겠다는 판단이 들어 공공노조 측에 전화를 했다. "관사 앞 일인시위는 그만두는 것이 좋겠습니다. 시청 앞에서 하는 것으로 충분하다고 생각합니다. 그리고 처우개선비 문제는 소기의 목적을 달성했다고 보아도 좋습니다"라고 말해주었다. 공공노조 사무처장은 내 말을 듣고 의논해서 다시 전화를 준다고 했다.

좀 있으니 전화가 왔다. 내일인 금요일과 다음 주 월요일은 진보신당과 공공노조가 일인시위 담당이니까 일인시위는 안 하는 것으로 하고, 월요일 공식 집행위원회를 통해서 관사 앞 시위는 안 하는 것으로 하겠다고 했다. 덧붙여서 "의원님의 노력으로 일이 잘 되어 가는데 괜히 다른 변수가 생길 수도 있으니까 시장 관사 앞 1인 시위는 안 하는 것이 좋을 것 같습니다"라는 말까지 했다. 나는 일이 무리 없이 마무리되어 한시름 놓았다.

한편으로 시장 관사 앞 일인시위가 뭐가 그리 송구스러운 일이라고 국장까지 나서서 의원한테 부탁하러 오는지, 그만한 일로 뒷골까지 당기고 죽을 지경이라는 담당공무원의 말이 씁쓸했다.

*

2008년 11월 4일,
처우개선비 인상분 지급방법, 큰일 날 뻔하다.

보육교사 처우개선비 인상 건이 잘 처리되고 나서 얼마 지나지 않아 보육정책계장으로부터 전화가 왔다. 잠시 의원실로 오겠다고 한다. 나는 지금 민원 때문에 얘기 중이고 2시부터는 조례 제정 문제로 간담회가 있으니 전화로 말씀하시라고 했다.

계장이 얘기하기를, 보육교사의 처우개선비 인상분을 다 올리지 말고 그 일부를 떼어 평가인증을 받은 어린이집에 50만 원씩 지원하자는 말을 했다. 시장을 만나 면담해서 보육교사들의 열악한 현실에 대해 조목조목 설명을 하고서야 긍정적인 답변을 얻어내고, 예산편성이 마무리되어 의회로 넘어오기 직전에 갑자기 새로운 제안이 들어온 것이다. 나는 안 된다고 잘라 말했다.

보육교사 처우개선비는 말 그대로 보육교사를 위한 예산이다. 그 예산을 덜어내 어린이집에 50만 원씩 지원을 한다면 어린이집마다 보육교사의 수가 달라 분배금액이 달라질 수도 있고, 또 원장의 판단에 따라 다르게 돈이 사용될 수도 있다. 그러므로 처우개선비는 보육교사 개개인에게 직접 지급되어야만 의미가 있는 것이다. 약 20억 원의 예산이 추가되어 부산시 예산이 집행되는 건데 그걸 무의미하게 사용할 수는 없었다.

아마도 보육정책과에서는 실현불가능하다고 생각한 일이 가능해지면서 조금 욕심을 낸 것 같았다. 처음에 보육정책과는 보육교사 처우개선비를 4만 원에서 8만 원으로 인상하는 부분에 대해 의원님만 믿는다고 도와달라고 했지만 요구한 인상액이 전액 실현될 거라고는 예상하지 못했던 것 같다. 가능할 것 같지 않았던 8만 원 인상이 현실화되어 눈앞에 보이니까 다른 욕심을 부린 것이다. 굳이 이번에 4만 원을 추가 인상할 필요 없이 2만 원 정도 인상하고 그 차액을 어린이집에 지원하면서 생색을 내자는 건데, 그것은 전혀 다른 차원의 문제였다.

똑같은 예산집행이지만 어린이집에 지원하는 것과 보육교사에게 직접 지원하는 것은 매우 차이가 난다. 비슷해 보이지만 보육교사가 어린이집 원장으로부터 돈을 받는 것이 아니라 부산시로부터 지원을 받는다는 것은 그만큼 공공성이 확보되는 것이다. 그리고 이러한 내용이 점차 확대되어갈 때 보육의 공공성 또한 더욱 확대될 것이다. 보육정책과에서 왜 그런 생각을 했는지는 모르겠으나 나로서는 아찔한 순간이었다.

　한편으로는 예산집행에 있어서 의원 한 사람이 순간 어떻게 판단
하느냐에 따라 결과의 차이가 엄청나게 클 수도 있다는 생각이 들
었다.

장애인 농성

2008년 11월 6일,
비는 내리고 최선을 다해본다.

　　오후 2시 30분 예정인 부산시 고용심의회 전문위원회에 참석하기 위해 시청광장을 지나가야 했다. 의원연구실에서 전문위원회 회의가 열리는 장소까지 제일 빠르게 갈 수 있기 때문이다. 그런데 광장 앞에는 어제부터 장애인들의 2009년 예산확보 투쟁이 진행되고 있었다. 아는 얼굴도 보이고, 비가 내리고 있었기 때문에 그냥 지나칠 수가 없어서 농성을 하고 있던 장애인과 인사를 하고 얘기를 나누었다. 장애인들은 비를 피할 수 있도록 시청 처마 밑에서 농성할 수 있도록 해달라고 요청했다. 나는 장애인 담당계장과 연제경찰서에서 나온 경찰들에게 얘기를 했다. 경찰서장에게 전화를 해보더니 안 된다고 했다. 작년에 행정부시장과 면담하던 중에 부시장을 4시간 동안 감금했다는 것이 그 이유다. 나는 회의 시작 시간에 쫓겨 길게 이야기하지 못하고 1시간 남짓이면 전문위원회의가 끝날 것으로 예상하여 4시 10분경에 다시 오겠다고 하고 물러났다.

전문위원회에 참석했으나 회의가 길어지면서 오후 4시를 넘어서고 있었다. 나는 장애인들과 했던 약속을 지키기 위해 회의 도중이었지만 빠져나왔다. 시청 광장으로 와서 이경숙 함세상 장애인자립생활센터 소장과 얘기를 했다. 비가 오는 데다가 상황을 그냥 보고있을 수는 없어서 2009년도 장애인관련 예산안이 어떻게 되어 있는지를 알아보는 것이 순서일 것 같아 그 내용을 확인하고 다시 만나자고 했다. 내 방으로 오자마자 장애인 담당계장에게 전화를 하고예산(안)을 가져오라고 했다. 그리고 교통국에 전화해서 장애인 이동권 관련 예산을 담당하는 공무원에게도 예산(안)을 가져오라고요청했다. 조금 있으니 장애인 담당계장이 먼저 왔다. 장애인 담당계장은 교통국 예산에 반영된 부분까지 설명을 했다. 그러고 있자니 버스운영계장과 담당주무가 들어왔다. 버스운영계장은 하나로카드 때문에 몇 번 만난 적이 있는 대중교통개선팀의 사무관이었다. 6월에 시 조직개편이 단행되어 8월부터 이 업무를 보게 되었다면서 장애인들이 어제부터 농성하고 있는지 몰랐다는 것이다.

장애인들이 예산확보투쟁의 일환으로 진행하고 있는 농성이 교통국 예산과 직결되는데, 정작 당사자인 담당계장은 농성을 하고있는지조차 모르고 있었다니, 무언가 앞뒤가 맞지 않는다는 생각이들었다. 담당계장의 말이 사실이라면 시청 내 담당공무원들의 업무협조가 부족하든지 아니면 장애인들이 농성을 하든 말든 내 할 일만 하겠다는 공무원들의 복지부동으로밖에는 설명할 길이 없다. 결국 이러한 태도는 장애인들의 반발심만 키우게 될 것이고 더욱더 큰 소란을 만들게 될 것이다. 그래야만 장애인들이 농성을 하는지 안하는지를 알게 될 것이기 때문이다. 경찰서장은 작년에 4시간 동안 부시장을 감금한 이유 때문에 장애인들에게 비를 피할 수 있는 시청건물 처마 밑조차 허가하지 못하겠다고 하는데, 공무원들의 태도가 이런 식이라면 더 큰 사건을 억지로라도 저질러야 시청공무원들이 장애인들의 농성을 알게 되지 않겠는가 하는 생각이 들었다.

　교통약자 이동권과 관련된 예산은 세 가지이다. 첫째는 택시담당계의 두리발(장애인 전용 택시) 예산이고 둘째는 버스운영계 저상버스 예산, 셋째는 도시철도(지하철) 엘리베이터 예산이다. 이 셋 중에 제일 큰 것은 당초 부산시가 교통약자 이동권 관련 정책과 예산계획으로 발표한 저상버스 예산이다. 그런데 정작 마련된 예산계획은 당초 발표와 커다란 차이가 있었다. 2009년 계획으로는 저상버스를 150대 도입하기로 했는데, 실제로는 10대만 예산에 반영한 것이다. 누가 보더라도 150대와 10대의 차이는 너무나 큰 차이다. 물론 시에서 10대만 예산안에 반영한 데에는 나름의 사정이 있었다. 국토해양부가 내년부터 한국형 저상버스를 보급하기로 했다가 계획대로 되지 못한 것이 첫 번째 이유였다. 또 다른 이유는 CNG 충전소 부지를 확충하는 데 님비현상 때문에 애로를 겪고 있었기 때문이다.

　그럼에도 이 모든 것이 예측 가능한 것이었고 사전에 장애인 당사자들과 충분한 논의를 했어야 하는데 그러지 못한 것이 문제였다. 나는 나한테 설명하듯이 당사자들에게도 설명을 하자고 버스운영계장한테 제의를 했다. 그리고 장애인들이 농성을 하고 있는 시청 광장으로 갔다. 이경숙 소장과 얘기를 해서 5시 40분부터 실무협의회를 진행하는 것으로 결정했다. 실무협의회 참가인원을 몇 명으로 할 건지 실랑이를 벌이긴 했지만, 내가 조정을 해서 장애인 측은 4명으로 결정하고 민원상담실에서 실무협의회를 진행했다. 실무협의회는 버스운영계장, 장애인계장, 택시운영계장이 참석했다. 도시철도담당은 다른 일정 때문에 참석하지 못했다.

7시 10분경까지 실무협의회를 진행하였다. 회의가 생각보다 길어졌다. 나는 전혀 예상치 못한 문제에 개입하게 되었지만, 의원이라는 신분으로 시민들의 애로사항을 경청하고 해결하는 데 최선을 다해야 하는 본분이 있기 때문에 이 문제 역시 소홀하게 다룰 수 없었다. 그리고 현재 나는 중증장애인 자립생활지원 조례를 발의하기 위해 석 달 이상을 논의하고 있는지라 이들의 문제는 곧 내 문제이기도 했다. 시청 담당공무원들은 나한테 설명한 내용을 장애인 쪽에 다시 설명하고 그것을 기초로 토론을 진행했다. 결국 부산시가 2009년 예산안을 어떻게 편성했는지 확인하는 자리가 되고 말았다. 나 역시 보육교사들의 처우개선비 인상 문제에 전념하느라 교통약자 이동권 예산확보에는 전혀 신경을 쓰지 못했다. 속으로 미안한 생각이 들었다. 그리고 사전에 나에게 이런 걸 왜 얘기 안 했는지 안타까운 생각이 들었다. 예산안은 담당부서가 9월 중에 정리하여 예산부서에 요구하고 예산부서는 사정해서 10월 중에 확정한다. 그리고 시장의 최종결재는 11월 5일경에 떨어진다. 그리고 결재된 예산안은 11월 11일에 시의회로 넘어오기 때문에 이들의 대응이 늦었다. 그러나 내가 이 문제를 알게 된 것만 해도 큰 성과다. 나는 시의

회로 예산서가 넘어오면 건교위 의원들과 자리를 마련해서 예산안
에 대한 문제점을 지적하고 해결책을 고민해보자고 했다.

쏟아지는 민원들

2008년 11월 7일,
저녁이 다되어 비가 부슬부슬 내림

정주영 사회복지과장으로부터 전화가 왔다. 찾아오겠다는 것이
다. 정 과장과 장애인 계장이 왔다. 3일째를 맞고 있는 장애인들의
시청 앞 노숙 농성 때문이다. 정 과장과 논의한 끝에 수요일에 부시
장 면담을 주선하기로 하고 농성을 풀도록 설득해보자고 했다. 그
러고 나서 나는 오후 2시부터 민주노총 금속노조 부양지부 대우버
스 구조조정 반대, 울산 이전 반대 집회에 참석했다. 3시경에 서면
방향으로 거리행진이 시작되었다. 나는 집회대오를 빠져나와 이경
숙 함세상장애인자립생활센터 소장과 만나서 이야기를 나누었다.

어제 실무협의회를 통해, 현재 편성된 예산내역과 저상버스가
2009년 150대에서 10대, 예산이 10억밖에 되지 않은 이유를 알게 되
었으니 12월 초부터 진행되는 2009년 예산심의와 내년 추경예산에
서 보충할 수 있도록 힘을 쓰는 것이 현실적인 방안이 아니겠냐고

했다. 그리고 나 역시 어제서야 2009년 장애인 관련 예산이 그렇게 편성되었는지를 알았다는 것과 사전에 신경을 써야 했는데 의원으로서 제대로 파악하지 못한 책임도 있다고 해명을 했다. 어쨌든 부산시가 계획대로 진행하지 못한 부분은, 설사 타당한 이유가 있다 하더라도 사전에 당사자들과 의논을 해야 하는데 그러하지 못한 부분과 이에 대한 책임은 부산시가 져야 할 것이라고 말했다. 그리고 나는 필요하다면 내년 추경예산 전에 진행될 3월 시정질문에서 장애인 관련 주제로 시정질문에 나서겠다고 말했다. 그러니 비도 오고 내일은 토요일이고 하니 노숙농성을 마무리하고 출퇴근 농성을 하면 안 되겠냐고 의견을 제시했다. 이경숙 소장은 자기 혼자서 결정할 수 없기 때문에 다른 대표자들과 의논해서 연락을 주겠다고 했다.

*

오후 4시가 넘어서야 내 방으로 돌아왔다. 울산의 박대용 의원이 기다리고 있었다. 집회에 참석하고 이경숙 소장과 면담을 하느라 시간을 너무 많이 보내 내 방에서 기다리게 한 것이 미안했다. 그리고 또 다른 두 분이 내 방에서 나를 기다리고 있었다. 두 분 중 한 분은 중학교에 아들을 둔 학부모였다. 아들이 브니엘예고에 시험을 쳤는데 억울하게 탈락해서 그 문제를 상의하기 위해 오셨단다.

이야기를 나누는 중에 정주영 과장과 장애인계장, 교통국장이 급하게 내 방으로 왔다. 워낙 급한 사안이라 박 의원한테 양해를 구하고 옆방으로 갔다. 나는 이경숙 소장과 나누었던 말을 전해주고 기다려보자고 했다. 교통국장도 오늘에서야 장애인들이 농성하고 있다는 것을 알았다고 한다. 나는 어제 지하철 파업이 예고되어 있어서 교통국장이 바빴을 테고 이해가 된다고 말했다. 나는 이번 예산 문제는 교통국의 저상버스 문제가 핵심인 것을 다시 한 번 강조했다. 나는 이경숙 소장으로부터 연락이 오면 곧바로 전달해주겠다고 하고 이들을 보냈다.

다시 내 방으로 돌아와 울산 학부형 문제를 의논했다. 집이 울산이라 여러 차례 왔다 갔다 하기에 어려움이 있을 것 같아 나는 바로 교육청에 전화를 했다. 중등교육과장과 통화해서 이런 문제를 누구와 의논하면 되겠냐고 하니까 담당 장학사를 연결해주었다. 담당 장학사는 김성룡이라는 분이었다. 브니엘예고 문제라고 하니 학부형과 전화통화한 적이 있다고 하였다. 나는 수고스럽지만 의논을 했으면 하니 시의회로 오시면 좋겠다고 했다. 30분쯤 기다리니 김 장학사와 또 다른 장학사 한 분이 함께 오셨다. 김 장학사는 아무래도 입학전형에 밝은 장학사를 모셔오는 것이 좋겠다고 생각해서 함께 오게 되었다고 한다. 인사를 나누고 곧바로 박대용 의원과 이야기를 나누기 시작했다.

이야기가 진전되자 문제는 분명해졌다. 그 중학생의 탈락 원인은 무단결석이었고 그것도 브니엘예고가 잘못 처리한 것이 아니라 그 학생이 다니는 울산의 청운중학교가 학생생활기록부에 무단결석으로 처리하였기 때문이었다. 청운중학교에서 잘못된 부분을 고쳐서 바로잡는 것이 문제해결의 첫 번째 방법으로 정리되었다. 그러나 이 문제가 해결된다고 그 학생이 합격되는 것은 아니었다. 또 다른 모색이 필요했다. 어쨌든 청운중학교에서 잘못된 점을 바로잡고 학부모가 브니엘예고 교장을 직접 만나서 문제를 풀어나가는 것이 좋겠다고 의견이 모아졌다. 당연히 브니엘예고를 담당하는 김 장학사의 도움도 필요한 일이었다.

나는 속으로 놀랐을 게 분명한 장학사들에게 한편으로 미안한 생각이 들었다. 울산과 부산의 고등학교 입시제도가 다른 데서 일어난 문제였다. 울산은 고입연합고사가 엄연히 존재하는 도시고 부산은 전적으로 중학교 성적과 출석으로 고등학교를 가기 때문에 빚어질 수 있는 문제라서 장학사도 울산 때문에 힘들다고 했다. 연합고사 한 번으로 울산은 고등학교를 선택하지만 부산은 그렇지 않다는 것이다. 장학사들은 내가 어떤 사람인지 중등교육과장한테 물어보고 긴장된 마음으로 여기까지 왔을 것이다. 시의원이라는 사람이 어쩌면 개인 한 사람의 일로 장학사를 오라 가라 했으니 이야기하는 내내 미안한 마음이다. 나는 이야기를 마치고 장학사들에게 진심으로 고맙다는 인사를 연거푸 건넨 다음 그들을 배웅했다. 그리고 울산의 세 분도 떠나보냈다. 시간은 오후 5시가 넘어서고 있었다.

*

5시 15분경에 이경숙 소장에게서 전화가 왔다. 자기들을 걱정하는 나의 마음은 충분히 받아들이고 고맙지만 농성자들과 논의한 결과는 수요일 부시장과의 면담결과에 따라 농성을 풀 것인지 말 것인지를 결정하겠다고 했다. 나는 통화 중에 잘 될 것 같아 약간 기대를 했는데 원점으로 돌아간 데 대해 서운하면서 할 말을 잃고 말았다. 통화 중인 내 목소리에 눈물이 섞여 나왔다.

농성자들이 충분히 받아들일 수 있는 안인데, 정말 이렇게밖에는 결정할 수 없는지 안타까웠다. 실익을 찾는 게 좋지 않느냐고, 예산 편성도 끝나 다음 화요일이면 시의회로 자료가 넘어오기 때문에 할 얘기가 있으면 충분히 얘기할 수 있는 공간이 열려 있는데, 답답했다. 내 목소리가 약간 떨리고 눈물이 배여 있다는 것을 눈치 챈 이경숙 소장이 미안했는지 잠깐 내 방으로 오겠다고 했다. 나는 약속이 있어서 안 되겠다고 했다. 다음 주 월요일 조례제정과 관련해서 10시에 이 소장을 만나기로 되어 있으니 그때 못 나눈 얘기를 하자고 했다.

전화를 끊고 사회복지과에 전화를 해서 이경숙 소장의 전갈을 알려주었다. 장애인계장은 이미 그 사실을 알고 있었다. 나는 시청 공무원들의 정보력에 내심 놀랐다.

내 방에는 이경숙 소장과 막 통화가 시작될 무렵 이미 손님이 와 있었다. 몇 가지 일처리를 하고 그 손님과 얘기를 나눈 뒤 방을 나왔다.

한 시간 정도 지나고 방으로 돌아왔는데 잊어버리려고 해도 자꾸 전화 내용이 생각났다. 그리고 내 생각대로 되지는 않았지만 비가 보슬보슬 내리는 가을밤이 처량하기도 하고 농성하는 장애인들도 걱정되어 8시가 넘어 시청 광장의 농성장을 찾았다. 저녁은 먹었느냐고 물었다. 그들은 아직 저녁 전이었고 컵라면을 먹기 위해 물을 끓이고 있었다. 나는 오늘 저녁에 금정장애인자립생활센터에서 마련한 일일주점에 가려고 했으나 이 농성 때문에 그걸 포기해야 되겠다고 했다. 자기들은 걱정하지 말고 가보라고 한다. 나는 그러면 같이 가면 어떻겠냐고 했다. 그들은 일일주점에서 먹을 것을 배달시키면 어떻겠냐고 농담을 했다. 그제야 나는 웃을 수가 있었다.

중증장애인 자립생활지원조례 제정

2009년 1월 22일,
6개월이 걸렸다.

한겨레신문 이수윤 기자한테서 전화가 왔다. 부산일보에 보도된 중증장애인 자립생활지원조례를 제정한 기사를 봤다고 한다. 조례를 어떻게 만들게 되었는지 등 조례제정과정에 대해서 많은 것을 물었다. 나는 그동안의 과정을 얘기해주고 조례내용을 메일로 보내주었다. 메일을 보낸 후 이수윤 기자가 전화로 다시 궁금한 것을 물어서 이야기를 했다.

오후 7시 30분부터 진행되는 용산 철거민 살인진압 규탄 촛불문화제에 참석했다. 낮에는 날씨가 괜찮았는데 밤이 되니 춥다. 가방에 넣어둔 목도리를 꺼내 목에 둘렀다. 걱정이 됐다. 매일 저녁 촛불문화제를 해야 하는데 갑자기 이렇게 날씨가 추워져 어쩌나 싶었다. 촛불문화제에 한참 참여를 하고 있는데 이수윤 기자한테서 전화가 왔다. 기사를 써서 인터넷에 올렸으니 한번 읽어보란다. 지금은 문화제에 참석하고 있어 힘들고 끝나면 확인 후 전화를 드리겠다고 하면서 보도에 대해 감사인사를 했다.

문화제가 진행되는 동안 민주노총 노동상담소 강한규 소장과 나란히 앉았다. 강 소장은 얼마 전 교통공사 이사장 공모에 원서를 냈다. 그러나 부산시 인사가 다 그렇듯이 이미 낙점된 안준태 행정부시장에게 이사장 자리가 돌아갔다. 강 소장은 여러 가지 문제제기를 부산시에 해놓고 있는 터라, 나에게 현재 부산시의 사정이 어떠냐고 물었다. 별다른 내용이 없다고 대답했다. 그리고 강 소장은 김주익 시의원이 한국노총 자동차노련 위원장에 당선되었다는 말을 해주면서 시의원과 자동차노련 위원장을 겸직하는 것은 사리에 맞지 않는 일이라고 했다. 강 소장은 김주익 시의원과 관련해 이것저것 얘기를 하였는데 지난번 의회 홈페이지에 올라왔던 내용들이었다. 모처럼 여유를 가지고 이것저것 세상 돌아가는 이야기를 나누는 자리가 되었다.

1시간을 조금 넘기고 문화제가 끝났다. 아는 분들께 인사를 하고 집으로 돌아왔다. 집에 오자마자 인터넷으로 한겨레 기사를 확인하고 이수윤 기자한테 전화를 했다. 기사의 내용정리가 매우 잘됐다고 했더니, '미리 알았더라면 대서특필할 수 있었을 텐데……' 라면서 거듭 아쉬워했다. 나는 항상 시의회 출입기자들만 생각해서 시청출입 기자들에게 이 내용을 알려야 된다는 사실을 놓치고 있었다. 다음부터 시의회뿐만 아니라 시청출입 기자들까지 꼭 챙기겠다고 약속했다.

*

1월 23일, 신문기사를 확인하다.

한겨레신문에 보도된 중증장애인 자립생활지원조례 관련 기사를
읽었다. 어제 인터넷으로 확인한 것과는 느낌이 달랐다. 기사 제목
은 생각보다 큰 활자체로 뽑혀 나왔다. 11시경에 부산장애인자립생
활센터 송성민 대표가 전화를 했다. 조례가 제정된 데 대한 감사의
인사였다. 나는 오히려 나에게 그런 기회를 주신 여러분들께 감사
드린다고 했다. 2월 초에 자립생활센터협회와 조례제정과 관련해
자기들과 내가 함께 설명회를 가지는 시간을 만들어보자고 한다.
나는 단체들이 의논해서 적당한 시기를 알려주면 그렇게 준비하겠
다고 했다.

오후 1시 30분에 함세상장애인자립생활센터에서 나를 면담하러
왔다고 해서 민원상담실로 갔다. 2시에 시청에 회의가 있어 방문했
다가 나한테 들렀다고 하면서 명절 선물을 내밀었다. '내가 여러분
한테 주어야 하는데 어찌 이걸 받을 수 있냐'고 하니까 '자기들한
테 신경 써준 분들 모두에게 이렇게 선물을 전달'하는 것이니 받아
달란다. 나는 지나치게 사양하는 것도 도리가 아닌 것 같아 염치없
지만 받았다. 이분들과 얘기를 나누면서 느낀 것은 조그마한 관심
에도 고마워한다는 것이었다. 지난번 농성 때 현장에 매일 찾아와
주고 부산시와 얘기를 할 수 있도록 주선한 일에 대해 정말 고마워
했다. 나는 의원으로서 당연히 할 일을 한 것이고 조례 제정은 오히

려 내가 고맙다고 했다. 조례를 제정할 엄두를 내지 못하고 있었는데 나를 조례 제정의 적임자로 생각하고 함께 해준 것이 오히려 고맙다고 했다. 그리고 첫 번째 조례로 〈부산시 중증장애인 자립생활 지원조례〉를 제정하게 된 것이 나로서는 너무나 뜻 깊은 일이라 생각한다고 했다.

오후 2시가 넘어 전교조 부산지부에서 지부장과 정책실장이 왔다. 선거를 통해 전교조 부산지부의 지도집행력이 바뀌고 나서 처음 대면하는 것이다. 서로 명함을 주고받은 후 얘기를 나눴다. 이런저런 얘기를 나누고서 나는, 올해는 전교조와 함께 부산시 교육청 관련 일들을 만들어나갔으면 좋겠다고 말했다. 그리고 2009년도 예산서를 참고하라고 건네주었다.

3시 35분에 민원상담실에서 송성민 회장을 만났다. 낮에 다른 분들도 오셨다는 말씀을 드리고 앞으로도 일을 함께해나갔으면 좋겠다고 했다. 그리고 송성민 회장이 나에게 자기 단체에 이사로 참여해줄 것을 요청해서 그러마고 했다.

저녁 늦게 민주노총 건물 3층에서 디자인편집을 하며 출판기획사업을 하고 있는 노기섭·김선영 부부의 사무실 송년회에 참석했다. 10여 명이 포도주를 놓고 분위기 있는 조촐한 송년회를 즐기고 있었다. 도중에 이수윤 기자한테서 전화가 왔다. 시간은 밤 10시가 넘어서고 있었다. 이 기자의 말투를 들어 보니 약간 술이 되어 기분이 좋은 상태였다. 한겨레 기사가 자기 생각보다 크게 나와 자기도 놀랐다고 했다. 아마 그래서 더 기분이 좋았던 것이리라. 나는 이 기자한테 "덕분에 감사합니다"라고 말했다. 사실 나는 이 기자가 그렇게 짧은 시간에 내가 말한 내용을 아주 정확하게 파악해서 사람들이 알기 쉽게 기사를 써낸 사실에 약간 놀랐다.

〈부산광역시 중증장애인 자립생활지원조례〉 제정되기까지

중증장애인들이 시설에서 벗어나 시민들 속에서 자립할 수 있도록 지원하는 시 조례가 부산에서 제정됐다. 부산시의회는 21일 본회의에서 민주노동당 김영희 시의원(사진) 이 대표 발의한 '부산광역시 중증장애인 자립생활 지원 조례' 를 통과시켰다. 장애 정도가 심해 자립하기가 어려운 중증장애인들에게 행정적·재정적 지원을 해 자립생활을 할 수 있도록 하기 위한 취지의 이 조례에서 특히 중증장애인의 자립생활을 위해 공공임대주택을 우선 분양 또는 임대 받을 수 있도록 하고, 주택 구입 및 임차 자금 또는 개·보수비용을 관계법령에 따라 지원할 수 있도록 한 것은 부산이 처음이다.

부산시 중증장애인 자립생활협회(회장 송성민)는 "장애인시설이 영리 추구에 급급해 인권 침해가 근절되지 않는 등 근본적인 문제가 해결되지 않고 있다" 며 "중증장애인들도 시설에 가둬둘 것이 아니라 일반시민들과 함께 살아가게 해야 한다" 며 자립에 필수적인 주거문제 해결을 요구해왔다.

이 조례에서는 또 중증장애인 및 보호자의 의견을 들은 뒤 부산시 장애인복지위원회의 심의를 거쳐 중증장애인 자립생활 지원 계획을 해마다 세우도록 정했다. 장애인 복지법에 근거해 일상생활 또는 사회직장생활에 필요한 활동보조서비스와 장애인 생활시설에 거주하는 중증장애인의 퇴소, 이동에 따른 접근성 보장, 심리적·정서적 안정을 위한 상담 등을 지원하도록 정해 놓았다.

또 '중증장애인 자립생활지원센터'를 통해 중증장애인에게 자립생활에 필요한 각종 지원서비스를 제공하는 경우에는 센터에 사업비 또는 운영비를 지원할 수 있도록 했으며, 장애 정도나 그 밖의 사유로 일상생활을 영위하기가 매우 어려운 중증장애인에게는 활동보조서비스를 추가로 지원할 수 있도록 했다.

김 의원은 "지난해 7월부터 중증장애인 자립생활협회 회원들과 6개월에 걸친 논의를 한 끝에 지난달 중순에야 관련법 검토를 끝내고 16명의 동료의원들이 도와줘 조례를 제정할 수 있었다"며 "이 조례는 중증장애인들이 벌이고 있는 탈시설운동에도 큰 도움이 될 것"이라고 말했다.

2009. 1. 22 한겨레신문

도덕불감증

2009년 2월 18일,
수신제가치국평천하를 생각한다.

2월 18일 사전약속도 없이 부산시설관리공단 이사장이 내 방을 찾아왔다. 이사장은 혼자가 아니라 누군가를 대동하고 있었다. 그 사람은 자기소개도 없이 나와 이사장이 대화하는 자리에 동석했다. 누군지 물으니 그제야 명함을 내민다. 자신들 일이 얼마나 급한지는 몰라도 참 예의가 없다는 생각이 들었다.

이사장은 이번 임시회에서 내가 할 5분 자유발언 내용에 대해 언급하였다. 나의 발언 내용 중 자신들과 관련해서 무슨 문제가 있는지 얘기하란다. 나는 이렇게 오실 필요 없이 전문위원실에 가면 내가 발언할 원고가 있습니다, 라고 말했다. 그리고 어쨌든 오셨으니 원고를 드리겠다고 하면서 건네주었다.

시설관리공단 문제에 대해서는 작년부터 올해 1월까지 세 번에 걸쳐 민원 편지가 들어와 있었다. 세 번이나 민원 편지를 받고서야 지난 12월에 서면질문을 통해 시설관리공단 문제에 대한 자료를 요청하여 받아놓고 있었는데 언급하지 못했다. 그러다가 1월 들어 다시 민원 편지를 받고 나니 가만히 있을 수가 없었다. 그래서 5분 자유발언을 하게 되었다고 그간의 사정을 이야기했다.

시가 제출한 자료를 보면, 징계위원회 명단은 있는데 인사위원회 명단이 없었다. 나는 이사장한테 인사위원이 누구냐고 물었다. 그랬더니 총 7명이란다. 어떤 사람들로 구성됐느냐고 다시 물었다. 7명 중 2명은 외부인이고 5명은 내부인사란다. 나는 인사위원 명단과 약력을 가져다달라고 했다. 얘기 끝에 이사장은 내 원고를 다 읽어보고 나서 "이런 발언은 하셔도 되겠습니다" 하고는 내 방을 나갔다.

어이가 없었다. 발언을 하고 안 하고는 의원인 내가 알아서 할 문제이다. 이사장이 해도 되느니 안 되느니 할 일이 아니다. 아마도 오랜 공직생활에서 배인 권위주의가 자신도 모르게 그런 발언을 하게 만드는 것 같다. 자신의 허락을 받아야만 문제를 제기할 수 있다고 생각한다면 그것은 시대에 뒤떨어진 공직자일 뿐이다. 그의 발언을 통해 의원에 대한 그의 생각이 어떠한지 느끼는 바가 컸다.

몇 시간 후 공단 사업본부장이 명단 한 장을 주고 갔다. 인사위원 명단이었다. 사업본부장은, 지난번 인사위원회는 7명이었는데 올해 2월 4일자로 총무이사가 추가되어 위원장을 맡으면서 현재 인사위원은 8명이라고 했다.

아침부터 5분 자유발언 내용을 수정하면서 기자들에게 원고를 보냈다. KBS 이영풍 기자로부터 두 번에 걸친 문자가 들어오고 내일

보자고 했다. 그리고 MBC 박희문 기자는 서울에 있었는데, 내가 보내준 원고의 내용을 보니까 서울에서 내려와야 되겠다는 반응을 보였다. 국제신문에서도 관심을 가지고 연락이 왔다.

*

2월 19일, 본회의에서 5분 자유발언을 하다.

의회에 출근해서 국제신문을 읽어보니 기사가 크게 나왔다. 시설관리공단 본부장으로부터 전화가 왔다. 아직 5분 발언을 하기도 전에 국제신문에 나왔다고 소식 아닌 소식을 전해주었다. 나는 사전에 전문위원실에 원고를 넘기니 그 내용이 기자실에 배포가 된 모양이라고 말해주었다. 그리고 나는 본부장에게 이분들은 시설관리공단에 있으면 안 될 것 같다고 말해주었다. 그랬더니 알았다고 한다. 그러면서 살살 해달란다.

오전 9시가 약간 넘어 부산일보 논설위원이 전화를 걸어왔다. 5분 자유발언과 관련해서 요모조모 물었다. 나는 생각한 바를 얘기했다.

그리고 KBS 이영풍 기자로부터 전화가 왔다. 나중에 인터뷰를 하자고 한다. 5분 발언 전이든 후든 다시 전화를 하겠다면서 나중에 만나자고 했다. 그리고 나서 10시 25분경에 인터뷰를 하자고 다시 전화가 왔다. 바로 내 방에서 인터뷰를 준비하면서 이영풍 기자는 새로운 사실을 얘기해주었다. 시설관리공단 이사장 사건에 대한 법원 판결문을 보고 확인했는데, 인사위원회 위원장 직무대행을 맡았던 모 본부장이 전 이사장에게 50만 원을 공여한 사실이 판결문에 나와 있었다는 것이다. 이영풍 기자가 이것 때문에 나한테 인터뷰하러 오기 전에 벌써 모 본부장을 만나보고 왔는데, 국제신문에 나와 있는 내용대로가 아니라 자기와 관련한 내용이 나간다면 가만있지 않겠다고 했단다. 나는 황당했지만 일단 인터뷰가 시작되면서 모 본부장은 제척사유에 해당하는 자이기 때문에 인사위원이 될 수 없다는 점을 강조했다.

인터뷰가 끝나고 본회의 장소로 가기 위해 보사환경위위원회 사무실로 갔다. 다른 의원들과 인사를 나누고 있는데 MBC 박희문 기자한테서 전화가 왔다. 이영풍 기자한테 들었다며, 모 본부장이 뇌물을 바친 사실이 있는데 5분 발언을 어제 배포한 원고대로 그냥 할 거냐고 물었다. 나는 그냥 하려고 한다고 했더니 인사위원회 위원장 건에 대해 언급하는 게 좋겠다고 주문했다. 나는 그러겠다고 했다. 그리고 급하게 다시 내 방으로 가서 인사위원 명단을 집어 들고 본회장으로 갔다. 미리 준비했던 5분 발언 원고를 급하게 수정하여 5~6줄을 새로 쓰기 시작했다.

"문제는 인사위원회 위원장 직무대행을 맡았던 모 본부장이 이 비리와 관련이 있는 사람이었다는 것입니다. 이런 사람이 인사위원장을 맡았으니 인사위원회 결정이 비틀어질 수밖에 없지 않았겠습니까? 제척사유가 발생한 사람한테 인사위원장을 맡기는 것이 가당키나 한 일입니까?" 하고 원고를 수정하여 발언했다.

내가 5분 발언을 마치자 폐회가 선언되고 집행부와 의원들이 삼

삼오오 회의장을 나가기 시작했다. 항상 본회의장 앞문을 이용하던 허남식 시장이 뒤로 오면서 나한테 수고했다며 이 건에 대해서는 다시 살펴보겠다고 했다.

점심을 먹으러 가는 길에 김성우 의원이 말했다. 시설관리공단에 아는 사람으로부터 연락이 왔는데, 김영희 의원의 5분 자유발언 내용이 너무 좋았다는 말을 하더라는 것이었다. 그리고 여러 곳에서

격려를 해주었다. KNN 라디오에서도 연락이 와 인터뷰를 하자고
했다. 질문지를 보내겠다고 해서 그러자고 했다.

　오후 1시 넘어 부산일보를 읽어보니 기사가 나왔다. 사설에도 그
내용이 실려 있었다. 인터뷰 준비를 하면서 다시 자료를 보니 내가
미처 제대로 보지 못한 인사위원회 규정이 눈에 들어왔다. 나는 5분
자유발언에서 상식적인 선에서 제척사유를 거론했는데, 인사 규정
에 제척사유에 대하여 명확히 규정되어 있었다. 아무래도 오늘 5분
발언의 핵심은 이 인사위원회 규정을 위반한 시설관리공단의 도덕
불감증으로 봐야 할 것 같다.

*

2009년 2월 20일,
공무원들의 사기저하는 상급자들의 책임이다.

　10시 20분이 넘어 보사환경위원회 전문위원실에서 전화가 왔다.
부산시설관리공단 이사장이 또다시 나를 방문했으면 한다는 것이
다. 알았다고 말하고 찻잔을 치우려고 방을 나서는데 바로 방문 앞
에 이사장이 벌써 와 있었다. 내 방에 오려면 최소한 5분은 걸릴 텐
데, 그렇다면 승낙이 떨어지기도 전에 벌써 보사환경위 사무실 앞
에 와 있었단 말인가? 어쨌든 방에 들어오게 하고 얘기를 나누었다.
이사장의 방문 이유는 어제 내가 시의회 본회의장에서 발언했던 5
분 자유발언이었다.

자유발언 주제는 "부산시설관리공단 직원들의 혼란과 사기저하의 원인에 대한 해결책 마련 촉구"였다. 발언내용을 그대로 옮겨보면 다음과 같다.

저는 오늘 작년에 발생한 전 이사장의 비리사건 이후 점점 커지고 있는 부산시설관리공단 직원들의 혼란과 사기저하의 원인에 대한 해결책 마련을 촉구하고자 이 자리에 섰습니다.

2008년 부산시설관리공단 전 이사장이 직원 채용 및 승진 대가성 금품수수와 거래업체로부터의 금품수수, 면접점수 조작, 직원격려금 유용 등의 혐의로 구속되어 실형을 선고받았습니다. 비리의 근원이었던 전 이사장이 구속되고 그에게 금품을 제공해서 승진을 하고자 했던 관련 간부들은 모두 한 직급 강임을 조건으로 하는 정직이라는 중징계를 받았으며, 인사운영에 대한 보완조치를 시행하도록 하여 문제는 일단락된 것처럼 보입니다. 그러나 이러한 일련의 뒷수습에 대해 대다수의 직원들은 이해할 수 없다는 반응을 보이고 있으며 심각한 사기저하 현상을 보이고 있습니다. 또한 부산시민들은 엄청나게 분노하고 있습니다.

제시된 수습책에 대한 부산시설관리공단 직원들의 반응이 싸늘하고 부산시민들이 분노하는 이유는 크게 두 가지입니다.

첫째, 승진을 위해 금품을 제공한 간부들에 대한 징계가 크게 감해져 로비나 봐주기 의혹이 제기되고 있기 때문입니다.

둘째, 불철저한 내부공채시험 관리 등의 무질서한 인사운영 결과가 그대로 인정되고 재시험 등의 조치가 취해지지 않기 때문입니다.

검찰의 수사결과 전 이사장에게 승진 등 청탁목적으로 금품을 제공한 직원은 모두 3명으로 밝혀졌고 이들은 검찰의 약식기소과정을 거쳐 부산시설관리공단으로 명단이 통보되었습니다. 이들이 전 이사장에게 건넨 금품은 1인당 500만 원에서 600만 원에 달하는 거액이었습니다. 이들은 모두 팀장급 이상의 중간간부들로서 다른 하위직원들에게 모범을 보여야 할 위치에 있었습니다.

부산시설관리공단은 이들을 징계위원회에 회부해서 2008년 10월 6일 징계위원회가 개최되었습니다. 결과 1명은 파면, 나머지 2명은 해임이라는 중징계가 내려졌습니다. 징계위원회의 결정에 대해 당사자들은 관련규정에 의해 인사위원회에 재심을 요구했고 2008년 11월 11일 인사위원회가 열렸습니다. 결과 3명 모두 한 직급 강임을 조건부로 3개월 정직결정이 내려졌습니다. 최초 내려진 징계위원회의 결정에 비하면 상당히 가벼워진 것입니다. 인사위원회의 결정은 조금의 상식을 갖춘 사람이라면 이해하기가 어렵습니다. 그야말로 부산시민들을 철저하게 우롱하는 결정이 아니고 그 무엇이겠습니까?

문제는 이겁니다.

인사위원회 위원장 직무대행을 맡았던 모 경영혁신본부장은, 법원 판결문을 보면 비리와 관련 있는 사람이었습니다. 이러니까 인사위원회 결정이 비틀릴 수밖에 없지 않았겠습니까? 인사위원으로 제척되어야 할 사유가 있음에도 불구하고 이 사람이 인사위원장 직무대행으로 있었다니 정말 가당키나 한 겁니까? 자신의 순수한 능력이 아닌 뇌물을 통해서 승진을 하려고 했던 자들에게 내려진 처벌은 솜방망이 처벌로 이렇게 해서 내려지게 된 겁니다. 누가 보아도 파면이나 해임이 타당함에도 불구하고 이들이 예전과 같이 되돌아와 여전히 직장의 상사로 일하고 있는데 누가 인사의 공정성을 신뢰할 수 있겠습니까?

내부공채시험과 관련해서도 시험지의 관리를 맡은 특정 간부가 시험지를 사전에 유출했다는 의혹이 강하게 일고 있고 특정인을 승진시키기 위해서 인사규정도 무시했다는 소문도 돌고 있습니다.

이에 대해서 부산시의 감사도 내부공채시험 관리에 문제가 있었고 규정에 없는 승진인사가 이루어졌다는 점을 확인하고 있습니다. 이런 경우 내부공채시험의 재실시와 규정에 맞지 않게 이루어진 승진이나 임용은 무효로 돌리고 승진인사는 다시 이루어져야 할 것이라고 생각을 합니다.

이번에 드러난 부산시설관리공단의 부정과 비리는 밖으로는 부산시설관리공단의 이미지를 실추시키는 치명적인 사건이었을 뿐만 아니라 안으로는 구성원들의 상호 신뢰와 조직의 건강성을 믿고 있는 직원들의 사기를 크게 떨어뜨리는 충격적인 사건이었습니다.

어느 조직이나 조직을 위태롭게 하는 큰 비리가 발생하는 경우가 종종 있습니다. 그럴 경우 그 조직의 안정을 되찾고 투명성을 강화하기 위해서는 비리에 대한 강력한 척결의지를 가지고 비리자에 대한 철저한 응징과 다시는 이러한 비리가 발생할 수 없도록 제도적 보완책을 마련하는 것이 기본입니다.

이번 부산시설관리공단에서 발생한 인사비리의 경우 누구나 수긍할 수 있도록 강력한 처벌을 통해 조직의 인사질서를 바로잡았어야 했습니다. 이미 모든 조사와 처벌이 끝난 사안이라고 해도 허남식 시장님께서는 다시 이 일을 살펴보시고 합리적이고도 우리 부산시민들이 정말 잘했다고 박수를 칠 수 있을 정도의 해결책을 강도 높게 모색하시기를 간곡히 촉구 드립니다. 끝까지 들어주셔서 감사합니다.

5분 발언 내용은 이렇게 부산시가 대단히 민감해하는 내용들을 담고 있었다. 이사장은 자기와 함께 온 총무인사팀장을 소개했다. 이사장은 어제 허남식 시장한테서 공단 비리 관련자들을 파면하지 왜 그렇게 했느냐고 한마디 들었다며 운을 뗐다. 이사장은 비하인드 스토리(숨겨진 이야기)를 해야 되겠단다. 얘기는 그랬다. 전 이사장이 돈이 없다고 시설공단 직원들에게 돈 1천만 원을 달라는 부탁을 했단다. 직원들도 봉급쟁이라서 돈이 없어 다른 데서 빌려서 전 이사장한테 돈을 준 것이란다. 또 명절 때에 수십만 원씩 전 이사장한테 주었는데 이사장이 이 명단을 보관할 줄 몰랐단다. 이 모든 일이 전 이사장 한 사람 때문에 생긴 일이란다.

그리고 내가 5분 발언을 통해 요구한 관련자 징계는 다시 할 수 없단다. 자기가 이사장을 그만두면 그만두었지 절대 재징계를 할 수 없다는 것이다. 한 직급 강임을 조건부로 정직 3개월이라는 중징계는 사형선고와 마찬가지란다. 3급으로 진급하기 위해 뇌물을 바쳤는데, 결국 뜻을 이루지 못한 채 4급에서 5급으로 내려앉았으니 사형선고와 마찬가지이고, 3급으로 있던 사람이 자기 아랫사람 밑으로 들어가서 4급을 하니 죽을 맛 아니겠느냐고 한다.

이사장의 말을 들으면서 나는 어쩌면 이렇게도 사람의 생각이 다를 수 있는지 신기하게 느껴졌다. 그리고 나는 이사장의 말에 대해 답변하듯이 이야기했다.

"전 이사장 한 사람을 제어할 수 없어서 그 많은 사람들이 그렇게 되었다는 것은 있을 수 없는 일입니다. 전 이사장과 전 총무이사는 자신들의 비리가 공개적으로 드러나기 전에 사직서를 썼는데, 어쩌면 총무이사라는 사람도 억울할 겁니다. 부산시 산하 공기업이 5개나 되는데 하필이면 시설관리공단의 총무이사로 재직하다 전 이사장 때문에 옷을 벗고 나갔으니 말입니다. 그런데 생각해보십시오. 총무이사라도 전 이사장한테 항의하고 그러한 비리를 저지르지 못하게 했다면 얼마나 좋았겠습니까. 그랬다면 시설관리공단 간부들이 승진하기 위해 전 이사장에게 그런 뇌물을 주지 않아도 되고 징계를 받는 일도 없었을 것입니다. 어차피 총무이사를 사직했는데, 결과론적이지만 총무이사직을 걸고서라도 전 이사장의 비리를 온몸으로 막았다면 다른 직원들을 이러한 비리로부터 온전하게 보호할 수 있었을 것 아닙니까. 도대체 조직의 간부라는 사람들이 뭘

했는지, 그리고 한번 보십시오. 정권이 바뀌어 이명박 정부가 들어서자마자 전 해양수산부장관이 떡값으로 받은 수백만 원 때문에 구속당하지 않았습니까. 세상에 비밀이란 없습니다. 이미 법원 판결문 뒤에 첨부되어 있는 전 이사장한테 상납한 내역은 언젠가는 밝혀질 일이 아니었겠습니까."

그러나 이사장은 시설관리공단은 별 문제 없다면서 조직도 이젠 안정을 되찾아가고 있으니 한 번 봐달라고 하며 얘기를 이어갔다. 나는 또 물었다. 왜 인사위원회 위원장 직무대행을 그런 비리에 연루된 사람을 시켰느냐고. 이사장은 법원 판결문이 나오기 전이어서 몰랐다고 한다. 나는 말도 안 되는 소리라고 반박했다. 그렇게 큰 문제에 대해 시설관리공단은 검찰이나 법원에서 나오는 소리에 귀 기울이고 정보를 수집하기 위해 누구보다 열성이었을 텐데 말이 되느냐고 언성을 높였다. 나는 위원장 직무대행이 전 이사장한테 수십만 원에 달하는 돈을 주었다는 사실을 이미 알고 있었으면서 그렇게 한 것 아니냐고 반박했다. 그랬더니 총무팀장이 말참견을 하는데, 나는 더 화가 났다. 총무팀장은 그것은 문제가 되지 않는다고 말했다. 당연직 인사위원이란다. 총무이사가 공석 중이어서 부위원장을 맡고 있는 사람이기에 위원장 직무대행을 맡기는 것은 당연하다는 것이다.

도대체 자신들이 무엇을 잘못했는지 알고나 있는 것인지, 의문이 들 정도였다. 내가 말하고자 하는 것이 무슨 말인지 말귀를 못 알아듣는 것 같았다. 내가 인사위원회의 절차나 따지고 서열을 논하자고 한 것인가? 이미 문제가 있는 사람을, 그것도 사전에 파악하여 알고 있는 비리인사를 그 자리에 앉혀놓았다는 점을 지적하는 건데도 서열이나 절차로 보아 문제가 없다고 말하는 총무팀장의 생각이 너무나 상식에 어긋났다.

그리고 나는 인사위원회 규정을 보더라도 제척사유가 분명한데 말이 되느냐고 따졌다. 이사장의 말은 더 가관이었다. 시설관리공단에 근무하는 사람이라면 누구도 이 비리에서 자유로울 수 없단다. 그래서 인사위원회를 그대로 가동했단다. 그 말에 나는 더 기가 막혔다. 부산시설관리공단이 한 사람도 자유로울 수 없는 부패한 집단이라는 것을 이사장이란 사람이 스스로 실토를 하다니! 나는 다시 말을 이었다. 인사위원회 구성원 7명 중 2명이 외부인사이고 5명이 내부인사이다. 그중 한 명이 문제가 있으면 교체할 수 있다. 교체할 수 있도록 인사위원회 규정에도 분명히 명시되어 있다. 그리고 인사위원회가 지금은 8명인데, 여전히 2명만 외부인사이고 나머지 6명은 내부인사이다. 이 규정을 시정하라고 했다. 최소 외부인사가 3명은 되어야 한다고 했다. 이사장은 다시 징계할 수 없다고 완강하게 나왔지만, 나는 이사장의 말을 그냥 인정할 수도 없었다.

나는 5분 자유발언을 이미 했고, 그 발언에 책임을 져야 하기 때문에 여기서 멈추지 않겠다고 했다. 공단직원들의 반응을 체크해보고, 나중에 다시 얘기해보자고 했다.

추가: 이후 인사위원회 규정은 바뀌었고, 내부 자정노력을 해나가는 것으로 정리되었다.

교육감에게 한 시정질문

2009년 3월 13일,
보건교사들의 눈물겨운 사랑을 보다.

작년 12월부터 보건교사들이 문제제기한 보건교과서 예산 확보 문제가 해결되지 않아 전혀 예상치 않은 시정질문을 하게 되었다. 올해 1월에 보건교사들이 내 방을 찾아와 얘기를 나누던 중에 애로사항을 듣고 바로 교육청 초등교육과장한테 전화를 했다. 그는 학생들에게 사용되는 보건교과서는 인정도서를 쓰는 것이 원칙이라는 얘기를 했다. 그리고 교과서 채택은 전적으로 학교장 자율이라고 강조했다. 어쨌든 나는 교육청에서 각 학교의 보건교과서 채택을 잘 지도해달라는 얘기를 했다.

한편 교육청은 인정도서를 사용하지 않으려는 의도를 가지고 있었고, 이러한 교육청의 방침에 따른 교장들의 담합이 인지되었다. 결국 나는 장학관과 장학사들을 만나서 이 건에 대해서 논의를 했다. 내가 만난 학교정책과 장학사는 매우 뻣뻣한 자세로 무성의하게 답변을 했다.

나는 전적으로 학교 자율에 의한 교과서 채택이라고 강변하는 그들의 말에 신뢰가 가지 않았다. 그래서 나는 학교가 자율적으로 결정한다면 회의록이 있을 테니 학교운영위 회의록을 제출하라고 말했다. 장학사는 곧바로 회의록을 제출하겠다고 했다. 그러나 제출하겠다고 큰 소리를 친 지 40분도 지나지 않아 회의록에는 교과서 채택과 관련한 내용이 없을 거라고 말을 뒤집었다. 나는 어이가 없었다. 교육청은 절대 교과서 채택에 개입하지 않는다고 말하면서, 학교 운영위 회의록에는 교과서 채택에 대한 언급이 없을 거라니! 내가 회의록을 제출하라고 하지 않았으면 그냥 뻔뻔하게 자신들의 관련 사실을 은폐하며 밀고 나갔을 것 아닌가?

어쨌든 내가 읽어보고 확인하겠으니 학교운영위 회의록을 제출하라고 했다. 나는 보건교과서 채택 문제가 교육청과 서면질문을 통해 충분히 대화로써 해결될 거라 생각했지만 상황은 전혀 그렇게 흘러가지 않았다. 오히려 내가 만난 장학사들은 너무나 사고방식이 굳어 있어 변화하는 교육환경에 해를 입히고 있다는 생각이 들 정도였다.

나는 이러한 교육청의 꽉 막힌 교육행정에 대해 심각한 문제의식을 가지게 되었다. 결국 직접 교육감을 불러내는 방법 말고는 대화가 통하지 않겠다는 판단을 하였다. 이번 3월 시정질문을 통해 교육감을 본회의장으로 불러 세워야 되겠다는 결론을 내렸다. 3월 13일 교육감에게 한 시정질문의 내용은 다음과 같다

(중략 : 부산광역시의회 제187회 제3차 본회의 시정질문 회의록 발췌)

김영희 의원 인정교과서를 제대로 마련하지 않고 있는 학교들의 표면적인 이유는 회의록들을 보면 예산부족을 그 이유로 제시하고 있습니다. 그런데 이것이 사실은 단순한 핑계에 지나지 않는다는 것이 회의록 곳곳에 포착이 되고 있습니다.

그런데 저는 그런 생각을 합니다. 일단 이게 단순한 핑계인데, 어쨌든 이런 이유를 달고 있기 때문에 말씀을 드리고 싶은데, 부산시교육청도 이 부분을 모르고 있지 않았다고 생각합니다. 그러면 예산이 없다면 대책을 수립해서 모든 학교 학생들의 학습권이나 교육권이 보호되고 보장될 수 있도록 최선을 다하는 모습을 보여주시는 게 좋았겠다는 생각이 듭니다.

그런데 일선 학교에서는 예산이 없다고 합니다. 그런데 부산시교육청은 이번 3월 우리 부산시의회 추경을 지금 심의받기 위해서 제출하고 있잖아요? 그런데 지방채까지 이번에 다 상환을 합니다. 참 모순이죠, 학교현장하고 부산시교육청? 교육감님, 이 사실 모르고 계셨습니까?

교육감 설동근 학교현장에 학교운영비가 이 보건인정도서를 구입하는데 어려움이 있을 정도로 그렇게 어려움이 있다고는 저희들이 생각을 못했습니다. 다만, 이제 이런…

김영희 의원 그러니까 모르고 계셨던 거죠, 교육감님은?

교육감 설동근 첫 보건교육이기 때문에 보건교육이 좀 내실 있게 운영되기 위해서 인정도서 구입비를 저희들이 전체 단위학교에 모든 것을 내려줬으면 이런 갈등은 없었을 것인데 하는 그런 아쉬움은 가지고 있다는 말씀을 드리면서 다만, 저희들 이제 단순히 단위학교에서 돈이 없어서보다는 단위학교에서 전체 이런 장학지원 자료라든지 어떤…

김영희 의원 좋습니다. 교육감님 거기까지만 하시고 나중에 또 그 얘기는 연장해서 계속하시기로 하고요. 또 교육청 서면답변서를 보면 방금 말씀을 해주셔서 답변이 된 측면도 있지만 다시 확인하겠습니다. 답변서를 보면 2010학년도부터는 보건교과서를 학교예산이나 지역교육청 예산으로 구입하겠다, 이렇게 되어 있어요. 그런데 초등학교, 중학교는 무상교육 아닙니까? 그래서 부산시교육청 예산으로 하는 게 맞다는 생각이 드는데 이 부분에 대해서 좀 정확하게 답변 바랍니다.

교육감 설동근 이거는 재량활동 영역 전체를 다, 35개 영역 전체를, 전체 교재를 구입해서 준다는 것은 대단히 어렵습니다. 그러나 의원님 지금 말씀하신 보건교육의 중요성, 이런 부분을 저희들이 인정을 하고 이 부분에 대해서는 지역교육청이라는 것이 바로 지역교육청 예산이라는 것이, 본청에서 확보되는 것이기 때문에 그런 큰 어려움은 저희들은 없을 것으로 생각을 합니다.

김영희 의원 그러면 학교에 떠넘기는 거는 안 하고 지역교육청 차원에서…

교육감 설동근 그런 부분은, 앞으로 이런 부분은 그런 쪽으로 해서 이 보건인정도서 구입을 둘러싼 어떤 그런 부분의 현장의 어려움은 저희들이 좀 해소하도록 해야 되겠다는 생각은 가지고 있습니다. 필요한 학교는 전체 지원을 해야 된다는 생각을 가지고 있습니다.

김영희 의원　말씀 잘 들었고요. 그런데 이제 저한테 제출된 서면답변서와 회의록 점검을 한번 해봤습니다. 사실 저는 2월 18일 서면질문을 통해서 2월 25일 답변서를 받았어야 됨에도 불구하고 일방적으로 교육청이 저한테 전화 한 통 없이 연기를 통보하는 공문을 그냥 달랑 하나 보냈습니다. 그래서 제가 우리 전문위원실을 통해서 항의를 했더니 그 다음날 장학관님이 오셔가지고 어쨌든 얘기를 했습니다. 문제점들에 대해서 제가 한 번씩 짚어보겠습니다.

첫째 문제점은요, 회의록 중에 4개의 중학교 회의록이 똑같습니다. 2월 16일자 재송중학교, 2월 17일자 상당중학교, 2월 19일자 신곡중학교, 2월 20일 양운중학교 보건교과서 선정회의록, 이 4개가 똑같습니다. 참 귀신이 곡할 노릇 아닙니까? 어째서 이런 일이 가능할까 싶습니다. 교육감님, 어떻게 생각하세요?

교육감 설동근　아마 이 제안 설명을 하는 과정에 단위학교에서 서로 정보를 공유하고, 처음 있는 일이기 때문에 이걸, 예를 들어서 어떤 특정 제품을 구입을 하기 위해서 어떤 이렇게 조작을 하거나 했다면 큰 문제가 되겠지마는 어떤 제안 설명을 하기 위한 그런 것이기 때문에 다소간에 좀 문제가 있었다는 생각은 합니다마는 이런 부분은 앞으로 시정하도록, 이거는 어떤 특정 제품을 구입하거나 특정 어떤 교재를 구입하기 위해서 그러한 회의가 아니고, 앞으로도 이런 부분도 지양, 고쳐져야 되지마는 그 자체의 어떤 그런 부분은, 의원님이 걱정하시는 어떤 의도적으로 한다든지, 어떤 그런 부분은 아니기 때문에 이 부분은 앞으로 시정하도록 저희들이 지도를 하겠습니다.

김영희 의원 예, 교육감님은 그렇게 말씀을 하셨는데 그 답변이 잘못됐다는 것을 계속 제가 예를 들겠습니다. 둘째 문제점에 대해서 말씀드리겠습니다. 신촌초등학교의 교육과정 운영위원회 회의록을 보면 운영위원회는 2008년 12월 19일 개최됐습니다. 그런데 협의내용을 보면 서울특별시 교육감 인정을 받은 '생활 속의 보건'에 대한 언급이 나옵니다. '생활 속의 보건'이 인정도서로 심의 통과된 날이 올해 1월 22일입니다. 심의번호를 그때서야 부여받았습니다. 그런데 어째서 12월 19일자 회의록에 미래의 심의번호가 담겨져 있을까 싶습니다. 이상하지 않습니까? 회의록이 어떤 과정을 통해 작성되었는지 알 수는 없으나 조작된 것은 아닐까 하는 생각이 듭니다.

교육감 설동근 아마 지금 이게 전체 제출을 하라 하니까 이런 부분에 좀 소홀히 했다가, 아마 그런 학교도 없지 않았나 생각을 하는데 앞으로 이런 부분에 대해서, 회의록 작성이라든지 이런 부분은 어떤 경중을 가리지 않고 단위학교에서 이루어지는 모든 회의록은 제대로 작성이 되도록 저희들이 지도를 하겠다는 말씀을 드립니다.

김영희 의원 셋째 문제점에 대해서 말씀 드리겠습니다. 교장들의 담합에 의한 인정교과서 불사용 문제입니다. 낙민초등학교 위원회 회의록을 보면 교감선생님 발언이 나옵니다. 교감선생님이 어떤 말씀을 하셨느냐 하면 '관내5지구 교장협의회에서 시중의 보건교재를 구입하지 않도록 결의를 하였음.' 그런데 여기에 대해서 어떤 선생님이 문제제기를 하셨어요. 그랬더니 다른 선생님 한 분이 '다른 학교들에 알아본 결과 5지구 협의회에서 결의한 바와 같이 시중 교재를 사용하지 않는다고 함.' 교과서 채택 건은 전적으로 학교 자율에 의해 이루어진다고 그토록 장학사들이 저한테 강변을 했습니다. 그 말들은 다 어디로 간 겁니까? 학교 운영위원회의 자율성은 다 어디로 간 겁니까? 교육청 장학사와 학교 교장들의 말들은 다 거짓말이 됐습니다. 그것도 새빨간 거짓말이죠. 학교 운영위원회나 교육과정위원회 위에 있는 것이 지구 교장협의회인 것 같습니다.

그런데 교장들이 모여서 왜 이런 결정들을 했을까요? 교과부의 공문이나 교육청의 지침, 공문에 죽고 사는 공무원들이 이렇게 할 수 있는 힘은 도대체 어디에서 나오는 것입니까? 교장협의회 위에 군림하는 보이지 않는 손이 있을 것 같습니다. 그 보이지 않는 손이 무엇인지 대단히 궁금합니다. 교육감님 답변해주시겠습니까?

교육감 설동근 저는 처음 말씀드렸습니다마는 이것은 보건교육이라는 것이 금년도에 처음 도입이 되었기 때문에 교장선생님들이, 지구 중심학교 교장들이 협의회를 하면서 이런 문제를 자연스럽게 논의를 할 수 있다고 생각합니다. 그런 부분들이 그 회의에 가서 전달되는 과정에 그런 이야기들이 있어서 저희들이 그 내용을 알고 이건 그렇게 해서는 안 된다고 교육청에서 지도를 해가지고 이 부분이 시정이 된 것으로 알고 있기 때문에 교장협의회에서 어떤 이런 부분은 자연스럽게 어떤 어려운 문제가 있거나 이러면 서로 논의를 하고 하는 그런 과정의 일환이라고 생각을 하지, 특정한 의도를 가지고, 예를 들어서 교장협의회에서 특정제품을 사기 위해서 했다면 문제가 되지만 처음 하는 이 보건교육, 이 부분에 대해서 어떤 논의는 할 수 있는 것 아니냐 하는 생각 차원에서 저희들을 좀 이해를 해주시면 고맙겠습니다.

김영희 의원 뭐 교육감님은 그렇게 답변하실 수 있습니다. 그런데 그

교육감님의 답변이 엉터리라는 것을 제가 증명해 보이겠습니다.

　네 번째 문제점에 대해서 말씀을 드리겠습니다. 하남중학교와 대신중학교 교육과정위원회 협의록을 보면 모 선생님의 발언 내용이 글자 하나 다르지 않게 똑같습니다. 그런데 이 두 선생님의 발언이 왜 같을까? 같은 선생님도 아니고 두 학교를 왔다 갔다 하면서 회의할 수 있는 그런 위치에 있지도 않고 같은 학교에 재직을 하지 않잖아요? 이제 회의록을 베낀 거라고 생각을 합니다. 그러니까 아이들이 사실은 숙제를 할 때도 베끼지 않거든요. 이렇게 베끼지 않습니다. 인터넷 다운받고 그렇게 해도, 이렇게는 안 하거든요. 이런 문제들에 대해서 가담한 선생님들은 정말 교육자로서 얼마나 우리 아이들한테 당당할 수 있을까 하는 생각이 듭니다.

　그리고 다섯 번째 문제점입니다. 용호중학교 학교운영위원회 회의록을 보면 보건교사가 참석해서 발언한 것으로 되어 있는데 확인한 바에 의하면 사실과 다릅니다. 보건교사는 이날 이 회의에 참석하지 않은 것으로 알고 있습니다. 도대체 참석하지 않은 보건교사의 발언이 버젓이 회의록에 기록되어 있는 사실은 무엇을 말해주는 것일까요? 무슨 결과를 얻고 싶어서 보건교사는 참석시키지도 않고 참석한 것으로 거짓 회의록을 작성했을까 싶습니다.

　이렇게 회의록이 똑같은 학교가 있는가 하면 조작되어 있다고 생각할 만한 회의록들도 있습니다. 시의회에 제출하기 위해 학교들이 부산시 교육청에, 교육감님한테 제출한 공식적인 회의록 문서입니다. 보면 원본대조필 도장까지 딱 찍혀 있습니다. 문제가 된 이 학교들에 대한 조사가 불가피하다고 생각을 합니다. 저는, 장관 인준 시에 교수 출신들은 표절문제 때문에 곤욕을 치르고 있습니다. 논문 표절이야 자기 한 사람만 책임지고 물러나면 그만이죠. 이건 문제가 조금 다른 차원인 것 같습니다. 회의록 베끼고 조작하는 데 있어서 지시한 사람이 있을 거라는 생각이 듭니다.

최근 학업성취도평가 결과가 조작되어 전국적으로 우리 국민들에게 큰 충격을 주었습니다. 회의록까지 조작을 일삼는 교육현장, 추락하는 것은 날개가 없다고 하지요. 어디까지 추락할 건지 걱정스럽습니다. 고등학교 회의록은 아직 검토하지 못했습니다. 이 회의록 속에는 또 뭐가 있을까 하는 두려움마저 생깁니다. 교육감님, 조사할 필요가 있다고 생각을 합니다. 입장을 밝혀주십시오.

교육감 설동근 저는 이 문제는 조사할 내용은 아니고 앞으로 회의록이라든지 이런 부분에 대해서 학교현장에서 제대로 하도록 지도하겠다는 말씀을 드립니다. 이 교과서 선정, 이런 부분은 상당히 민감한 문제고 이렇기 때문에 이 선정을, 지금 현재 이건 인정도서 하나가 지금 개발되어 있고 지금 어떤 교재를 놓고 두 가지를 선택하는 그런 문제가 아니고 한 교재를 선택하느냐, 그렇지 않느냐…

김영희 의원 교육감님, 조사를 할 필요성이 없습니까? 이게, 여기에 대해서…

교육감 설동근 예, 선택, 이건 조사할 그런 사항은 아니고 앞으로 지도를 해서…

김영희 의원 어떻게 그런 사안이 아닙니까? 어떻게 해서요?

교육감 설동근 지도를 해서 바르게 하도록 하겠다는 말씀을 드립니다.

다른 의도가, 예를 들어서 이걸…

김영희 의원　앞으로 계속 그러면 운영위원회 회의록이라든지 이런 것들을 이런 식으로 기록하고 제출하고…

교육감 설동근　예를 들어서 다른 교재 두 가지를 놓고 선택을 하는 문제가 생겨서 어떤 특정업체에 이득을 주는 어떤 그런 문제 같으면 이건 단순히 조작도 있고 의도도 있지만 이 부분은 인정도서를 사용할 것이냐? 그렇지 않으면 학교현장에서 교재를 자체 개발해서 할 것인가 하는 문제이기 때문에…

김영희 의원　교육감님, 그런 걸 떠나가지고 이 문제를 그렇게 지금 생각을 하시는 겁니까?

교육감 설동근　저는 그런 이 문제가 어떤 조작이나…

김영희 의원　예, 좋습니다. 나중에 다시 조사를 할 건지 말 건지 다시 얘기합시다. 넘어가도록 하겠습니다.

국회에서 합의를 거쳐 법이 개정되고 작년 9월 11일 국가 차원의 고시가 이루어진 학교보건법 일부개정법률안은 한나라당 이주호 의원이 발의한 법입니다. 그리고 올 3월 1일부터 실시되는 보건교육과 인정교과서 채택에서 보여준 일선학교 교장과 교육청 장학사들의 태도는 교육자로서 기본자질을 의심케 하고 있습니다. 회의록을 제출한 학교 교장들은 예산이 없어서가 아니라 부산시교육청이 말하는 특정한 노선을 가진 교과서를 선택하기 싫어서 교과서를 사주지 않겠다고 했습니다. 보건교과서에 노선이 있습니까? 학교현장을 다시 한국근현대사 교과서 문제처럼 이념대결로 몰고 가서 무엇을 얻어내려고 했는지 모르겠지만 인정교과서를 둘러싸고 노선 운운한 장학사들의 해괴한 논리는 정당화될 수 없습니다. 문제를 여기까지 몰고 온 시 교육청의 장본인들은 책임져야 할 것입니다.

장학사들이 문제로 삼고 있는 '생활 속의 보건'이라는 인정교과서는 서울시 교육감의 인정도서입니다. 보건교육과정 정책연구 시작 당시 교과부 교육과정 기획과 담당 장학관의 요청으로 교과서 집필이 시작되어 보건복지가족부에서 기금을 지원하여 제작된 교과서입니다.

교장들이 교과서를 노선의 문제로 바라보게 된 것은 교육청의 그릇된 사고에서 비롯됩니다. 2월 4일 학교정책과의 장학관이 저를 찾아왔습니다. 제가 면담을 요청했습니다. 대화 속에서 보건교과서에 노선의 문제가 있다고 했습니다. 이 장학관의 말이 그냥 나온 말은 아닐 거라고 생각을 합니다. 이렇게 바라보는 담당 장학사들이 그렇게 장학관에게 보고를 한 거죠.

저는 그렇게 얘기했습니다. 부산시 교육청이 먼저 인정도서를 만들어냈다면 과연 이렇게 했겠냐고 물었습니다. 부산시교육청의 인정도서가 있었다면 공문을 통해서 인정도서를 사용하라고 했을 거다. 그리고 설동근 교육감이 장학사들의 이런 얘기나 이런 불합리하고 형평에 어긋난 일처리를 원하겠느냐고 물었습니다. 설 교육감께서는 노무현 정부 때 교육혁신위원장을 맡으셨는데 노선 운운하는 그런 장학사들, 그런 분들은 설 교육감을 욕되게 하거나 누를 끼치는 그런 일일 거라고 제가 분명히 얘기했습니다. 그래서 입장을 한 번 바꾸어서 생각해보라, 그리고 올해 9월이나 내년쯤 되면 부산시교육청도 인정도서를 생산해낼 텐데 겨우 그 시간을 못 기다려가지고 이렇게까지 부당한 행정을 할 거냐 그랬습니다.

그랬더니 장학관께서는 하여간 인정도서나 자체 개발한 교재 중 어느 것이나 사용할 수 있다고 이미 내린 공문은 다시 번복할 수 없다고 했습니다. 그래서 저는 교육행정이 그간 다소 좀 잘못되게 처리했다 하더라도 나름대로 존중되어야 한다고 생각을 했습니다. 그래서 받아들였습니다.

그랬더니 2월 6일 장학관으로부터 인정도서를 사용하도록 권고하는 공문을 중학교, 고등학교에도 다시 내렸다는 소식을 들었습니다. 저는 교육청이 어려운 결정을 했다고 생각을 했습니다. 그동안 소란스러운 보건교과서 문제가 일단락되는 듯했습니다. 그런데 일주일 지나서 저에게 이상한 얘기들이 들려왔습니다. 특정단체가 제작한 교과서를 채택할 수 없다는 것입니다. 교육감님, 어떻게 생각을 하십니까?

교육감 설동근 그런 것은 있을 수 없다고 생각합니다. 있을 수 없고, 다만 우리 담당자들은 우리 교육청에서 아무런 정부 차원의 대책을 마련하지 않았을 때 학교현장 여기, 교사를 중심으로 했기…

김영희 의원 교육감님, 이 부분에 대해서만 답변해주십시오.

교육감 설동근 그리 했기 때문에 아마 그 교재, 장학지원 자료를 활용해도 안 되느냐 하는 어떤 그런 집착은 좀 있었을…

김영희 의원 그런데 왜 매번 의논을 하는 겁니까?

교육감 설동근 아니, 그런 집착은 있었을지언정 그런 부분 때문에 이런 인정도서가 어떤 채택이 덜 되고 하는 그런 부분은…

김영희 의원　그런 얘기들을 지금 학교현장에 퍼트리고 있었잖아요!

교육감 설동근　학교현장에 퍼트린 적, 그런 부분은, 저는 그런 데에 대해서 챙겨보지 못했습니다.

김영희 의원　그러니까 교육감님은 모르시는 거죠. 교육감님의 귀를 막고 눈을 가리는 그런 장학사들이 있기 때문에 문제 아니겠습니까?

　본 위원은 두 달에 걸쳐 보건교육의 정상화를 위해 담당장학사, 담당장학관과 끊임없이 대화를 해왔습니다. 그럼에도 불구하고 부산시교육청이 보건교육에 대해 진정성이 있음을 확인시켜줄 수 있는 마지막 기회가 있었습니다. 지난 2월 교육위원회 추경이 있었습니다. 이 모든 소란을 정리할 수 있는 기회가 바로 추경이었습니다. 그런데도 이 기회마저 해당 장학사들은 차버리고 말았습니다. 왜 그랬을까요? 장학관한테 물었지만 아직까지 답변이 없습니다.

　교과서를 한 반분만 사주거나 교육청 자료를 채택한 학교들의 회의록을 보면 천편일률적으로 '생활 속의 보건' 은 내용은 좋으나 예산이 없어서 사주지 못한다고 되어 있습니다. 학생 1명당 1권의 책을 가지고 배울 수 있도록 배려하는 것이 학교재정을 그렇게 어렵게 만드는 일일까 싶습니다.

　1월에 제가 초등교육과장한테 전화를 했습니다. 교육청 추경하지 않느냐고? 계획이 없다고 합디다. 그런데 추경했지 않습니까? 우이독경입니다. 받아들일 자세가 애당초 없었던 겁니다.

　두 달간에 걸친 보건교육 정상화를 위한 문제제기에 대해 부산시교육청은 마지못해 찔끔찔끔 공문 내리는 것으로 자기 임무를 다한 것으로 일관했다고 생각합니다. 뒤에서 노선 운운하면서 악의적으로 인정 교과서를 밟아버리고 의원마저 매도했습니다. 여기가 끝은 아니죠. 결국 운영위원회와 교과위원회의 자율성마저 훼손했습니다. 더 나아가 회의록 조작이라는 넘지 않아야 할 선을 넘고 말았습니다. 시 교육청이 무슨 짓을 했는지 자문해보시기 바랍니다. 원인 없는 결과는 없습니다. 오늘의 이 사태를 몰고 온 원인에 대한 규명이 필요합니다. 향후 조치와 대책이 무엇인지 답변해주시기 바랍니다.

교육감 설동근 앞으로 이런 부분에 보건교육의 중요성을 인식을 하고 내년도는 이 재량활동이 중등이 전체 보건교과로 되기 때문에 여기에 전체 모든 학교에, 필요한 학교는 전체 교육청, 지역청, 중학교까지는 지역교육청에서 확보가 되어야 되고 저희들이 지원을 해서 전체에 하도록 하고, 고등학교도 필요한 학교는 저희들이 지원을 하도록 해서 보건교육이 충실히 이루어질 수 있도록 하겠습니다.

그리고 교과 선정, 이 교과서 선정이라든지 도서 선정이라든지 이런 부분에 좀 더, 좀 더 면밀히 검토를 해서 이루어지고, 제대로 이루어질 수 있도록, 또 회의록이라든지 이런 부분이 제대로 이루어질 수 있도록 차제에 모든 이런 부분들에 대해서 학교현장에 전체 주의를 환기시키도록 노력을 하겠습니다.

김영희 의원 이제 이 사태를 몰고 온 원인에 대해 규명이 필요하다고 했습니다. 이런 노선 운운하면서 뭔가를 얻으려고 하는 부분이 분명히 있을 거라고 생각합니다.

교육감 설동근 저는 이 부분에 대해서 노선이라는 말은, 표현은 대단히 잘못되었고요. 다만…

김영희 의원 그러니까 그 부분에 대해서 어떤 조치를 취하시겠습니까?

교육감 설동근 저희들이 교육청에서 개발한 어떤 자료의 활용성 때문에 아마 여기에 좀 집착을 한 것이 아닌가 이렇게 생각을 합니다. 이런 부분들에 대해서는 그런 논란을 잠재울 수 있도록 내년도에, 이 부분은 저희들이 모든 걸 해결해서 보건교육이 충실히 이루어지고, 금년도에도 현재 지금 구입된 학교, 그렇지 않고 한 반 되어 있는 학교, 이런 부분들도 전체 돌아가면서 제대로 이루어지게끔 하고 그 다음에 지원, 장학지원 자료라든지 자체 개발하는 자료를 통해서라도 제대로 보건교육이 이루어지도록 노력을 하겠습니다.

김영희 의원 좋습니다. 답변 감사드리고요. 수고하셨습니다. 교육감께서는 자리로 돌아가셔도 되겠습니다. 마무리하겠습니다.

학교보건법 일부개정법률안이 국회를 통과한 이후 올해부터 시행되는 보건교육은 청소년기의 학생들에게 성폭력 예방, 비만, 고혈압 등 각종 성인병 예방, 흡연, 음주, 전염병 예방 등을 가르치도록 한 국가수준의 교육과정입니다.

이 보건교육을 준비하는 과정에 저도 관심을 가지고 지켜보면서 문제제기를 통해 많은 문제점들에 대해서 어쨌든 해결해보자고 노력을 해왔습니다. 그런데 그 과정에서 보인 교육청의 태도, 단위학교의 태도는 실망을 넘어 저로 하여금 절망을 맛보게 했습니다. 과연 제가 정말 여당의원이었다면 시교육청이 이렇게까지 했겠느냐 하는 생각도 들었습니다. 학업성취도평가 시험결과 조작사건에 대한 마무리가 채 가시지 않은 상태에서 회의록까지 이렇게 조작하는 사건이 부산시민들에게 또 어떤 충격을 던져줄까 싶어 굉장히 가슴이 아픕니다. 설동근 교육감님은 그동안의 과정에서 노출된 많은 문제점들을 직접 점검해보는 시간을 가졌으면 합니다.

모두에서도 말씀드렸듯이 본 위원이 1월 14일 교육감님께 보건교육에 대해 관심을 가져달라는 말씀을 드린 후 오늘이 꼭 두 달이 되는 날입니다. 그럼에도 불구하고 모든 사물에는 사실 부정적인 것만 있는 것은 아니죠. 두 달의 시간 속에 제 개인적으로는 보건교육에 대해 관심을 쏟고 공부하는 시간을 가지게 된 것은 부정적인 측면 이면에 또 긍정적인 부분이었다고 생각합니다. 어쨌든 이 과정 속에서 생각이 달라서 많은 문제점을 낳고 서로 얼굴 붉혔던 일, 이런 것들이 있는데 그래도 열심히 저하고 대화를 해주신 장학관님한테는 이 자리를 빌려서 감사하다는 말씀을 드립니다.

그리고 학교보건법 일부개정법률안이 국회에서 개정되고 작년 9월에 국가고시에 이르게 되면서 올해부터 우리 아이들에게 건강지킴이 역할을 하게 된 것은 대단히 의미 있는 일이라고 생각을 합니다. 앞으로 설동근 교육감님은 보건교육이 각 급 학교에서 뿌리를 내릴 수 있도록 더 많은 노력을 기울여주시기를 다시 한 번 당부 드립니다.

시정질문을 마치도록 하겠습니다. 끝까지 경청해주신 의원 여러분들과 여기 나와 계신 관계공무원 여러분들께 감사를 드립니다. 고맙습니다.

교육감에 대한 시정질문은 보건교사들의 문제제기와 함께 자료를 분석한 결과 스스로 생각해보아도 충분하게 한 것 같았다. 질문을 끝내고 의원석으로 돌아오자 동료의원인 김성우 의원은 이제 시정질문을 여러 번 하니까 베테랑이 다 되었다고 추켜세웠다. 그리고 마지막 질문은 거의 집회하는 분위기처럼 열기가 고조되었다는 말도 해주었다.

휴대폰으로 문자가 엄청나게 들어왔다. 전화도 왔다. 어떻게 알았는지 전국에서 문자가 들어왔다. 아마 부산시의회에서 중계되는 인터넷 생방송으로 전국의 보건교사들이 나의 시정질문을 지켜본 모양이다. 전교조 전 보건위원장은 나에게 전화를 걸어 거의 눈물을 흘리는 것 같은 목소리로 너무 고맙다며 서울 오면 꼭 연락하라고 했다. 자기들이 그동안 겪었던 고통을 너무 가슴에 와 닿게 시정질문을 했고, 너무 감동적이라는 것이었다. 어떻게 보건교육에 대해 자기들보다 더 잘 알고 핵심을 골라서 질문을 할 수 있었느냐고 감탄해마지 않았다.

나도 이 시정질문은 꽤 만족스러웠다. 질문서의 글들을 계속 고치고 또 고치고, 읽고 또 읽고 하니까 딱딱한 문맥들은 저절로 살아있는 언어로 바뀌면서 내 마음에 꼭 맞게 술술 풀려 나왔다. 나에게 보내 온 문자들은 대략 이런 것들이었다.

- 010-4136-0000 오늘 시정 질의 감동입니다. 존경스럽습니다.(15:16)
- 010-2370-0000 감사합니다. 전국의 보건 교사 모두 감동입니다.(14:51)
- 존경하는 김 의원님 김OO입니다. 시정 질의 무한 감사드립니다. 바른 정치

는 예술 맞네요.(13:12)

- 감동적인 질의서를 국회 교육과학상임위에 보내도록 허락해주실런지요? 널리 알릴게요.(12:22)

- 정말 고생 많으셨습니다. 생방송 보면서 눈물이 나네요. 깊이 감사드립니다.(12:01)

- 016-880-0000 의원님 시정 질의 넘 멋지게 잘하셨어요. 교육감을 코너로 몰고 가는 의원님의 모습에 엄청난 포스가! 교육감 엄청 열 받았겠죠*^^* 보건위 샘들과 인사 드리러 가겠습니다. 점심 맛있게 드세요.(12:14)

- 010-2558-0000 의원님 너무 감사드리고 고생하셨습니다. 질의하시는 동안 손 꼭 모으고 시청했습니다.(12:05)

나는 한편으로 내 시정질문에 이렇게 뜨거운 반응을 보여준 것에 너무 감사했다. 내가 필요한 주제를 골라 혼자서 하는 것이 아니라 억울하고 하소연할 데 없는 사람들의 요구에 부응해 그들을 대신하는 것이 나의 일이다. 교육감을 본회의장에 불러 세워 질문을 한다는 것이 그들과 내가 함께 호흡하는 것이니 외롭지 않았다. 아무리 좋은 얘기를 하고, 시장을 몰아세우고, 교육감을 다그친다 하여도 보는 사람들의 반응이 없다면 나에게 남는 것은 허망한 메아리뿐일 것이다.

생각하지도 않은 보건교사들의 뜨거운 반응에 내가 오히려 몸 둘 바를 몰랐다. 나의 가슴은 벅차올랐고 힘이 솟았다. 2달 반 이상이나 보건교과서 문제에 매달리며 토요일, 일요일 없이 의회에 나와 자료를 보고 머리를 싸맨 보람이 결실을 맺은 날이었다.

출산장려금 30만 원

2009년 4월 15일,
정말 답답한 출산장려정책이다.

예결특위가 부산시 추경심사를 하는 날이다. 큰 이슈를 만들지
는 못했다. 전날 의회협력계장이 나에게 정책질의를 할 건지 물
어서 이번에는 안 하고 예산서에 나온 것에 대해 질의한다고 얘
기했다.

당일 아침에 출근해서 국제신문을 읽었다. 부산여성가족개발원
의 어느 팀장이 쓴 글이 눈에 들어왔다. 둘째 아이를 낳으면 부산시
가 출산장려금으로 30만 원을 지급한다는 내용의 글이었다. 의회에
서 예산과 관련해서 심사가 마무리되지 않았는데 기정사실화해서
이런 글을 신문에 미리 알려도 되는 건가 의문이 생겼다. 얼마 전 보
사환경위에서 출산장려금 예산과 관련해 예비심사를 하면서 많은
논란이 있었다. 6개월에 15억 원이 신규 투입되는 정책 사업에 대해
한 번도 의회에 사전 보고도 하지 않고, 게다가 본예산에서나 수립

됨직한 예산을 추가경정예산에다 떡 하니 편성해놓았으니 누가 봐도 비상식적인 예산편성이라 의원들이 많은 문제제기를 했다. 그럼에도 출산장려금은 논란 끝에 보사환경위원회에서 원안 통과가 되고 말았다. 하지만 예결특위 심사를 남겨놓고 있었기 때문에 마치 예산이 확정된 것처럼 신문에 보도하는 것은 사리에 어긋난 일이라는 판단이 들었다. 이러한 사실을 모르진 않을 텐데 이런 글이 신문에 왜 실리게 되었는지 궁금했다.

나는 그 팀장에게 전화를 했다. 전화를 받지 않았다. 조금 있다가 팀장으로부터 전화가 걸려왔다. 나는 국제신문에 실린 글에 대해 얘기했다. 그리고 잠시 뜸을 들이다가 단도직입적으로 이 글을 누가 쓰라고 시켰는지 물어보았다. 여성가족정책관실 국장이 시켰단다. 뿐만 아니라 이런 식으로 언론플레이를 한 것이 이번 건만이 아니란다. 국장 본인이 전면에 나서지 않고 뒤에서 배후조정을 해온 셈이다.

지난번 보사환경위에서 이번 예산에 대해 국장은 의원들의 질의에 제대로 된 답변을 하지 못했다. 보사환경위에서 논란이 벌어진 후에 여성정책과장은 내 방으로 와서 일을 이렇게 추진한 데 대해 한 차례 사과까지 했었다. 나는 그 자리에서 의원들의 질의에 대처하는 방법까지 알려주었다. 특히 예결특위 때 다른 의원들이 질의할 테니까 답변 준비 잘하라고까지 귀띔을 해주지 않았던가. 그러면 논리를 개발하든지 의원들을 제대로 설득을 하든지 하는 과정이 있어야 되는 것 아닌가. 불에 기름을 들이붓는 격으로, 만만한 정책개발원의 박사를 시켜 의원들을 압박하려는 언론플레이나 하다니 한심하기 짝이 없다.

나는 보사환경위원회 의원이지만 예결특위 심사과정에서 이 건을 짚었다. 도저히 묵과할 수가 없었다. 내가 국장에게 물었다. 국제신문에 보도된 기사에 대해 어떻게 생각하느냐고, 국장이 시킨 것 아니냐고. 국장은 내가 알고 묻는데도 그런 적 없다고 시치미를 뗐다. 하긴 본인이 시켰으면서도 시켰다고 대답할 사람은 아니라는 생각이 들었다.

국장과 지루한 공방 끝에 예결특위의 심사는 끝났다. 심사장에서 심사에 임했던 국장들과 악수를 나누는 시간에 여성가족정책관실 국장이 나한테 악수를 하면서 한마디 한다. 인신공격은 곤란합니다, 라고. 심사과정에서 내가 했던 질문이 국장에게는 인신공격으로 받아들여진 모양이다. 사실을 알고 그 사실에 대해 물었을 뿐인데, 더구나 사실대로라면 오히려 뒤에서 언론을 통해 의원들을 압박한 것이 국장 자신인데도 말이다. 그런 내용이 그 많은 공무원들 앞에서 드러나는 것이 부끄러울 수는 있겠다는 생각이 들었다. 특히 본인이 시켜서 한 언론플레이라는 것이 의원을 통해 알려지자 자존심도 상했을 것 같다. 그러나 스스로 자존심을 회복하고 싶으면 의원들의 질의에 설득력 있는 답변을 해야 했다.

한편으로는 그 국장의 말에 저녁 내내 가슴이 아팠다. 내가 공식적인 자리에서 누구를 인신공격했다고 생각하다니! 내가 예결특위를 3년 동안 맡아 심사하면서 언성을 높인 경우도 있었다. 그러나 이번 일은 지나온 예결특위 심사장에서 다른 국장들과 부딪힌 일들에 비하면 아무것도 아닐 정도로 일상적인 질문이었다.

그리고 여성가족정책관을 불러 세우지 않는 예결특위의 분위기는 좀 아쉬운 대목이 있다. 의원들이 대부분 남자들이다 보니 의정활동에서 여성에게는 관대한 분위기가 연출되곤 한다. 여성가족정책관실의 경우 여성국장이다 보니 남자의원들이 철저하게 따져 묻는 질의응답이 부족한 측면이 있다.

수십 억 원이나 소요되는 예산이 사용되기 위해서는 철저하게 심사가 진행되어야 한다. 그 15억 원이라는 신규예산이 출산장려금 30만 원으로 지급되기 위해서는 충분한 사전논의과정과 근거가 제시되어야 한다. 앞에서도 사전논의과정이 부족했다는 지적이 있었지만 더 큰 문제는 근거가 있어야 한다. 그 근거는 출산장려금 30만 원이 부산시의 출산율을 높일 수 있는가에 대한 것이다. 추경예산으로 제출해서는 안 되는 신규사업예산을 제출한 것도 절차상 문제이지만 그 절차나 논의과정을 떠나 실질적인 사업의 근거가 있느냐에 대해서도 이번에 여성정책가족관실이 제출한 신규예산은 너무나 빈약한 내용이었다. 결국 어떤 의도적인 선심성 예산으로밖에는 생각할 수 없는 것이었다.

그런 선심성 출산 축하금에 불과한 예산을 투입한다고 해서 부산시의 출산율이 높아질 수는 없다. 여성들이 아이를 낳지 않는 것은, 아니 아이를 낳지 못하는 것은 출산장려금이 없어서가 아니다. 아이를 낳고 키우고 교육시키는 과정에서 제공되어야 할 여성에 대한 사회구조적인 배려가 있어야 한다. 일하기를 원하는 여성에게 일자리를 마련해주고, 직업여성에게는 보육공간을 마련해주고, 자라나는 아이들의 교육을 사회가 책임지는 시스템을 만들지 않고서는 여성들의 출산율을 높일 수 없다. 일회성 출산장려금 30만 원으로 이 문제를 해결할 수는 없다. 부산 시민들의 혈세만 낭비되는 이러한 예산 편성을 언제까지 보고 있어야 되는가?

추경예산은 선심성 예산인가?

2009년 4월16일,
부산시민의 세금이 줄줄 새고 있다.

2009년 부산시 추경심사가 끝났다. 계수조정소위 활동은 여느 때보다 힘들었다. 내년 지방선거를 앞두고 선심성 예산이 많이 풀렸다는 것을 알면서도 효과적인 저지를 해내지 못해서 마음이 힘들었다. 이번 추경예산에서 문제가 된 예산 중에는 구·군에 내려가는 200억 원의 재정보전금과 지역구 시의원 몫으로 편성된 소규모사업비 명목의 예산 63억 원이 있었다. 부산시는 구·군에 내려가는 재정보전금 200억 원은 구·군의 부족한 재정을 메우기 위해 시에서 특별히 추경예산에 반영했다고 한다. 일단은 그럴 듯했다. 그러나 소규모사업비 명목의 63억 원은 시의원에게 배당된다고 했다.

예산서에는 시의원들에게 준다고 쓰여 있지 않기 때문에 시민들은 이 예산의 내막을 알 수 없다. 해마다 자치단체자본보조란 명목으로 지역구 시의원들에게 5억 원씩이 배정되어왔다. 일종의 관행으로 내려오는 시의원 몫의 예산이다. 약칭해서 '자자보'라고 불리는데, 시장은 이 자자보를 통해 시의원들의 환심을 사서 효과적으로 시의원들의 예봉을 피하거나 관리할 수 있어 좋고, 시의원들도 한 해 5억 원이란 예산으로 어느 정도 자기가 공약한 사업에 대한 사업을 벌여나갈 수 있기 때문에 지역구민들에게 자기 성과를 선전할 수 있어서 좋다. 이른바 누이 좋고 매부 좋은 '묻지 마' 예산이다. 매년 쉬쉬하면서 지역구 의원들끼리 담합한 속에 예산을 챙겨가면서 의원들이 이 예산과 관련해서는 질의도 하지 말라는 태도를 취하고 있었다. 그런데 올해는 이미 5억 원의 예산이 본예산을 통과한 위에 추경을 통해 의원 1인당 1억 7천만 원 정도를 더 반영한 것이 소규모사업비란 항목으로 기획재경위원회에 올라와 있었다. 여기까지면 내가 구태여 뭘 말하겠는가?

부산시장과 시의회 의장이 합의해서 이렇게 편성한 예산이 의회로 넘어와서 지역구 시의원들은 아주 흡족해하고 있는 상황이었다. 비례대표 의원들은 모르고 있었지만 말이다. 그런데 기획재경위원회가 더 큰 사고를 쳤다. 기획재경위원회가 추경 예비심사와 계수조정을 통해 구·군에 내려가는 200억 원 중에서 50억 원을 삭감해서 시의원 몫인 소규모사업비 63억 원에다 이 50억 원을 얹어버린 것이다. 기획재경위원회 의원들은 시의원 1인당 1억 7천만 원으로는 각 구·군에서 할 수 있는 일이 없다며, 최소 3억 원 정도는 되어야 조그마한 사업이라도 한다면서 계수조정을 통해 이런 사고(?)를 저질러버린 것이다. 시장과 시의회 의장이 협의해서 63억 원을 편성했는데, 기획재경위의 계수조정을 통해 50억 원을 추가 배정한 것이다.

구·군의 예산을 삭감해서 지역구 시의원의 예산으로 돌리는 기발한 발상은 시민들을 무시하지 않고서는 할 수 없다. 예산이란 미리 계획된 정책에 따라 공정하게 사용되어야 한다. 중·장기적인 정책에 따라 단기적인 과제가 주어질 것이고, 그에 따른 예산이 편성될 것이다. 그렇게 편성되는 예산에 갑자기 끼어드는 예산은 있을 수 없다. 더구나 지역구 관리를 위해 배정되는 예산, 그것도 수십억 원의 예산을 아무런 근거도 없이 각 지역구 시의원들의 몫으로 배정하다니! 말도 안 되는 일이었다.

그러나 나는 이러한 일들을 모르고 있었다. 무슨 일이 어떻게 돌아가고 있는지 전혀 알지 못했는데 이 같은 사실을 예결특위의 추경심사를 앞두고 예결특위 전문위원실에서 나에게 귀띔을 해주었다. 그들은 기획재경위원회가 의결한 계수조정에 대해서 상당히 비판적이었다. 이들은 이 계수조정에 대해 추경 심사장에서 야당의원인 나와 하선규 의원 둘 중 한 명이 질의를 해주기를 바랐다.

예결특위 심사 당일 내가 다른 행사가 있어 집회에 참석하기 위해 잠시 자리를 비운 사이에 하선규 의원이 200억 원의 재정보전금과 소규모사업비 63억 원에 대해 질의를 하였다고 한다. 그래서 나는 다시 언급할 필요가 없을 것 같아 하지 않았다. 대신 다음 날 계수조정할 때 강력하게 문제를 제기했다. 나는 63억 원과 50억 원은 의원들에게 돌아가는 자치단체자본보조의 명목인데, 내년 선거용 예산이 아니냐고 따졌다. 우선 지역구 의원이 아닌 비례대표 의원들도 내년에 출마를 할 텐데 이는 문제가 있다고 말했다. 100미터

달리기에서 지역구 의원들은 벌써 50미터를 달려놓고 비례대표 의원들은 출발선에서 달려야 하는 것도 온당치 않다고 주장했다. 그리고 이미 1인당 5억 원씩 배정을 받아놓고 또 3억 원씩 가져간다는 것이 말이 되느냐고 따졌다. 그러나 계수조정에 참여한 의원들의 말이 더 심하다.

50억 원을 기획재경위에서 삭감한 것은 너무나 잘한 결정이란다.

구청장이 사업을 방만하게 해서 예산이 부족해 손을 벌리는 것이기 때문에 그런 예산은 삭감해야 한다는 것이다. 어차피 예산을 줘 봤자 인건비나 사무관리비로 들어가기 때문에 예산낭비라고 했다. 그래서 이런 예산은 삭감해서 소규모사업을 통해 지역에 일이 되도록 해야 된다는 논리를 폈다.

이번 263억 원은 평소 같으면 추경에 올라오지도 않을 예산이다. 딱 이것만큼 지방채가 작년 추경보다 더 편성되었다는 사실은 어떻게 설명할지. 이 지방채는 결국 부산시민들이 갚아야 할 몫으로 돌아온다는 사실을 그들은 애써 눈감고 있다.

말싸움이 오가는 중에 회의를 중지하고 점심을 먹으러 갔다. 예결특위의 계수조정위원으로 참가한 한 의원은 이 예산이 지역에 꼭 필요하며 기획재경위원회 의원들이 잘 삭감했단다. 날더러 이해해 달란다. 자기가 야당의원이면 이걸 이해할 수 있을까. 어차피 47명 의원 중 45명이 한나라당 의원이고 그중 42명이 지역구 의원인데, 내가 피 터지게 싸운다고 이길 수 있는 싸움은 아니다. 그래도 나는 최선을 다해서 계속 문제제기를 했다. 나는 구·군에 내려갈 50억 원을 삭감해서 소규모사업비 63억 원에 추가하면 언론에서도 분명히 의회를 비판하는 기사가 나갈 텐데 각오해야 할 거라고 했다. 그러나 이들은 그런 언론 반응은 전혀 개의치 않는다는 것이다. 그래, 그런 걸 신경 쓰는 사람들이라면 애초에 예산 편성도 하지 않았겠지. 부산시장도 아주 문제가 많다. 내년 시장선거를 겨냥해서 한나라당 구청장으로 둘러쳐진 자기 주변을 더욱 우호적으로 만들기 위해 구청장, 군수들과 만나서 재정보전금을 주기로 약속해놓았으니

구·군에 배정된 200억 원 중 누가 50억 원을 먼저 가져 갈 건지를 두고 싸우는 틈바구니에 내가 끼인 꼴이 된 셈이다.

한편으로 50억 원을 삭감하면 시장이 구청장과 약속한 것을 못 지킬까봐 야당 의원인 나를 이용하려고 한 건 아닌가 하는 생각도 들었다. 그나마 저녁에 KBS방송과 다음 날 신문을 통해 선거용 예산편성이란 비판에 직면하자 예결위원 중에 후회하는 몇몇이 있었을 뿐이다.

*

내가 더 기가 막힌 것은 심사가 끝난 몇 주 후에 만난 모 의원과 대화를 나누면서 알게 된 사실이다. 최근 이 의원과 뭔가 서먹서먹하고 소원한 것 같아 내가 먼저 전화를 해서 만났다. 아무래도 출산장려금을 삭감한 것 때문에 화가 난 것 같다는 생각이 들었는데 그 생각이 맞았다. 만나서 얘기를 하니 출산장려금 예산 삭감 때문에 많이 서운해하고 있었다. 계수조정하는 당일 그것도 회의시작 직전에 출산장려금을 삭감하지 말라고 나에게 부탁을 했지만, 내가 받아들이지 않고 삭감해버렸다며 화가 나 있었다. 당시 계수조정을 하기 위해 예결특위 사무실에 막 들어서려고 할 때 이 의원이 나에게 무언가 말을 했는데 나는 인사정도로만 알아듣고 예의상 고개를 끄덕인 것이 내가 삭감하지 않겠다는 말로 알아들었던 모양이다.

그리고 이 의원은 다른 얘기를 끄집어냈다. 시가 제출한 출산장려금을 삭감한 이후 후유증이 없느냐고 물었다. 나는 없다고 했다.

그랬더니 있는 걸로 알고 있단다. 의장단 회의에서 보사환경위원회 위원장이 예결특위에 야당 의원 2명을 앞으로 다 넣지 말고 1명만 넣어야 된다고 주장을 했단다. 어이가 없었다. 한나라당 의원들끼리만 구성된 회의에서 야당 의원의 예결특위 위원 자리마저 배제시키려는 발언은 도가 지나치다. 집행부를 견제하고 감시하는 것이 시의회의 본분인데, 이번같이 지나친 선심성 예산에 대해서는 더욱 강력한 감시기능을 수행해야 할 의원들이 오히려 시가 제출한 예산안에 대해 시를 대신해서 사수하려는 태도에 실소가 나온다. 더구나 이런 상황에 대해 아무도 이의제기를 하지 않는 의원들 수준이 너무나 한심하다.

나는 이 의원의 말에 이렇게 대꾸했다. 야당의원인 나나 하선규 의원이 예결특위에서 부산시민들을 대표해서 열심히 심사하는 것 자체가 시의회의 자존심과 위상을 높여주는 것이 아니냐, 한나라당이 독식한 시의회가 제대로 역할을 하지 못하는데 야당의원 두 명이라도 그러한 역할을 함으로써 전체 47명 시의원의 위상을 높이는 것 아니냐, 오히려 한나라당 의원들이 고마워해야 하는 것 아니냐고. 그나마 야당 의원들 때문에 시의회가 칭찬받고 시의회가 뭔가를 하고 있다고 생각하는 시민들이 있다는 것을 명심해야 한다고 말했다. 물론 한나라당 시의원 중에도 열심히 의정활동을 하는 의원들이 있다. 어쩌면 더 시민들을 위한 활동에 매진하고 있을 것이다. 그러나 절대 다수당인 한나라당이 겨우 2명에 불과한 소수야당 의원에 대한 기본적인 배려마저 하지 않겠다는 데 대해서는 한나라당 전체 입장으로 보아야 하고 결국 전체 의원들을 싸잡아 비판할 수밖에 없다.

솔직히 나는 예결특위 위원을 하는 것이 너무 힘들다. 하나의 상임위에 전념하는 것도 버거운데 예결특위 위원을 함께 하다 보니 회의일정과 시간도 너무 길고 회기가 끝난 후에도 예결특위는 계속 예결산과 관련한 자료를 챙겨 보아야 한다. 그냥 대충 회의에 참가하거나 부산시 공무원들이 가져다 주는 대로 자료를 읽어보는 수준이라면 별로 신경 쓸 일도 없고 오히려 자신의 지역구 예산이나 챙기면 되겠지만, 나는 챙겨야 할 지역구도 없고 설사 지역구가 있다 하더라도 그럴 마음도 없다. 솔직히 예결특위 위원을 계속 해야 할지 고민이다.

그리고 이야기 중에, 나는 왜 기획재경위에서 재정보전금 200억 원 중 50억 원을 삭감해서 소규모 사업비 63억 원에 보탰냐고 물었다. 그랬더니 계수조정할 때 재정관한테 50억 원 삭감해도 되느냐고 물었더니 해도 된다고 대답했단다. 참으로 절레절레 머리가 흔들어진다. 1억 원도 아니고 5억 원도 아닌 50억 원을 삭감해도 된다니. 서민들에게 50억 원은 평생 꿈도 꾸지 못할 정도의 큰돈이다. 그런 돈을 삭감해도 될 예산으로 편성을 하다니! 도대체 시장이 왜 그런 예산편성을 했는지 의문스럽다. 이런 사실을 부산시민들이 알면 시장은 당장 소환감이다. 재정관이 너무 쉽게 대답해서 의원들이 밀어붙여 자신들에게 돌아갈 몫을 키운 것이란다.

더 가관인 것은 지역구인 자기들만 예산을 챙기기가 미안해서 비례대표의원들한테도 자치단체자본보조금을 추경 때 특별히 배정해 주려고 했고, 의장단에서는 통과가 되었는데 모 상임위 위원장이 반대해 예산편성에서 빠졌다고 한다. 그 이유는 지역구 의원과 비례대표 의원이 차기 지방선거에서 경쟁관계이기 때문이란다. 철저하게 모든 걸 다음 선거와 관련짓고 있었던 것이다. 이렇게 생각하는 것은 어쩌면 당연하다. 의원이 되는 순간부터 다음 선거 때 공천 받기 위해 지역구를 관리하고 의정활동을 하는 것이 우선이다. 시민들을 생각하기보다는 치적 쌓기가 중요하고, 자기와 경쟁관계에 놓일 수 있는 비례의원들을 견제하는 것이 무엇보다 중요하다.

이런 상황에서 내가 할 수 있는 일이 없다는 것이 나 자신을 비참하게 만든다. 그리고 어차피 200억 원의 재정보전금은 구청장에게 줘 봐야 제대로 예산을 아껴서 쓰는 것이 아니라 다음 선거를 위해서 선심성 예산으로 쓰인다는 논리를 폈다. 자신들의 문제점에 대해서도 무감각하지만 다른 문제점에 대한 태도 역시 무감각한 것에 나는 놀라지 않을 수 없었다. 시의원의 역할이 무엇인가? 잘못된 것이 있다면 지적하고 고쳐나가야 하는 것 아닌가? 설사 고치기 힘들더라도 최선의 노력을 기울이고자 하는 태도라도 있어야 하는 법인데, 이러한 기본마저 없다.

도시계획조례 개정안 발의 〈1〉

2009년 5월 4일 월요일,
재래시장과 중소영세상인들을 생각하다.

도시계획조례 개정안을 이번 회기에 반드시 상정해야겠다는 의지가 오늘도 의회에 나를 출근하게 했다. 오늘은 징검다리 연휴로 딸아이가 학교에 가지 않는데도 이 일 때문에 나는 의회사무실로 나왔다. 도시계획조례 개정안은 재래시장과 중소영세상인들을 대형마트와 SSM으로부터 보호하기 위한 조례다(SSM은 수퍼슈퍼마켓의 영어식 약자다).

지난 5월 1일 전문위원으로부터 조정안에 대한 내용을 전해 들었다. 해양도시위원회 위원장이 자연녹지지역도 규제를 하지 않는 것으로 조정안을 만들었으면 좋겠다고 말했다 한다. 나는 전문위원의 전화를 받고서 생각을 했다. 부산시가 제시한 조정안도 내가 많이 양보한 안인데, 여기마저 대형마트를 규제하지 못한다면 내가 만든 조례안은 그야말로 누더기가 될 판이다. 전문위원에게는 담당 계장과 함께 월요일에 최종 검토하자고 했다.

월요일 아침, 전문위원·담당계장 그리고 나, 이렇게 셋이서 머리를 맞대고 앉았다. 거의 40분 정도 요즘 현안들에 대한 얘기가 오가고 나서야 나는 도시계획조례 개정안에 대해서 얘기를 꺼냈다. 나는 일단 시에서 제출한 조정안대로 가고 해양도시위원장의 의견은 심사할 때 해양도시위원회에서 심사를 하는 게 좋겠다는 의견을 제시했다. 나는 조정안이 아니라 애초 안으로 발의를 할 건지 말 건지를 고민하고 있었는데, 해양도시위원회의 수정내용까지 포함하여 조례안을 만들 수는 없었다. 여기서 더 양보할 수 없다는 것을 분명히 했다. 나는 점심시간 30분을 앞두고 모 의원을 찾았다. 해양도시위원회 소속 의원이라 이왕이면 해양도시위원회 의원의 서명을 받는 것이 좋을 듯 싶었다. 내가 발의하려는 조례 개정안에 대해 설명을 드렸는데, 서명을 하기는 어렵다고 했다. 그러나 해양도시위원회에서 심사를 할 때는 나의 조례안에 대해 적극적으로 협조하겠다고 했다. 서명을 하지 못하는 이유는 간단했다. 자기 지역구 안에 대형마트가 들어올 예정이라는 것이다. 그는 오히려 조례의 유예기간이 있느냐, 몇 개월이냐고 물었다. 나는 조례안에 공포 후 1개월후로 되어 있다고 했다.

조례가 제정되어 시행에 들어가기 위해 유예기간을 두는데 보통 1개월로 되어 있다. 이 의원이 질문한 유예기간에 대한 문제는 전혀 생각하지 못한 부분이었다. 지난 5월 1일 보사환경위원회 전문위원실 직원, 동료의원과 함께 점심을 먹을 때에도 동료의원이 잠깐 물었다. 조례 시행이 언제부터냐고. 건축업자들이 자기한테 물어보더란다. 그러면서 동료의원은 유예기간을 줘야 한다고 충고했다. 그때는 그냥 넘어갔는데, 내가 미처 챙기지 못한 부분이었다. 나는 소상공인들은 조례 시행이 한시가 급한데 또 유예기간이 늘어난다면 큰일 난다는 생각이 들었는데, 바로 제일 먼저 서명을 받으러 간 의원에게서, 그것도 서명을 해줄 수 없다는 의원의 입을 통해 이 문제가 불거져 나오니 난감했다. 조례 개정의 앞날이 순탄하지 않을 거라는 불길한 예감이 들었다. 근 몇 달 동안 조례안을 두고 부산시의 협조를 끌어내기 위해 공무원들과 씨름하며 정말 힘들게 여기까지 왔는데 첫 날부터 이 모양이니. 어쨌든 신경을 써달라는 부탁의 인사를 하고 나와 김수용 의원한테 갔다. 김수용 의원도 해양도시위원회 의원이다. 그는 선선히 서명을 해주었다. 이렇게 나는 오전 중에 두 명의 의원한테 서명을 받고, 오후에 송숙희 의원한테 서명을 받았다. 송의원은 이 조례가 정말 필요하다는 따뜻한 격려의 한마디도 곁들였다. 고마웠다. 사실 이렇게 의원이 의원들 방을 일일이 방문해서 설명하면 어떤 의원이든 서명을 안 하려야 안 할 수가 없다. 아는 얼굴에 대놓고 거부하기 힘들기 때문이다.

*

그래도 서명을 하지 않는 의원은 있다. 마침 서명을 받고 내 방으로 돌아오다가 기획재경위원회 의원이 보여서 방문해도 되냐고 묻고 허락을 받아 그 의원의 방으로 갔다. 이 의원은 서명을 해주지 않았다. 이유는 좀 더 연구해봐야겠다고 했다. 이것저것 나에게 물어

보면서 조례 개정과 관련해서 공청회는 왜 안하냐고 물었다. 나는 사실 7일 날 공청회를 하려고 했는데 내가 소속되어 있는 보사환경위와 조례를 심의할 해양도시위원회 등과 의논하는 과정에서 어차피 해양도시위원회가 조례심사를 하는 것이니까 공청회는 해양도시위원회가 맡는 것이 좋겠다고 해서 해양도시위원회에 넘겼다고 했다. 그랬더니 기획재경위 의원은 또 이것저것 묻는다. 내가 아는 범위 내에서 대답했지만 만족해하지 않는 표정이다. 내가 알기로 이 의원은 이 건과 관련해서 누구보다 많은 이해를 하고 있고, 누구보다 목소리를 높이고, 행정사무감사 때도 이 주제를 가지고 강도 높게 질의를 하며 신문에 보도자료까지 낸 의원이다. 그렇기 때문에 서명을 하지 않는 것이 이율배반적으로 느껴져 진정성에 의구심이 갔다.

의구심이란 다른 게 아니라 얼마 전 이 의원이 행정사무감사 때 주장했던 내용이 실린 신문기사와 관련이 있다. 이미 2007년 경제산업실 행정감사를 할 때 내가 대형마트가 영세상인들이나 재래시장에 미치는 영향과 상관관계에 대해 부산시가 제출한 자료를 가지고 조목조목 짚었고, 재래시장을 살리기 위해 타도시를 벤치마킹해서 대형마트를 규제할 수 있는 조례를 제정하라고 강력히 주문한 적이 있는데, 그 분석과 주문을 그대로 반복한 내용이 기사로 나와 있었다. 그때 경제진흥실장은 규제가 필요하다는 나의 말에 현재 젊은 사람들의 트렌드가 대형마트를 선호하고 어쩌고 하면서 규제에 대해서는 부정적이었다. 하지만 감사장이라는 자리가 자리인 만큼 타도시를 벤치마킹해보겠다고 했다. 그런데 부산시는 1년이 넘도록 전혀 미동도 하지 않고 있다가 2008년 가을 들어 미국발 금융위기가 터지자 그제서야 약간의 움직임을 보였다. 그리고 2008년 내가 상임위를 보사환경위로 옮긴 뒤 이 의원이 경제산업실의 행정사무감사에서 다시 이 주제를 가지고 감사를 했다는 내용을 나는 신문을 통해 알았고, 신문에서는 마치 의회에서 처음 제기한 것처럼 기사를 쓰고 있었다.

그런 저런 기억을 떠올리며 이 의원에게, 이 조례개정안은 그래도 부산시가 나의 안을 조정해서 만든 안이므로 서명을 해주면 좋겠다고 했다. 그리고 오늘 서명이 안 되면 생각해보고 5월 7일 본회의에 조례발의에 대해 보고를 해야 하니 6일까지만이라도 해달라고 했다. 그는 굳이 7일 날 본회의에 보고할 필요가 뭐 있냐고 되물었다. 이 의원의 말이 조금 지나치다는 생각이 들었다. 내가 다 계획을 가지고 하는 일인데, 이미 정해진 동료의원의 일정까지 참견하는 말에 서명을 받는 것을 포기했다. 그리고 전일수 의원한테 전화를 해서 서명을 요청했다. 전일수 의원 방을 방문하니 흔쾌히 서명을 해주었다.

내 옆방의 전윤애 의원한테도 서명을 받았다. 3시경에 교통국에서 나를 방문했다. 택시문제와 관련해서 서면 질문할 목록을 가지고 얘기를 나누었다. 얘기를 다 마무리한 후 방문자들이 돌아가자마자 다시 서명을 받기 위해 의원을 찾아 나섰다. 두 번이나 방문해서야 김종대 의원을 만날 수 있었다. 조례안에 대해서 설명하고 서명을 받았다. 내가 방문한 김에 김종대 의원도 할 말이 많았는지, 이런저런 얘기를 하였다. 얘기를 다 듣고서야 그 방을 나올 수 있었다.

오늘은 징검다리 연휴가 끼어 있어서 평소와 달리 의원들이 많지는 않았다. 혹시나 하는 마음에 김영수 의원에게 전화를 했다. 의외로 해양도시위원회 사무실에 있었다. 나에게 직원을 보낸다고 했지만 나는 직접 만나서 설명을 하고 서명을 받겠다고 했다. 그 사무실에는 해양도시위원회 위원장도 있었다. 먼저 김영수 의원한테 서명을 받았다. 이런저런 설명을 한참 하고 나서 이성두 위원장에게도 서명은 받았다. 이성두 위원장은 서명을 하면서도 내 조례안 중에 자연녹지에 대한 규제는 안 된다는 의견을 분명히 했다. 수정을 예고하는 의미였다. 나는 듣고만 왔다.

그리고 내 방으로 돌아오려다가 해양도시위원회 사무실 건넌방인 건설교통위 사무실에 잠시 들렀다. 마침 최영남 의원이 있었다. 최영남 의원은 서명부터 먼저 해주시고 나의 설명을 들으셨다. 이런 조례 개정은 분명히 필요하다는 의견을 주셨다. 나는 고맙다는 인사를 하고 내 방으로 돌아가던 중 시의회 기자실도 들렀다. 연합뉴스 김상현 기자와 CBS 정민기 기자가 있었다. 내친 김에 대형마트 규제의 내용을 담고 있는 도시계획조례 개정안을 발의한다는 얘기를 전했다. 관심을 보였다.

다시 의원회관의 3층 내 방으로 오다가 4층에 있는 안성민 의원과 백선기 의원을 찾았다. 두 분이 백선기 의원 방에 함께 있어서 한꺼번에 설명했다. 안성민 의원이 먼저 서명해주면서 지역구에 일이 있어서 가야 된다고 자리에서 일어섰다. 그리고 백선기 의원하고 세상 돌아가는 얘기를 했다. 6시가 되어서야 서명을 받고 내 방으로 돌아왔다. 온종일 바쁘게 움직인 성과가 있었다. 나를 포함해서 11

명이 의원서명을 한 것이다.

*

　한편 오후 4시경에 소상공인인 이정식 씨한테서 전화가 왔다. 여기 저기 SSM이 들어오고 있는데 조례발의가 어떻게 진행되고 있는지 묻는다. 시간은 자꾸 가는데 왜 조례를 발의하지 않느냐고 성화다. 상인들의 애타는 심정은 충분히 이해하지만 나도 나름대로 노력을 하고 있고 부산시가 이 조례 개정안을 검토할 시간을 줘야만 탈 없이 개정될 수 있기 때문에 거기에 들어가는 시간을 건너 뛸 수도 없었다. 게다가 이 조례는 내 소관 상임위원회에서 심사하는 것이 아니라 해양도시위원회가 심사를 하기 때문에 심사 당일 부결되거나 보류되지 않게 하기 위해서는 그들에게 검토에 필요한 시간을 줄 수밖에 없는데 이정식 대표가 보기에는 불만이었던 모양이다.
　나는 현재 상황에 대해, 그리고 이와 관련한 의회상황에 대해 몇 가지 설명을 해주었다. 의원서명에 대해서도 호락호락하지 않다는 점과 의원들이 상인들 앞에서 하는 말과 뒤에서 하는 행동이 다를 수도 있다는 말을 해주었다. 이정식 씨가 얼마 전에 상인 간담회도 하고 중소영세상인들의 처지를 호소하는 자리에 기획재경위원회 의원도 함께 했다는 말을 했다. 나는 그에게 의원의 말들은 액면 그대로 믿어선 안 된다, 특히 정치인들 말을 어떻게 다 믿느냐, 그러니까 여러분이 당하는 거다, 오히려 상인들이 그런 기회를 놓치지 말고 다수당인 한나라당 의원한테 이 사안에 대해 강력히 요구를 해서 의회에서 통과될 수 있도록 약속을 받아내야 한다고 말했다.

　MBC 이두원 기자로부터 두 번이나 전화가 왔다. 오전에 통화할 때 나는 오늘(5일)과 6일 이틀 동안 서명을 받아서 조례안을 발의한다고 말했는데, 저녁 6시가 다 되어 또 전화가 왔다. 5월 6일 방송이 나갔으면 좋겠다고 했다. 나는 6일 조례안 발의 후 다음 날인 7일이 좋겠다고 했다. 7일은 부산상의 관련해서 큰 뉴스가 있어서 안 된다고 했다. 나는 할 수 없이 6일 인터뷰를 하자고 했다. 보도자료는 준비가 되어 있으니 당일에 주겠다고 했다. 나는 오후 4시로 MBC와 인터뷰 시간을 잡았다. 오전에는 한진중공업에서 열리는 박창수 열사 추모제에 참석했다가 의회에 들어오는 시간을 계산해 보니 오후 2시가 넘어야 도착이 가능했기 때문이다.

*

2009년 5월 6일, 정말 바쁜 날,
조례개정 방송인터뷰와 여성인력개발센터 건물계약 건

　오전에 출근하자마자 여성정책과장에게 전화를 했다. 과장이 자리에 없어서 전화를 받은 공무원에게 용건과 메모를 남겼다. 20분이 지나도 과장이 오지 않아 다시 전화를 하니 과장이 전화를 받았다. 금방 오겠다고 했다. 보사환경위원회 회의가 9시 30분에 시작되는데 이 일 때문에 나는 갈 수가 없게 되었다. 나는 전문위원실에 전화해서 늦겠다는 말을 전했다. 9시 30분이 되니까 여성정책과장이 왔다.

나는 동래여성인력개발센터 건물에 대한 전세 명의 문제를 꺼냈다. 지금까지 센터 건물에 대한 전세금 명의는 센터에서 관리하고 있었는데 갑자기 시청에서 시장 명의로 바꾸겠다는 연락이 왔다고 해서 그것을 알아보기 위해서였다. 나는 시청이 센터 측에 사전에 얘기도 하지 않고 일방적으로 건물 주인한테 전화해서 시장 명의로 전세계약을 한다는 것은 사리에 어긋나지 않느냐고 했다. 센터 쪽에서 문제제기를 하는 만큼 충분히 논의를 해서 진행하면 어떻겠냐고 의견을 비쳤다. 그리고 꼭 오늘 전세계약을 해야만 하는 것은 아니지 않느냐고도 했다. 이런저런 얘기가 오가고 10시가 넘어섰다. 10시 5분이 되어서야 과장이 돌아가고 서둘러 임시회가 열리는 본회의장으로 뛰어갔다. 의장이 인사말을 하고 있었다. 회의는 일사천리로 진행되었다. 의사담당관의 보고가 있었는데 내가 대표 발의한 도시계획조례 개정안이 접수되었다는 보고가 있었다. 드디어 의원들이 공식적으로 알게 된 것이다.

오늘 임시회 본회의는 금방 끝이 났다. 나는 보사환경위원회 사무실에 들렀다가 KBS부산총국의 이영풍 기자에게 전화했다. 인터뷰를 하기로 했기 때문이다. 나중에 내 방으로 오겠다는 전달을 받고 방에서 기다렸다. 조금 기다리다가 11시에는 중학생 의회교실에 참여해야 하기 때문에 언제 올 것인지 묻는 문자를 이영풍 기자에게 보냈다. 답장이 왔는데 '다녀오시지요. 리포트 취소됐습니다. 상세설명은 나중에...' 라는 내용이었다. 이상한 느낌이 들었지만 일단 중학생 의회교실에 가야만 되어서 거기로 갔다.

12시가 다 되어 식당으로 가다가 의회 복도에서 이영풍 기자와 마주쳤다. KBS방송에서는 어제 저녁 MBC방송에서 도시계획조례 개정에 대한 소식이 먼저 보도된 것 때문에 불만이 많다고 하였다. 사전에 이런 상황을 서로 공유하게 해야 하는데 내가 바쁘게 일을 처리하느라 제대로 챙기지 못한 것이다. 더구나 담당기자의 경우 상대 방송사에 보도내용이 뒤처지면 문책을 당할 수밖에 없을 것이다. 이런저런 이유로 KBS방송과의 인터뷰는 연기되고 말았다.

　의회에 도착한 오후 1시경 건축과 담당 주무에게 조례 개정안에 대해 쓴 보도자료 초안을 점검해달라고 했다. 사안이 사안인 만큼 또 다른 사람의 감수가 필요하다는 생각이 들었다. 그래서 그동안 나를 도와준 건축과 담당 주무의 검토를 받았다.

　보도자료에 아무런 하자가 없다는 검토를 받은 후, 인터뷰 시간까지는 약간의 여유가 있었기 때문에 몇 분의 의원에게 서명을 더 받았다. 서명을 받고 있는 중에도 이두원 기자로부터 계속 전화가 왔다. 의원회관 3층 데스크로부터 MBC방송에서 방문했다는 전화를 받고 급히 내 방으로 왔다. 그래도 그 와중에 일단 MBC와 인터뷰를 하기 전에 일단 조례안을 접수부터 해야 할 것 같아 보사환경위원회 전문위원실에 조례안과 서명지의 접수를 부탁했다. 그리고 인터뷰를 시작했다. 하지만 5월 1일부터 본격적으로 서명을 받고 시당국과 조율하는 과정 등에서 너무 지쳐서 그런지 모르지만 인터뷰가 영 마음에 들지 않았다. 보도자료 내용도 뭔가 빠진 것처럼 허전했다. 인터뷰 도중 기자가 조례개정안에 대해 긍정적인 멘트를 채근했지만 그렇게 잘 되지 않았다. 왠지 마음이 계속 무거웠다. 마음속 깊은 곳에서 조례개정안이 내 마음에 안 차서 그렇다는 신호를 계속 보내고 있는 것 같았다. 그런데도 긍정적으로 인터뷰를 하려고 하니 잘 될 리가 없었다. 그래도 최선을 다하자고 마음을 다잡고 인터뷰에 응했다.

오후 3시쯤에 해운대여성인력개발센터 윤신옥 관장이 왔다. 부산시 노사정책과에 회의가 있어서 마치고 오는 길이란다. 그녀는 동래여성인력개발센터장에게서 전화가 왔냐고 물었다. 나는 오전 11시쯤에 전화를 받았고 오늘 부산시와 계약하기로 한 건물 전세계약은 미루라고 말해주었다고 했다. 정문옥 YWCA 어린이집 원장 모친상이 있어서 장례식장에서 우연히 윤 관장을 만났었다. 윤 관장은 나를 만난 김에 동래여성인력개발센터 건물은 건물소유주와 부산시청이 직접 계약관계를 맺는 것을 결정했다면서, 지금까지는 건물소유주와 동래여성인력개발센터가 계약관계에 있었다는 점과 이러한 문제에 대해 사전에 충분한 논의가 필요하다는 점을 강조하면서 나에게 부산시와 건물소유주의 계약일을 늦추어달라는 요청을 하였던 것이다. 그리고 동래여성인력개발센터장에게 직접 김영희 의원한테 전화를 해서 부탁하라는 언질을 준 것인데 오늘 그것을 확인한 것이었다. 그리고 윤 관장은 동래여성인력개발센터 건물 주인이 오늘 부산시에서 전화가 와서 계약을 미룬다는 것을 동래 관장한테 얘기했다고 전달해주었다. 다행이었다. 아침에 보사환경위 간담회도 빼먹으면서 여성정책과장을 만난 덕에 동래여성인력개발센터 문제는 일단 해결된 것이다. 이정식 대표가 3시 35분쯤에 도착하자 윤 관장은 자리에서 일어났다.

이정식 소상공인 대표는 부인과 함께 왔다. 얘기를 막 시작하니 KBS부산총국 이이슬 기자로부터 전화가 왔다. 사실 이영풍 기자가 이이슬 기자와 함께 도시계획조례 기사를 만들기로 했다는 얘기를 들었는데, MBC에 먼저 보도되는 바람에 이영풍 기자가 빠지고 이이슬 기자가 대신 전화를 한 것 같았다. 나는 10여 분간 통화를 했다.

　　옆에서 이정식 씨 부부가 내 얘기를 고스란히 듣고 있었기 때문에 나는 조례개정안에 대해 이정식 씨 부부에게 따로 설명을 안 해도 될 것이라는 생각이 들었다. 그리고 얘기를 다시 진행하는데 조례 담당 계장이 왔다. 손님이 있는 것을 보고 나가려고 해서 들어와도 된다고 했다. 계장은 나에게 조례발의를 축하한다고 했다. 나는 웃었다. 그리고 이정식 대표에게 계장을 소개하고 그동안 조례발의를 도와주셨다고 했다. 그리고 5시까지 함께 얘기를 나누느라, 내일 아침 KBS1라디오와 인터뷰하는 문제 때문에 시의회 정책연구실 김지현 박사를 만나기로 했는데, 30분이 늦어졌다. 오후 5시가 지나 이정식 씨 부부는 돌아가고 담당계장하고는 조금 더 얘기를 했다. 조례와 관련해서 얘기가 조금 더 필요한 부분이 있었기 때문이다. 5시 30분을 넘기고 계장은 돌아갔다. 나는 바쁘게 김지현 박사를 만나기 위해 정책연구실로 갔다. 조례개정안을 준비하면서 1, 2, 3종 일반주거지역에 대해 다른 6개 도시와 비교한 자료준비를 부탁했고 그간 여러 자료를 보면서 이해가 안 되는 부분에 대해 설명을 듣기 위해서 김 박사를 찾은 것이다. 충분한 설명을 듣고 둘이서 저녁을 함께했다. 저녁식사 후 7시 30분부터 내일 아침에 인터뷰할 질의

서에 대해 답변을 준비했다. 자료를 벌여놓고 생각하면서 쓰기 시
작하자 1시간 정도가 지나니 마무리되었다.

*

2009년 5월 13일, 미묘한 관계

오전 11시 20분에 이정식 대표로부터 전화가 왔다. 먼저 조례 발
의에 대한 감사의 말을 했다. 그리고 내일 그동안 소상공인살리기
협회 분들과 저녁식사를 했으면 좋겠다고 한다. 나는 그러자고 했
다. 그러고는 기획재경위원회 의원도 부르겠다고 했다. 그동안 이
의원이 많이 도와줬다는 얘기도 했다. 나는 알겠다고 말하고 내일
보자고 했다.

오후 2시에 도시계획조례 개정안을 발의하는 데 도움을 준 건축
과의 담당 주무에게 만나자고 했다. 나는 그동안 너무 고마워서 인
사를 제대로 못한 것이 못내 미안해서 따로 식사라도 함께 하고 싶
었지만 6월 정례회의 때 해양도시위원회에서 심사가 마무리된 후
에 하는 것이 모양새가 더 좋을 것 같아 우선 인사만이라도 할 요량
이었다. 전화를 하자마자 담당 주무가 왔다. 나는 그동안 도와주어
서 고맙다고 했다. 덕분에 무사히 조례 발의를 했고 언론에서도 많
은 관심을 가지고 여러 차례 보도를 했으며, 라디오 생방송 인터뷰
까지 했다고 얘기했다. 또한 조례를 발의하기 위해 의원들로부터
서명 받을 때 있었던 일에 대해서도 털어놓았다. 의원이 공무원에

게 시시콜콜하게 이런 얘기를 해도 되나 하는 생각도 들었지만 그 동안 함께 해준 데 대한 고마움에 솔직하게 말 못할 게 뭐 있냐는 생각도 들어 그간의 일에 대해 털어놓았다.

5월 4일 기획재경위 한 의원한테 서명을 거부당한 얘기를 하니까 담당 주무가 한마디 했다. 내가 전혀 예상하지 못한 얘기를 전해준다. 얼마 전에 기획재경위 이 의원이 불러서 만났는데, 내가 발의한 조례안 중 일반주거지역에 판매시설을 1천 제곱미터 미만으로 제한하는 것에 반대한다는 의견을 자신에게 얘기했다는 것이다. 나와 만났을 때는 서명을 해주지 못하는 이유가 조례개정안의 내용을 잘 몰라서 공부를 해야 하겠다고 해놓고 건축과 주무를 맡고 있는 공무원한테는 내 조례안에 반대한다고 얘기를 한 것이다. 더구나 지난 4월 임시회에서 기획재경위가 소상공인들을 모아놓고 재래시장 살리기와 대형마트, SSM 규제를 하기 위한 상임위까지 진행했던 당사자가 담당 공무원을 불러놓고 반대한다고 자기 의견을 피력한 것은 실제 조례개정안을 반대한 것이나 마찬가지다. 그때 소상공인들과 함께하면서 자신이 했던 얘기들은 그렇다면 모두가 가식적으로 한 셈이 된다.

다른 의원들의 경우 내가 서명을 부탁하면 이것저것 물어보면서도 다소 탐탁하지 않을지라도 서명은 해주었다. 이제 기획재경위이 의원이 서명을 해주지 않은 이유가 확연하게 드러났다. 이 의원은 이미 부산시의 경제산업실 의견청취를 통해 부산시도 조례개정에 나선다는 것을 잘 알고 있었고 나 또한 조례개정을 준비하고 있다는 것을 오래전부터 알고 있었다. 결국 내가 발의한 조례에 분명한 반대 의견이니까 서명을 안 해준 것이다. 내가 순진하게 이런 의원의 말을 믿고 차일피일 조례 발의 날짜를 미뤘다면 나만 바보가 될 뻔하지 않았나 하는 생각이 들었다.

물론 기획재경위 의원도 자신이 딛고 서 있는 지역구의 지지기반이 무언가에 따라 말 못할 사정이 있을 것이다. 그러나 아무리 정치적 행동이라고 하더라도 당사자에게는 가부를 분명하게 해주어야 한다. 그래야 시간 낭비를 하지 않고 다른 대안을 찾을 수 있지 않겠는가. 이러한 내용을 영세자영업자인 소상공인들이 똑똑히 알고 행동해야 될 텐데 정말 걱정이다. 내가 담당 주무를 만나지 않았다면 이런 사정들을 알지 못했을 것이다.

다음 날 낮 12시가 약간 넘어 이정식 대표한테서 전화가 왔다. 오늘 만나기로 한 장소를 얘기해주면서 기획재경위 의원이 다른 약속 때문에 못 온다고 했다 한다. 그리고 이 의원이 부담스러워하는 것 같다고 한다. 그도 그럴 것 같다. 소상공인들은 내가 발의한 조례개정안도 만족스럽지 않아서 자기들의 감정을 드러내며 나에게 항의 아닌 항의를 했는데, 규제 자체를 원하지 않는 의원의 입장에서는 감사하다는 인사를 하는 자리가 어찌 부담스럽지 않겠는가. 자리를 함께하면 그 의원이 누구 편인지도 모른 채 고맙다는 인사를 받을 거고, 더 많은 책임이 따를 텐데, 저녁을 함께하기가 힘들었을 것이다.

예결위원장의 사회권 박탈

2009년 6월 13일,
부끄러운 예결위 사태

나는 이번 호 의회소식지에 실린 예결위원장의 글을 보고 놀라움을 금치 못했다. 의원논단 코너에 실린 "예산심의 과정을 되돌아보며"라는 글인데 너무나 얼토당토않은 내용이었다. 장황하지만 그 내용을 잠깐 언급해보겠다.

"……아무런 근거 없이 예산은 무조건 삭감한다는 생각으로 조금이라도 삭감하려 떼를 쓰는 경우도 있다. 더욱 심각한 것은 자기가 속한 상임위가 많은 토론과 논의를 거쳐 만든 상임위 합의안을 예결위 계수조정소위에서 자기가 번복시키려 드는 경우도 있다. ……상임위에서 합의한 사항을 예결특위에서 번복시키려는 것은 자기 상임위를 부정하거나 배신하는 행위이다. …… 또 한 가지 꼭 고쳐져야 할 사항으로 특정한 사람이 개인적인 이해관계로 근거 없는 반대를 한다고 해서 합의안 또는 절충안을 만든다는 핑계로 조금 삭감하는 선에서 조정하는 경우이다. 이는 합리적인 토론과 조사 및 대안 모색 등을 위해 많은 공을 들이는 관련 참여 의원들을 모독하는 행위이자 해당 상임위를 부정하는 것이다. …… 노력도 없이 막연하게 절충 또는 조금만 생색내기 삭감 등의 행위는 남의 노력을 깎아 내리고 그 대신 자기의 공을 끼워 넣는 행위에 지나지 않는다.……"

이 글은 예결특위에 참여한 계수조정위원들을 완전히 무시하는 것이었다. 특히 자신의 주장만 옳다는 식으로 논리를 전개하면서 계수조정위원들에 대한 부정적인 이미지를 덧씌우는 내용으로, 완전히 적반하장 격이었다.

이 글을 보고서 나는 나와 몇몇 의원을 겨냥한 글이라고 느꼈다. 안 되겠다 싶어 홍보실에 전화를 해서 담당자를 호출했다. 담당자에게 어떻게 해서 이런 글이 실렸냐고 물었다. 그리고 의원논단으로 이미 김선길 의원의 논단이 실려 있는데 어째서 의원논단에 글이 두 개나 실렸는지 물었다. 담당자는 예결위원장이 꼭 실어달라고 부탁해서 어쩔 수 없이 실었다고 대답했다. 나는 내용을 보지 않았냐고 물었다. 글의 내용에 대해 문제의식을 느끼지 못했는지, 이 글에 해당하는 의원한테 얘기를 하거나 의장한테 보고해야 되는 건 아닌지, 아니면 이 글이 사실이라고 판단한 것이냐고 재차 물었다. 이 글은 특정 의원들을 겨냥해서 쓴 글인데 홍보실에서 거르지도 않고 무작정 실어도 되는 것인지, 내가 특정 의원들을 폄하하는 글을 써서 홍보실에 주면 다 실어 줄 거냐고 다시 물었다. 담당자는 대답을 못했다. 나는 더 이상 이 담당자와 얘기해 봐야 안 되겠다 싶어 담당자를 앞에 두고 의장실에 전화를 한 뒤 의장실로 갔다. 소식지를 의장한테 보여줬다. 의장은 예결위원장이 글을 싣는다는 것은 알았지만 내용은 몰랐다고 한다. 발행인이 의장 명의로 나갔는데 몰랐다고 하면 다인가? 도대체 이 글의 최종 책임은 누가 져야 하는가 싶었다. 그 사이 의장이 글을 읽어보고서는 의회 소식지는 별로 보는 사람이 없다고 말하면서 무마하려 하였다. 정말 한심하다. 그렇다면 의회소식지를 없애도 된단 말인가? 별로 보지도 않는 의회소식지를 왜 5,000부씩이나 제작해서 배포하는지? 말이 되는 얘길 해야지. 내가 의장실에서 분노를 삭이고 있는 사이 뜻밖에 이동윤 의원과 전일수 의원이 의장실로 들어왔다. 이동윤 의원의 손에 의회소식지가 들려 있었다. 굉장히 흥분한 상태였다. 이동윤 의원의 입에서 거침없는 말들이 튀어 나왔다. 윤리특위에 예결위원장을 회부해야 한다고 목소리를 높였다.

예결특위 위원은 당연히 시가 제출한 예산을 심의해야 할 임무가 있는데 시나 교육청이 제출한 예산안을 원안대로 통과시켜줄 거 같으면 예결특위가 왜 필요하냐고 그는 큰소리를 냈다. 그리고 예결위원장이 자기 상임위의 의견을 존중해야 한다고 적어 놓았는데, 그렇다면 지난번 행교위에서 삭감한 부의장 예산을 그 상임위의 의원이 예결위에서 도로 살려준 것에 대해서는 왜 지적하지 않느냐고 반문했다. 도대체 예결위원장은 무슨 근거로 사실도 아닌 내용을 시민들에게 배포되는 의회소식지에 버젓이 썼을까?

전일수 의원도 흥분했다. 시의원은 시청공무원이 아닌데, 그걸 잘 알고 있는 의원이 출산장려금은 시장 예산이니까 살려줘야 한다고 매달렸단다. 전일수 의원은 왜 이런 부끄러운 일들이 일어나야 하느냐고 의장한테 반문한다. 그리고 지난 3월 교육청 추경 간담회 때 모 의원이 흥분하여 자신의 지역구가 아닌 지역에 있는 장영실 과학고등학교 예산을 삭감해야 한다고 주장한 적이 있었는데, 그때 전일수 의원은 그렇다면 법적으로 하자가 있으면 예산을 반납시키는 것으로 하고 우선 통과시키자고 한 적이 있었다. 그런데 간담회 석상에서 전일수 의원이 한 발언이 해당 지역구 모 국회의원한테 바로 전달되어 그 국회의원이 전화를 해 "전일수 너 그럴 수 있어" 했다는 얘기를 들었다고 한다. 전일수 의원은 현재 시의회의 이러한 모습을 의장한테 얘기하면서, 자기 지역구나 챙기고 국회의원에게 고자질이나 하는 의원들의 잘못된 모습을 질타했다. 의장은 아무 말도 못했다. 의장은 오히려 이동윤 의원이나 전일수 의원한테 나를 달래서 진정하게 하라고 주문한다. 제종모 의장은 이 사태가 얼마나 엄중한지 모르는 것 같았다.

의장은 예결위원회를 부정하는 예결위원장의 글을 어떻게 처리하고 예결위원들에게 어떤 대안을 내놓을 것인지를 고민해야 하는데, 다음 주 월요일 예결위원장을 불러서 이 글에 대해서 물어보겠다고만 한다. 이미 글이 인쇄되어 배포까지 되고 있는 마당에 배포를 중지시킬 생각은 않고 월요일까지 미루다니. 정말 이번 일을 해결할 마음이 있는지 의심이 들 정도다. 글을 보면 누구를 지목했는지 알 만한 사람은 다 아는 내용이다. 나아가 예결특위의 계수조정위원들까지 몰상식한 사람으로 치부해버린 글이다. 앞으로 예결특위를 어떻게 운영해나갈지 완전히 방향감각을 상실한 이 글에 대해서 의장의 생각이 어떤 것인지 정말 궁금할 정도다. 특히 시의회 의원이란 본분이 시정에 대한 견제와 감시인데, 이러한 기능을 무시한 이 글이 앞으로 어떤 사태를 몰고 올지에 대해 신속하게 대응해야 함에도, 의장이라는 사람이 별다른 문제가 없는 양 "글에 사람 이름이 없어서 누군지 모르겠네" 하는 식의 말이나 한다. 이 글이 앞으로 의회 운영에 어떤 파장을 몰고 올 것인지 감도 못 잡는 것 같다. 오후 6시가 다 되어가고 의장실에 손님들이 대기하고 있어 우리 세 의원은 의장실을 나왔다.

나는 돌아와 잠시 자리에 앉았다가 보사환경위의 수석전문위원을 불렀다. 의회소식지를 보여주었다. 수석전문위원은 내용 중 배신자 등등의 말에 대해서 너무 과했다고 한다. 말을 주고받는 중에 전일수 의원이 내 방으로 들어왔다. 전일수 의원은 여전히 흥분 상태다. 전일수 의원이 또 새로운 이야기를 들려주었다. 여성정책가족관이 전일수 의원 부인한테 전화를 해서 당신 남편이 출산장려금을 삭감하려고 하니 말려달라고 했다는 것이다. 전방위적으로 로비를 해온 것이 드러나는 순간이다. 시장, 부시장이 직접 나서는 것도 모자라 의원 부인한테까지 전화를 했다니.

사실 부산의 출산율은 전국에서 꼴찌다. 누구든지 나서서 출산을 장려하는 것이 맞다. 그러나 부산시가 대안으로 내어놓는 출산장려금 형식의 정책은 문제가 있다. 나는 왜 부산의 여성들이 아이를 낳지 않는지를 부산시가 근본적으로 고민해야 한다는 것이고 정확한 해법을 만들지 않는 한 출산율이 높아질 수 없다는 것을 강조했다. 아이 하나 더 낳으면 돈 30만 원을 준다는 식의 정책으로는 출산율이 높아질 수 없다는 것이 나의 생각이다. 아이들의 양육비와 사교육비에 허리가 휘는 현실을 타개하지 않는 한 출산율은 높아질 수 없다.

더구나 지금 부산시가 내어놓는 출산장려금은 내년 지방선거를 겨냥한 시장의 선심성 예산이라는 것이 너무도 뻔하니 더욱 기가 막힌 일이다. 시민들의 세금을 자신의 정치적 행보를 위해서 사용하려는 것인데 어떻게 보고만 있을 수 있단 말인가? 예결특위에서 분란과 우여곡절 끝에 출산장려금은 일부 삭감되었다. 이에 대해 예결위원장은 불만이 가득했고 이를 성토하는 글을 의회소식지로 표출하면서 그동안 예결위에서 자신의 의도대로 진행되지 않은 일들까지 싸잡아 언급하면서 이번 일이 터진 것이다.

전일수 의원은 신상해 의원과 김영수 의원한테 전화해서 의회소식지에 실린 글을 읽어주면서 월요일 만나서 대응방안을 의논하자고 한다. 그리고 김영수 의원으로부터 전화가 왔다. 그의 얘기는 예결위원장의 사퇴를 요구하고 사퇴를 거부할 때는 결산거부로 가자는 것이었다. 나는 마음이 혼란스럽고 가슴이 답답하여 일이 손에 잡히지 않았다. 나는 김성우 의원한테 전화를 했다. 김성우 의원은 소식지를 못 봤다고 한다. 소식지의 내용을 읽어주니 지금 약속이 있어서 다음에 이야기를 하잔다. 나는 할 수 없이 전화를 끊었다. 다음으로 하선규 의원한테 전화를 했다. 하 의원은 우선 소식지 배포를 중지시켜야 된다고 한다. 나는 홍보실 과장한테 전화를 했다. 홍보실 과장은 배포를 중단한다고 말은 했지만 이미 오후 6시가 넘어가고 있고, 홍보실 과장이 무슨 권한으로 배포를 중단시킬 수 있는지는 모를 일이다. 다음 주 화요일 시의회 정례회를 앞두고 있어 파란이 일 것은 분명해 보인다.

*

6월 15일, 예결위원장 사퇴를 요구하다.

오전 9시 전에 의회에 도착했다. 9시 10분에 화장실로 가려고 복도에 나오니 2층 복도에 최형욱 의원과 김성우 의원이 얘기를 나누는 모습이 보였다. 30분이 지나 김성우 의원 방에 전화를 했으나 받지 않았다. 아직 얘기가 끝나지 않은 모양이다 싶었다. 11시경에 김성우 의원 방에 전화를 하고 방문했다. 예결위원장 사태를 어떻게 했으면 좋겠느냐고 물었다. 예상은 했지만 아무 말도 하지 않았다. 오히려 나보고 어떻게 했으면 좋겠느냐고 되물었다. 나는 내가 김의원한테 먼저 묻지 않았냐고 반문했다. 나는 내가 뭘 요구하는지 말할 수가 없었다. 내가 뭘 얘기하면 곧바로 나의 이야기가 퍼져버릴 것이기 때문이다. 김성우 의원은 예결위원장이 의원논단에 그런 얘기를 쓸 수도 있다고 했다. 나는 이 의원이 뭘 모르고 있다는 생각이 들었다. 나는 어째서 그것이 의원논단이냐 감상문이지, 그리고 의원논단은 이미 한 달 전에 김선길 의원한테 요청하여 이번 호에 실렸는데 갑자기 의원논단이 두 개나 실릴 수 있느냐고, 이러한 사정을 제대로 파악하고 있으면서 하는 얘기냐고 반문했다. 김성우 의원은 별로 대꾸를 하지 못했다.

오전 10시 의장단 회의가 있었다. 나는 의회 소식지와 관련한 논의가 있지 않았을까 싶어 보사환경위로 갔다. 보사환경위 위원장은 나를 보고 악수만 건네고 바로 사라졌다. 또 간사는 손님이 왔다고 옆방으로 가버렸다. 수석전문위원까지 호출을 받아 나가려고 해서 나는 잠시 얘기를 하자고 했다. 의장단 회의가 어떻게 됐냐고 물었다. 수석전문위원은 별다른 내용이 없었다고 한다.

오후 1시가 넘어 참여연대 최 팀장으로부터 전화가 왔다. 예결위 사태와 관련한 신문기사를 보고 자세한 내용을 물었다. 나는 간단히 얘기를 했다. 최 팀장은 자신들의 입장을 발표하는 것이 나은지 인터뷰에서 그치는 것이 좋겠는지 물었다. 나는 지금 의회에서 의논 중이니 입장표명은 시기상조라고 답했다. 의회가 해결할 수 있도록 조금 지켜봐달라고 했다.

오후 2시 30분이 넘어 의장실로 갔다. 나는 제종모 의장에게 예결위원장 사퇴를 요구했다. 예결위원장이 사퇴를 하지 않을 시 예결특위의 결산에 참여하지 않을 거고, 윤리특위에 회부하겠다고 했다. 의장은 윤리특위 얘기는 하지 말라고 했다. 나는 어쨌든 최후통첩을 하고 내려왔다. 그리고 하선규 의원을 만났다. 하 의원은 부산일보 이병철 기자에게 전화해서 빨리 오라고 했다. 이병철 기자가 왔다. 하 의원은 의회 소식지에 실린 예결위원장 건에 대해 국제신문은 기사를 실었는데, 부산일보도 실어야 되는 것 아니냐고 했다. 이병철 기자는 나에게 의장실에 갔다 왔으면 바로 기자실로 가서 그러한 과정을 기자들에게 브리핑하라고 했다.

그때 허태준 의원으로부터 전화가 왔다. 나는 내 방으로 오시라고 했다. 하선규 의원은 나에게 허 의원을 만나러 가기 전에 기자실에 가서 예결위원장의 사퇴를 의장한테 요구한 내용을 전하고 가라고 했다. 나는 기자실에 가서 예결위원장 사태에 대해 내가 의장한테 위원장 사퇴를 요구한 것을 브리핑했다. 기자들은 뜻을 같이하는 의원들이 누구냐고 물었다. 나는 동조하는 의원은 많지만 내 입으로 이름을 거명하는 것은 맞지 않으니 직접 예결특위 위원들에게 확인하는 것이 좋겠다고 하고 내 방으로 왔다. 기다릴 줄 알았던 허태준 의원은 돌아가고 없었다. 뭐가 그리 급했을까? 분명 예결위원장 건을 얘기하려고 했을 텐데 괜히 만났다가 구설수에 오를까 싶어 우려해서 돌아간 것일까?

오후 6시가 되자 최형욱 의원이 내 방으로 왔다. 예결위원장이 공개 사과하는 것으로 예결위 사태를 정리하자고 제의했다. 얘기 중인데 김성우 의원이 왔다. 나는 공개사과 수준에서 끝날 일이 아니라고 했다. 나는 선거를 통해 예결위원장으로 선출한 측에서 연대책임을 져야 한다고 했다. 그 연대책임은 예결위원장직에서 사퇴시키는 것이라고 분명히 말했다. 그리고 지난번 선거에서 드러났던 문제와 제종모 의원이 후반기 의장이 될 수 있도록 내가 협조를 다 해주었는데 나한테 이럴 수 있냐고 항의 아닌 항의를 했다.

나는 현 집행부가 예결위원장을 사퇴시키지 않으면 가만있지 않을 거라고 했다. 최형욱 의원은 약속이 있다며 먼저 가고 김성우 의원은 계속 듣고 있기만 했다. 나는 김성우 의원과 얘기를 하면서 3년 동안 의정활동에서 느꼈던 문제, 의원들의 불성실한 의정활동, 예결위원을 서로 하려고 하지 않으면서도 내가 계속 예결위원 하는 것에 대한 문제제기는 끈질기게 하는 비상식적인 태도에 대해 이야기를 했다. 그나마 하선규, 김영희, 이동윤, 김성우 의원이 열심히 의정활동을 하는 모습이 언론을 통해 알려지면서 시의회 의원들의 의정활동에 대한 방패막이가 되고 있고 시의회 위상을 높여왔던 부분에 대해 의원들이 생각해봐야 한다고 했다. 나는 이런 얘기를 쏟아내다 그만 눈물을 보이고 말았다.

이병철 기자로부터 전화가 왔다. 어떻게 됐냐고 물어서 나는 최형욱 의원과 나눈 얘기를 해주었다. 이병철 기자는 자기가 김성우 의원한테 전화를 해도 좋은지 나에게 의견을 물었다. 나는 그렇게 해주면 좋겠다고 했다. 이병철 기자가 김성우 의원한테 전화를 한다면 미적지근한 김성우 의원을 설득할 수 있지 않을까 싶었다.

하선규 의원한테서 전화가 왔다. 하 의원은 제종모 의장이 불러서 만났다고 한다. 제 의장은 내가 워낙 강경하게 예결위원장 사퇴를 요구하니까 하선규 의원을 통해 나를 설득하려고 한 것 같았다. 하선규 의원이 누구의 설득을 들을 사람인가. 하긴 제 의장으로서는 지푸라기라도 잡아야겠지.

*

6월 16일, 언론의 예결위 사태 보도

오전 11시에 모여 예결위 간담회를 가졌다. KBS, MBC 양 방송사가 들어와서 간담회 내내 촬영을 했다. 언론의 힘인지 모르겠지만 설왕설래 끝에 예결위원장에게 사퇴를 권고하기로 했다. 무작정 사퇴를 요구하는 것이 아니라 예결위원 뜻으로 위원장이 자진 사퇴하면 좋지 않겠냐는 식으로 의견이 모아졌다. 그리고 간사가 대표로 예결위원장에게 이런 의견을 전달하기로 했다. 결과를 듣기 위해 오후 1시 넘어 다시 모이기로 했다.

예결위 간담회를 마치고 점심을 먹으러 갔다. 근데 갑작스런 비보가 날아들었다. 기획재경위원회의 김신락 의원이 별세했다는 것이다. 너무나 믿기지 않는 소식이었다. 몇 주 전에도 노인보호조례를 발의한다고 내 방으로 와서 서명해달라고 하던 그 의원이 돌아가시다니. 병명이 간암이란다. 갑자기 황달이 오면서 복수가 차서 소생이 불가능하게 됐다는 것이다. 너무나 황망하기 그지없었다. 비보를 접하고 점심밥이 넘어가지 않았다. 나는 의정 전반기에 기획재경위 소속이었기 때문에 김신락 의원과는 2년을 함께 해온 터였다. 밥을 제대로 먹지 못하고 사무실로 돌아왔다.

오후 2시부터 운영위 결산이 있어 회의실에 가야 하는데 멍한 정신으로 시간을 놓치는 바람에 조금 늦게 운영위원회에 참석했다. 내가 위원회실에 들어가자마자 5분 내로 회의는 끝이 났다. 나는 위원회 회의 전에 진행되는 간담회는 참석하지 못했기 때문에 회의진행을 어떻게 하는지도 몰랐다. 다른 운영위원들은 말이 없었고 조용원 운영위원장의 시나리오대로 마무리가 된 것 같았다. 회의실을 나오니 운영위원장이 나보고 차 한 잔 하고 가라고 했다. 나는 운영위원장 방으로 갔다. 운영위의 최형욱 간사도 들어왔다. 두 의원은 예결위원장의 사회권을 포기시키고 이쯤에서 마무리하자고 했다.

운영위원장은 기획재경위가 요즘 말이 아니라고 했다. 기획재경위 소속 김성길 의원은 법원의 항소심에서 의원직 사퇴 형을 선고받아 스스로 의원직을 사퇴했고, 김신락 의원은 갑자기 돌아가시고, 여기에 기획재경위원인 예결위원장까지 예결위 사태를 일으키면서 상임위 운영이 어려울 정도라는 것이다. 운영위원장은 의회가 더 이상 시끄러워지지 말았으면 좋겠다는 의견을 피력했다. 또 예결위원장이 예결위의 사회권을 포기하면 실질적인 사퇴인데, 정치인으로서 정치적 사망이나 마찬가지라고 했다. 나에게 전직 기획재경위 의원으로서 기획재경위도 생각을 좀 해달라는 부탁을 했다. 최형욱 의원은 조용원 운영위원장과 나에게 기획재경위를 떠나지 말고 후반기에도 함께 했으면 이런 일이 없었을 텐데, 라는 말도 했다.

예결위원장의 사퇴를 요구하고 난 후 갑작스런 김신락 의원의 사망으로 내 마음도 흔들리기 시작했다. 김신락 기획재경위원장의 사망과 예결위원장 건은 별개의 문제지만 어찌 일들이 무 자르듯 그렇게 명쾌하게 분리될 수 있단 말인가. 점심을 먹고 난 후 예결위 전문위원실에 돌아왔을 때 김성우 의원이 바로 그런 얘기를 건넸다. 김신락 의원의 사망이 예결위원장 사퇴 건에 영향을 미치겠네 하고 바로 얘기했다. 그런 말이 내 머릿속에서도 맴돌고 있었지만, 나는 이미 내 손에서 떠난 일이고 내가 결정할 수 있는 일이 아니라고 했다. 예결위원들이 결정할 일이고 나는 그 결정에 따른다고 했다. 다만 나는 내일 예결위 간담회에서 아무 말도 하지 않으면 되지 않겠냐고 했다.

국제신문 송진영 기자로부터 전화가 왔다. 기자실에서 나를 보자고 한다. 곧 내려가겠다고 했다. 오전과 오후 간담회 결과에 대해 의회에서 누군가는 공식적으로 얘기를 해줘야 하는데 아무도 해주지 않으니 나에게 요청이 온 것이다. 최형욱 의원과 함께 기자실로 갔다. 최형욱 의원이 점심 이후 예결위에서 논의된 바를 얘기했는데, 아주 정치적으로 얘기하는 것이었다. 박진홍 기자가 화를 냈다. 최형욱 의원은 운영위 간사이지 예결위원이 아니지 않느냐, 이 사안은 예결위 위원장이 유고상태고 그렇다면 예결위 간사가 기자들에게 브리핑을 해주어야 하지 않느냐? 그런데 예결위 간사는 전화도 안 받고 연락이 안 된다, 정말 문제가 있다고 했다. 맞는 말이다. 이 말을 듣고 최형욱 의원이 예결위 성성경 간사한테 전화를 했다. 성성경 간사가 왔다. 성성경 간사 역시 예결위에서 결정된 바를 정확히 전달하지 않았다. 최형욱 의원이 기자들에게 정리하는 대로 얘기를 하기 시작했다. 그 자리에서 나는 뭐라고 토를 달지는 않았다. 간사 체면도 있고, 최형욱 의원은 현재 시의회 집행부 입장에 서 있는지라 수습하기 위해 그럴 수도 있겠다 싶어 그들이 브리핑을 하는 대로 내버려뒀다.

성성경 예결위 간사가 기자들에게 말한 내용은 다음과 같다. 예결위 의원들의 반은 위원장을 사퇴시키는 것이고 반은 사회권을 포기하는 안을 제시했다. 그걸 위원장한테 전달했고 위원장은 사회권을 포기하겠다고 했단다. 기자들은 사회권 포기가 뭐냐, 도대체 이런 말이 어디에 있느냐고 묻는다. 사퇴면 사퇴지 사회권 포기가 뭐냐는 기자들의 질문에 최형욱 의원은, 사회권 포기는 내용적으로 위원장 사퇴의 의미라고 해석해주었다. 어쨌든 그러고는 나는 기자실을 나왔다.

점심 이후 예결위원회 모임에 하선규 의원, 신상해 의원, 김영수 의원은 불참했다. 나는 이동윤 의원 방에서 전일수 의원과 함께 얘기를 나누었다. 김신락 의원 사망 건과 예결위원장 사퇴 건을 연계시키는 것 같은데 어떻게 해야 하는지에 대한 나의 고민을 이야기했다. 이동윤의원은 별개의 문제라고 딱 잘라 얘기했다.

6시가 다 되어 나는 하선규 의원으로부터 전화가 와서 만났다. 하 의원은 다른 의원들과 논의한 결과 예결위원장 사회권 포기로 대충 정리하는 것으로 가닥을 잡으신 것 같았다. 나도 그렇게 하겠다고 했다.

*

6월 17일, 예결위원장 사퇴를 둘러싼 논란

오전 9시 30분에 다시 예결위원 간담회가 시작되었다. 예결위원장의 사회권 포기로 가닥이 잡혔다. 다들 돌아가면서 한 마디씩 하고 나보고도 한 마디 하라고 했지만 나는 한 마디도 안 했다. 이 마당에 무슨 말을 할 수 있겠는가? 나는 무표정으로 시종일관했을 뿐이다.

10시가 되어 보사환경위원회 상임위실로 갔다. 여성가족정책관실 결산이 시작되고 있었다. 나는 11시 30분이 되어 회의실을 나와 내 방으로 왔다. 그리고 직원 두 명과 시청 구내식당에서 점심을 함께 먹었다. 구내식당에는 신숙희 의원이 다른 손님과 점심을 먹고 있었다. 나는 인사를 하고 몇 마디를 나누었다. 이틀 동안 예결위 회의를 하면서 신숙희 의원은 현 의장단의 입장을 이해해달라며 나를 설득했다. 나는 신 의원의 말을 들으며 부담스러운 마음에 가슴이 아팠다.

점심을 먹고 난 후 오후 1시부터 대구 KBS 방송국에서 대형마트 규제 관련 조례 건으로 나와 인터뷰하러 오기 때문에 나는 서둘러 준비를 했다. 준비할 시간이 30분밖에 없었다. 1시부터 1시 45분까지 인터뷰가 이어졌다. 인터뷰가 길어지는 바람에 1시 30분부터 김신락 의원 의회장 준비관계로 운영위 간담회가 있었는데 시간을 지킬 수가 없었다. 운영위원회에서 전화가 걸려 왔다. 나는 인터뷰가 끝나는 대로 가겠다고 대답했다. 인터뷰는 SSM 규제와 관련해 내가 발의한 조례에 대한 질문과 답변으로 채워졌다. 많은 얘기들이 오가면서 예상치 못하게 인터뷰 시간이 길어졌다. 30분이면 충분할 거라고 생각했는데 45분이나 경과하고 있었다.

겨우 인터뷰가 끝나 대구에서 오신 분들을 배웅하고 급하게 4층 운영위원회 회의장으로 올라가니 1시 50분이다. 거의 간담회가 끝나가고 있었다. 장례식의 조사 순서 때문에 야단이다. 한나라당 김정훈 의원과 김무성 의원 중 누가 먼저 조사를 해야 하느냐를 두고 서로 의견이 엇갈리고 있었다. 김무성 의원 측의 김선길 의원이, 김무성 의원이 먼저 하게 해달라는 요청을 했다고 한다. 설왕설래하는 가운데 최형욱 운영위 간사가 김무성 의원이 먼저 하는 것이 좋겠다고 제안하면서 조사 순서는 정리되었다. 김신락 의원 지역구 국회의원은 김정훈 의원이고, 김무성 국회의원은 남구에서 오랫동안 김신락 의원과 친분을 맺어온 이유 때문이다.

운영위를 마치고 나오려고 하자 조용원 위원장이 잠시 나를 보자고 했다. 배포가 중지된 의회소식지를 살리기 위해 예결위원장이 문제된 글을 자신 스스로가 수정했으니 검토해보라고 했다. 최형욱 의원도 함께 읽고 검토했다. 전체 내용은 별 문제가 없어 보이나 두 줄 정도가 여전히 문제가 있어 최종적으로 최형욱 의원이 알아서 하라고 정리했다.

오후 2시 10분이 경과하고 있어서 나는 급히 보건환경연구원 소관 결산을 하기 위해 위원회실로 갔다. 복도에서 잠시 이영풍 기자를 만났으나 나중에 보자고 하고 위원실로 갔다. 보건환경연구원 결산은 1시간 정도로 끝이 났다. 보사환경위원회 위원 전원이 김신락 의원 조문을 가기로 했기 때문에 일찍 끝난 것이다.

조문하기 위해 위원회실을 나서는데 가정폭력과 성폭력 관련 여성단체에서 대표들이 위원회실로 들어왔다. 가정폭력 · 성폭력방지 여성긴급전화인 1366센터 위탁과 관련해서, 경륜공단이 위탁 업무를 하면 안 된다는 것을 보사환경위원회 위원들에게 설명하기 위해서였다. 사전 약속도 없이 방문하는 바람에 의원들이 곤란해져버렸다. 의원들은 김신락 의원 조문을 위해 의회 버스가 1층에 이미 대기하고 있어 가야만 했다. 여성대표와 같이 온 이승렬 전 시의원이 백종헌 위원장에게 내일이라도 약속을 잡자고 했지만 백 위원장은 자기 맘대로 안 된다고 말했다. 내가 생각하기에는 만날 수도 있는 일인데 그는 거절해버렸다. 이승렬 전 시의원은 나를 붙잡고 얘기

를 하며 매달렸지만 나 역시 확답을 줄 수 없어 알겠다고 하고 헤어
져 나오는데, 하선규 의원이 복도에 나오자 이승렬 전 시의원 일행
은 하선규 의원한테 가서 또 매달린다.

나는 1층으로 내려와 하선규 의원을 차에서 기다리며 의회 버스
를 그냥 보냈다. 잠시 하선규 의원을 기다리다가 오지 않아 전화를
했더니 곧 온다고 했다. 여성단체 대표들과 얘기하느라 늦었단다.
나는 성모병원에 도착해서 김신락 의원 영정 앞에 국화 한 송이를
바치고 절을 했다. 돌아가셨다는 사실이 믿기지 않았다. 금방이라
도 김신락 의원이 '김 의원' 하고 영정 사진에서 나올 것 같았다. 상
주인 김신락 의원 아드님과 조카 분에게 인사를 드리고 나왔다.

4시 30분이 지나서 의회버스를 타고 의회로 이동했다. 나는 버스
안에서 이해동 건설교통위 위원장과 나란히 앉게 되었다. 이해동
위원장이 나에게 그래도 김 의원이 그동안 의원들과 인간관계를 잘
맺어놓아서 이번 예결위 사태에서 김 의원한테 동조하는 의원이 많
았다고 한마디 했다. 한나라당과 민노당의 대결구도로 갔으면 이런
결과는 어림도 없었다는 지적을 했다. 100% 맞는 말도 아니고, 다른
의원들은 그럼 뭐가 되는가 싶었지만, 그렇다고 수긍을 안 할 수도
없는 말이다.

저녁 8시가 넘어 이승렬 전 시의원으로부터 전화가 왔다. 1366센
터 문제 때문이었다. 이승렬 의원은 경륜공단에서 이주여성센터도
위탁해 가지고 갔는데 1366센터까지 위탁하는 것은 말도 안 된다는
것이다. 사행산업을 하는 경륜공단이 자기 일이나 잘 하지 뭐 때문
에 민간이 잘 운영하고 있는 기관을 가지고 가느냐고 하소연을 한

다. 나도 경륜공단이 1366센터를 위탁하는 것은 맞지 않다고 했다. 나는 지난 12월 예산심사 때 경륜공단이 청소년을 위한 성문화센터를 운영하는 것이 맞느냐고 여성가족정책관한테 강도 높게 질의한 적이 있다는 것을 말씀드렸다. 어쨌거나 송숙희 의원이 재선의원인 만큼 송숙희 의원을 나서게 해야 한다고 얘기하고 나도 함께 하겠다고 했다.

이승렬 의원은 이 문제를 해결하기 위해 다양한 방법을 동원하겠다는 말을 하였다. 내가 경륜공단의 이사장에게 얘기를 하지 그러냐고 했더니, 이미 얘기했고 이사장은 하지 않겠다고 해놓고서는 위탁 신청을 했다는 것이다. 그래서 나는 허 시장을 만나 얘기를 하라고 했더니 이미 만났다고 한다. 나는 그 정도까지 했는데도 안 되면 대책이 없는데, 하는 생각이 들었다. 하여간 최선을 다하자고 하고 전화를 끊었다. 문제제기에 봉착한 부산시는 1366센터를 결국 여성가족개발원에 위탁했다.

*

6월 18일, 예결위 간담회와 예결위원장의 사회권 포기

오전 9시 30분부터 예결위 간담회가 시작되었다. 예결위의 공식 간담회 자리에서 예결위원장의 사회권 포기의사를 직접 듣기로 해서 소집된 자리였다. 나는 빨리 오라는 전일수 의원의 전화를 받고서야 예결특위 사무실로 올라갔다. 내 방을 나오면서 예결위원장과 마주쳤다. 고개만 약간 숙여 인사를 했다. 예결위원장의 짤막한 사회권 포기 의사 발언이 있었다. 예결위원장은 발언을 끝내고 곧바로 퇴장했다. 대단원의 막이 내리는 것 같았다. 처음 예결위원장의 사퇴를 요구할 때는 나도 기세가 대단했는데, 이 사태가 마무리되는 과정 내내 내 마음은 바늘로 콕콕 찌르는 것같이 너무 너무 아팠다. 소심한 성격 탓이다.

김성우 의원한테서 전화가 왔다. 지난번 내가 빌렸던 김신락 의원 부조금 대납금을 갚으라는 것이다. 아차차, 깜빡 잊고 있었다. 나는 즉시 김성우 의원 방으로 가서 돈을 건네고 차를 마셨다. 김성우 의원은 내 표정이 밝아 보였는지 예결위원장 관련 뒷얘기를 했다. 내가 지난 금요일 저녁 7시경에 전화를 하고 소식지 내용을 읽어주었을 때는 약속이 있다고 한 발 완전히 빼놓고는, 내 전화를 끊은 뒤에 바로 최형욱 의원한테 전화를 하고 수습에 나섰다고 했다. 신숙희 의원한테는 예결위원장을 만나 김영희 의원한테 사과를 하라고 시키기까지 했단다. 어차피 한나라당이라는 한 배를 탄 동료들이기 때문에 그들의 그런 행동들이야 당연한 것이지만 혈혈단신의 야당 의원인 나는 혼자서 이 모든 것을 감내하면서 이 자리까지 왔는데……. 외롭다는 생각이 들었다.

도시계획조례 개정안
상임위 심의통과 ⟨2⟩

2009년 6월 23일, 조례개정안 발의,
통과까지 두 달을 보내다.

오전 10시 15분 전에 해양도시위원회로 갔다. 오늘이 대형마트와 SSM 규제를 위한 부산시 도시계획조례 개정안 심의를 받는 날이다. 해양도시위원회 의원들이 거의 다 와 있었다. 의원들이 나에게 설명을 요청해서 나는 간략하게 설명했다. 오전 10시 넘어 해양도시위원회 의원들과 함께 심사장으로 입장했다. 부산시 도시개발실장을 비롯해서 도시계획조례와 관련된 부서장들이 모두 와 있었다. 도시정비과장, 경제정책과장, 건축정책과장, 시설과장 등이 참석한 가운데 내가 제일 먼저 조례안에 대한 제안 설명을 했다. 그리고 해양도시위원회 수석전문위원의 검토보고가 이어졌고 의원들의 질의응답 순으로 진행되었다.

심사가 금방 끝나지는 않을 거라 예상은 했지만 내 생각을 훨씬 넘어서는 다양한 질의가 쏟아졌다. 답변은 내가 하는 것이 아니라 주로 의원들이 특정 담당과장을 지목해서 질의를 하면 담당과장들이 답변대에 서서 답변을 했다. 거의 2시간이 지나서야 질의가 종료되었다. 낮 12시가 되어 일단 정회를 했다. 이후 일정을 어떻게 할 것인지를 의논하기 위해서다. 점심식사를 하지 않고 조례안 심사를 처리하기로 결정했다. 나는 해양도시위원회 의원이 아니라서 위원실에는 입장하지 않고 전문위원실에서 대기했다.

나는 내 조례안에 대해 다른 의원들이 수정안을 낼 것을 이미 예상하고 있었다. 질의 중에 김유환 의원이 자연녹지지역을 규제하는 데 대한 반대를 명확히 하는 것들이 있었고, 김선길 의원이 용호만 매립지에 대형마트가 들어와야 되는데 건설본부가 그런 것에 대한 의견을 내지 않은 데 대한 질책이 있었던지라, 수정안이 있을 것은 뻔한 일이었다. 권칠우 간사가 오전에 조례안 심사를 한 달 보류하는 것이 어떠냐고 나에게 의견을 물어서 절대로 안 된다고 했다. 한 번 일정이 보류되면 실제 조례 개정이 어려울 수도 있겠다는 판단 때문이었다. 그리고 간담회 때 김선길 의원은 유통산업발전법이 국회에서 개정될 텐데 굳이 그 하위법인 조례개정을 이번에 해야 되겠냐고 물었다. 나는 국회에서 유통산업발전법이 개정되기 어려울 것이고 그 이유는 이전에도 이러한 과정이 반복되면서 실제로 법은 만들어지지 못했다는 점을 들어 오늘 처리해달라고 요청했다.

그런 과정을 거쳐 해양도시위원회에서는 나에게 수정안으로 자연녹지에 대한 규제는 없었던 것으로 하고 조례시행은 6개월 경과 과정을 두자는 내용을 제시했다. 나는 더 이상 입씨름을 해봐야 실익이 없을 것으로 판단하고 알아서 하라고 했다. 오후 12시 40분 정도 되어 해양도시위원회실에서 의결에 들어가 수정안에 대한 해양도시위 간사의 제안 설명과 함께 수정안이 통과되었다. 방청을 통해 이러한 상임위 심사과정을 지켜본 소상공인살리기협회 회원들은 불만이 많았다. 당연한 불만이다. 나 역시 겉으로 표현을 할 수는 없었지만 동료의원들에 대한 상당한 배신감을 느꼈다. 공무원들조차 자연녹지지역은 규제를 해도 된다고 하는데도 의원이 나서서 그 규제를 풀어버리는 데 대해서는 심한 상실감을 느꼈다. 기득권층이 다수를 점하고 있는 의회에서 어쩌면 이 정도의 수정안도 감지덕지일지 모른다. 그나마 후반기 의장 선거를 거치면서 해양도시위원회 의원들이 나에게는 우호적인 태도를 갖고 있었기 때문에 이만큼 수정안으로 나에게 성의를 표했는지도 모를 일이다.

회의를 다 마치고 나서 김유환 의원이 방청 온 사람들과 함께 내가 식사를 할 수 있도록 해양도시위의 전문위원실에 얘기하는 바람에 소상공인협회 분들과 식사를 하게 되었다. 나는 이분들에게 너무 미안했다. 소수당 의원으로서 힘들게 여기까지 온 것을 이분들도 잘 알고 있었지만 그들의 고통을 조금 더 덜어주지 못해 못내 아쉬웠다. 이들은 2시간 이상의 심의과정을 지켜보면서 의원들이 시장에서 상인들을 대할 때와 시의회 심의에서 취하는 태도가 전혀 다르다는 것을 적나라하게 목격한 셈이 되었다. 그리고 이 정도의 성과도 지난 며칠 사이 상인들이 해양도시위원회 의원 몇 분이라도 집중 공략했기 때문에 이룰 수 있었던 것이다.

조그마한 성과지만 나는 식사를 함께 하면서 진심으로 이분들이 나에게 고마움을 표시한다는 것을 느꼈다. 그리고 어떤 분은 다음 선거에서는 비례대표 선거에 민주노동당을 찍겠노라는 약속까지 했다. 말만이라도 고마웠다. 나는 식사 중에 해양도시위원회 의원들이 식사를 하고 있는 다른 방으로 가서 인사도 하고 고맙다고 했다. 조례 시행에 6개월 유예기간을 두고 내용을 수정한 것은 아쉽지만 이 정도 안이라도 함께한 해양도시위원회 의원들에게 최소한의 예의를 표하는 것이 도리라는 생각이 들었다.

5월 6일 조례안을 발의하고 6월 23일 상임위 예비심사로 마무리되면서 6월 30일 본회의 통과만 남았다. 본회의는 거의 요식적이라서 걱정은 안 되지만 그래도 정치투쟁의 장인 의회에서 나는 말년 제대를 앞둔 군인처럼 떨어지는 낙엽도 조심하는 심정으로 긴장을 늦출 수가 없다. 대형마트 쪽에서 어떤 대응이 있을지 모를 일이기 때문이다.

그리고 6월 30일 본회의에서 도시계획조례 개정안은 해양도시위원회에서 수정된 안 그대로 통과되었다. 한 고비를 완전히 넘기는 날이었다.

보건교육포럼의 국회토론회

2009년 7월 15일,
과분한 상에 감사할 따름이다.

    한 달 전쯤에 보건교사 이순연 선생이 부탁을 해왔다. 서울에서 개최되는 보건교과 토론회가 있는데 토론자로 참석해달라는 것이었다. 그리고 덧붙이는 말은 그날 보건교육포럼 측에서 나에게 상을 준다는 것이었다. 나는 상의 내용에 대해 묻기보다는 우선 7월 임시회 일정을 확인해봐야 되니 다시 통화하자고 했다. 이순연 선생은 내가 같이 가면 좋겠다고 했고 일정 때문에 참석하지 못한다면 상은 자기가 대신 받아 오겠다고 했다. 나는 다음 날 다시 통화를 했다. 의회가 15일부터 열리기는 하는데 서울 토론회 일정과는 겹치지 않아서 참석하겠다고 했다. 상을 받는 입장에서 참석하지 않는 것은 결례인 것 같아 17일 시정질문을 앞두고 있었지만 무리를 하기로 했다.
    지난 3월 시정질문 때 나는 보건교과서 문제를 다루었다. 부산시

교육감을 직접 불러내 질문을 하면서 잘못된 교육행정을 지적했다. 인터넷을 통해 이날 나의 시정질문 모습을 본 전국의 보건교사들이 분에 넘치는 감사의 인사를 보내왔다. 그리고 눈물이 날 정도로 감동했다는 전국의 보건교사들로부터 문자메시지와 전화를 받았다. 나는 작년 12월 말에 전교조부산지부 보건교사로부터 전화를 받은 이후 올해 1월부터 보건교과서 채택 건과 관련해서 머리를 싸맬 정도로 교육청 관계자, 보건교사들과 논의에 논의를 거듭했다. 그런 과정에서 부산시 교육청에 서면자료 요청과 자료 분석 등을 거쳐 부산시 교육청의 권위적이고 위선적인 보건교과서 채택 건과 관련해서 문제점들을 낱낱이 밝혀냈다. 나의 이러한 활동이 보건교사들에게 감동을 주었고 도저히 해결될 기미가 보이지 않던 보건교과서 문제가 나의 시정질문을 계기로 설동근 교육감이 이 문제를 전향적으로 풀어나가면서 돌파구가 마련된 것이었다.

두 달 이상 보건교과서 문제에 파묻혀 사느라 토요일, 일요일도 반납하면서 고심을 해온 보람이 시정질문을 통해 해결되어 나 역시 의원으로서 보람을 느낀 일이었다. 이 일이 인연이 되어 보건교육포럼에서 보건교육과 관련한 토론회를 개최하면서 나를 초청한 것이다.

시정질문 날짜가 7월 16일이 될지 17일이 될지 확실하지는 않았고 부산지하철 반송선 무인운영과 관련해서 허남식 시장을 상대로 시정질문을 해야 하는 상황이어서 망설여지기도 했지만, 15일 하루 종일 의원실에 있어 봐야 시정질문 준비로 초비상인 시청 공무원들이 내 방을 들락거리며 나의 시간을 빼앗을 것이 분명하기에 차라리 서울의 토론회를 가는 편이 낫겠다는 생각도 들었다.

7월 15일 오전 11시 20분에 부산역에 도착하니 이순연 선생과 동행할 보건교사 두 분이 더 계셨다. 곧바로 KTX에 탑승했다. 이순연 선생은 새벽에 일어나 자신의 아이들 식사를 준비하면서 우리 4명의 식사용으로 김밥까지 준비해서 가지고 왔다. 너무 고마웠다. 한 분이 아침을 못 먹고 오셔서 김밥과 떡을 펴놓고 먼 서울길을 향해 이야기 보따리를 풀었다. 여자 4명이 얼마나 많은 수다를 떨었던지 시간 가는 줄 모르는 사이 서울에 도착했다.

우리는 토론회 시간이 촉박해서 기차 안에서 해결한 김밥으로 점심을 대신하고 국회로 향했다. 헌정기념관에 도착하니 전국에서 보건교사들이 거의 올라와 있는 것 같았다. 입구를 거쳐 토론회 장으로 들어갔다. 내가 사전에 알지 못한 프로그램이 하나 더 있었다. 부산시 교육청이 회의록 조작까지 서슴지 않으면서 교과서 채택을 거부했던 보건교과서, 보건교육포럼이 집필한 그 보건교과서의 출판기념회가 곧 열릴 예정이었다. 나는 보건교육포럼 대표자와 선생님들이 안내하는 대로 앞자리로 갔다. 보건교육포럼과 공동주최하는 조경태 국회의원이 꽃을 달고 앉아 있었다. 조경태 의원과 악수를 나누었다. 따뜻하게 환대해주었다. 출판기념회가 시작되고 우옥영 보건교육포럼 이사장의 인사말과 조경태 의원의 축사, 강지원 변호사의 격려사가 이어졌다. 조경태 의원과 나는 감사패를 받았다.

내가 의원이 되고 나서 상을 받은 것은 이번이 처음이었다. 생각지도 않은 활동의 결과로 이렇게 상까지 받게 되어 조금 어색했다. 의정활동 3년 만에 처음으로 상을 받다니. 그것도 전국의 보건교사

7천 명의 뜻이 담긴 상이라니. 국회의 출판기념회에서 국회의원과 나란히 상을 받고 우렁찬 박수갈채를 받은 것은 난생 처음이었다.

1부 행사가 끝나고 10분 정도 장내 정리를 위해 휴식을 한 후 곧바로 토론회가 이어졌다. 발제자와 토론자들이 단상으로 올라갔다. 조경태 의원은 국회에 일이 있어 먼저 일어났다.

나는 단상에 올라가 발제자의 발제를 들으면서 내 차례를 기다렸다. 나는 사전에 준비한 토론원고가 있었지만 즉석에서 느낀 생각을 중심으로 토론을 했다.

보건교육포럼 측 발제자의 발제를 들어보니 준비한 토론문보다는 순발력 있게 앞으로 닥친 과제와 병행해서 어떻게 할 것인가를 중심에 두고 얘기를 하는 것이 보건교육 현장활동에는 도움이 될 것 같아서였다. 이러한 나의 생각이 적중했던지 토론 중간 중간에 거의 열 번에 가까운 박수를 받았다. 심지어 같이 토론자로 나온, 미국에서 공부한다는 고등학생은 나의 토론에 완전히 반했다고 했다. 나의 모습이 예쁘장하고 조용조용하게 생겼는데 그런 카리스마가 터져 나올 줄 몰랐다면서 존경한다는 것이다. 그러면서 나의 연락처를 묻고 명함을 받아들고는 좋아한다. 보건선생들도 너무 좋아했고, 교과부에서 토론자로 나온 공무원은 의원이 자기들 생리를 너무 잘 알아서 할 말이 없게 만들어버렸다고 엄살이다. 이럴 줄 알았으면 안 나올 걸 그랬다면서 다시 엄살을 부렸다.

발제자의 주장대로 보건교육 문제가 해결되면 좋겠지만, 나는 우리의 현실이 보건교과서 채택 건과 관련해서 우리가 경험한 바에 의하면 어느 하나 우리가 원하는 대로 될 수가 없다고 말했다. 그것을 이루기 위해서는 그동안 보건교사들이 흘린 땀과 눈물은 아무것도 아닐 수 있다고 말했다. 앞으로 더 큰 시련과 투쟁이 남아 있을 것이고 그것은 내가 늘 의원으로서 강조하는 말이지만 유권자인 여러분 자신이 유권자로서 권리를 행사할 때만이 원하는 것을 얻을 수 있다는 것을 강조했다.

　너무 열띤 토론회 덕분에 6시가 넘어 끝났다. 저녁을 먹고 아쉬운 작별을 한 후 부산행 기차에 몸을 실었다. 기차를 타고 부산으로 오는 중에 미국의 고등학생 신분으로 토론회에 참석해서 같이 토론한 정예솔 학생으로부터 문자가 들어왔다.

　'정예솔입니다. 오늘 뵙게 되어 영광이었습니다, 의원님. 저도 신문사 인터뷰를 취소하고 부산으로 내려가는 중입니다. 꼭 한 번 더 뵐 수 있기를 희망합니다. 수고하셨습니다.'

장애인 정책 우수의원 상

2009년 10월 20일,
우수의원 상이 송구하다.

부산장애인인권포럼과 한국장애인인권포럼, 장애인정책모니터
링센터가 2008년과 2009년 연속 두 해에 걸쳐 장애인 복지정책에
공헌하여 정책우수의원으로 선정된 부산의 지방의원들에게 시상을
했다.

나는 영광스럽게도 2008년에 2등, 2009년에는 1등으로 선정되어
연속으로 상을 받았다. 이 상을 내가 받는다는 것 자체가 송구스럽
다. 의원으로서 당연히 해야 할 일을 한 것인데, 상까지 받게 되어
한편으로는 미안한 마음이 들었다. 그리고 의정활동을 잘했다고 상
을 받는다는 것이 무슨 의미인지를 다시 생각하게 되었고, 내가 이
런 상을 받을 만큼 자격이 있나 하는 생각도 들었다.

2008년도는 기획재경위원회 의원으로서 행정사무감사 시 감사관
에게 장애인 복지시설 동향원에서 일어난 장애인에 대한 폭력사건

과 불미스러운 일들에 대한 지적이 있었다. 나는 감사관에게 질책과 함께 동향원에 대한 부산시 감사를 요구했고 결국 부산시가 감사를 진행하게 된 것이 높은 점수를 받게 된 것이다. 2009년도는 보사환경위원회로 옮겨 와서 복지건강국을 피감기관으로 다루다 보니까 당연히 장애인정책에 대한 관심을 더 많이 갖게 되었다. 각 사안마다 관련 질의가 이어졌고 급기야 〈부산시 중중장애인 자립생활지원조례〉까지 제정하기에 이르렀으니 2등 의원과는 점수 차가 크게 벌어질 정도로 높은 점수를 받았다.

시상식 행사에 앞서 토론회를 먼저 진행하다 보니 시상식에 참여하려고 온 사람들까지 합하여 시의회 대회의실은 앉을 자리가 없을 정도로 꽉 차버렸다. 작년 행사보다 훨씬 많은 사람들이 참가했다. 그동안 조례를 제정하는 과정에서 알게 된 장애인들도 많이 왔다. 나는 이들과 악수를 나누면서 고맙다고 했다. 나는 토론회에 토론자로도 참여했다. 시상식에서는 보사환경위원회 위원장과 장애인고용촉진공단 부산지사장이 나에게 꽃다발을 주었다. 부산지사장과 오정석 대리가 나의 시상을 축하해주었다. 시상식 전에 열린 토론회까지 참석해서 끝까지 자리를 지키는 것은 흔치 않은 일인데 너무 고마웠다. 일부러 축하해주기 위해서 오신 만큼 이분들을 그냥 가시게 하는 것이 마음에 걸려 내 방으로 가서 차라도 한 잔 마시자고 했다.

얼마 전에 공기업 사장들 모임에서 장애인 고용을 촉진하기 위한 간담회를 진행한 적이 있었는데 내가 주선을 해서 고맙다는 인사도 하셨다. 그 덕분에 부산교통공사 안준태 사장이 장애인들의 고용문제를 상의하기 위해 공단이 따로 한 번 방문해줄 것을 요청했다고 말해 주었다. 나는 안준태 사장이 부시장 시절 나와는 예결특위 때 한 번씩 만나서 대화를 해봐서 사람이 대충 어떠한지는 알고 있었지만, 그렇게까지 장애인 고용에 마음을 써준 데 대해 감사한 마음이 들었다. 나는 지사장과 오 대리와 함께 많은 얘기를 나눈 후에 앞으로도 열심히 돕겠다고 약속했다.

시민단체의 부산시 예산정책

2009년 11월 2일,
같은 입장에 선 사람으로서 안타깝다.

시민단체가 주최하는 한 토론회에서 나를 토론자로 초청했다. 사회복지연대와 교육희망네트워크, 부산여성회 등이 주최하는 부산시 예산정책에 대한 토론회였다. 토론회 일정이 거의 한 달 정도 남아 있었기 때문에 토론을 준비하기에는 충분한 시간이 있었다.

애초에 토론회는 10월 28일경에 할 예정이었으나 장소 대여가 여의치 않아 날짜까지 미루어지면서 더욱 여유가 있었다. 나는 작년에도 똑같은 행사에 토론자로 요청받았으나 그때는 거절했다. 당시는 내가 상임위를 보사환경위원회로 옮긴 지 두 달이 채 안 된 상태였기 때문에 복지예산관련 토론회에 토론자로 나선다는 것이 적절하지 않다고 판단했다. 다만 그 토론회에 방청객으로 참석해서 끝까지 경청하며 토론에서 나온 얘기를 내 나름대로 정리해보았다. 올해는 그래도 1년을 보사환경위원회에서 의정활동을 했기 때문에 토론자로 요청받고 흔쾌히 수락했다.

토론회 일정이 다가오면서 나는 바빠졌다. 아니 10월 내내 바쁜 나날을 보내고 있었다. 토론회를 앞두고 10월 30일과 31일에 걸쳐 상수도본부 수돗물평가위원회에서 현장 확인이 있어 진주와 광주를 다녀와야 했다. 그래서 토론회 주최 측에다 내가 사전에 읽어볼 수 있도록 토론 발제문을 29일까지는 보내달라고 했다. 하지만 의료분야 발제문만 하루 전날 왔을 뿐, 나머지 발제문인 복지 분야와 교육 분야는 광주 숙소에 도착해서야 볼 수 있었다. 그리고 여성분야는 토론회 당일인 월요일까지도 받지 못했다. 결국 나는 세 분야에 대한 토론문만 준비해서 토론회에 갔다.

토론회장에서 토론을 하면서 여성분야는 발제문을 보지 못해서 토론하기가 어렵다고 말하고, 나머지 분야에 대해 토론을 하겠다고 운을 뗐다. 토론을 하다 보니까 내 토론이 길어졌다. 다 언급하려니 할 수 없었다.

토론회의 발제나 토론의 문제도 중요하지만 매년 이런 토론회를 한다고 하면서 토론회 준비가 부산하게 느껴졌다. 부산시의 2010년 예산서가 나오지 않은 상태에서 이루어지는 예산토론회가 어떤 목표 아래 결론을 도출해내겠다는 건지 알 길이 없었다. 그래서 나는 토론 중에 나의 의견을 말했다. 토론의 내용은 차치하고 이런 토론회에는 부산시 관계자를 토론자로 끌어내는 것이 중요한 것 아니냐고. 토론회를 통해 부산시의 복지예산과 관련해서 영향력을 행사하겠다고 한다면 거기에 상응하는 준비가 되어야 한다. 그런데 겨우 야당 의원 1명을 불러내서 토론하는 것은 사실상 영향력을 행사하지 않겠다는 것과 마찬가지다. 야당의원이야 주최하는 단체가 누구든 시민단체와 함께한다는 의미가 더 중요하기 때문에 크게 신경쓰지 않아도 되겠지만, 내가 토론회에 나오고 안 나오고는 그리 중요하지 않다. 토론회 결과 실제 부산시의 복지예산 편성에 대한 파악이 되어야 하고 실질적인 영향력을 행사할 수 있어야 한다. 그러기 위해서는 부산시의 책임 있는 담당자를 참석시키는 노력이 필요하다는 생각이다.

그리고 앞에서 지적한 형식도 문제지만 토론회의 내용도 문제인 것 같았다. 우선 토론회의 목표가 모호하고 방향이 없다. 내용도 구체성이 떨어진다. 물론 아직 내년 예산서가 나오지 않았기도 하지만, 매년 하는 토론회이고 올해 2009년 4월에는 1회 추경까지 한 예산서가 있기 때문에 부산시의 예산 방향은 나름대로 엿볼 수가 있다. 그렇다면 요구 내용은 좀 더 구체적인 언급이 필요했다.

어쨌든 나는 먼저 발제된 발제문 내용에 대해 토론을 하면서 여성분야에 대해서는 내가 관심을 기울여온 분야에 대한 언급을 했다. 내용도 내용이지만 아까 말한 토론회의 형식과 토론회의 목표에 따른 내용 준비가 무엇보다도 중요하다는 점을 지적했다. 주최측이 어떤 성과를 기대하고 토론회를 개최했는지는 모르겠지만 실질적인 예산편성 권한을 갖고 있는 부산시의 국장들이나 부산시의회 한나라당 의원들을 토론자로 끌어내기 위해서는 그에 상응하는 준비가 필요한데 미흡한 것 같다. 앞으로 치열한 고민이 필요하다는 생각이 들었다. 아는 만큼 보이고 보이는 것만큼 실천할 수 있지 않겠는가.

담당공무원들의 일하는 자세

2009년 11월 16일,
담당자에 따라 업무수행속도가 달라진다.

오후 5시경에 대중교통과장으로부터 전화가 왔다. 지난 12일 영도여고 교장과 행정실 과장이 와서 영도여고를 지나는 마을버스와 시내버스 운행시간 연장에 대한 요구를 해와 나는 시청에 대책마련을 부탁한 적이 있었다. 이에 담당과장인 대중교통과장이 마을버스 대표와 직접 버스를 타고 학교에서 요청한 내용이 실제 타당성이 있는지 점검한 결과를 분석하여 알려주었다.

100% 만족이란 있을 수 없다. 하지만 학교 측에서 조사한 내용 중 타당성이 있는 요구 한 가지는 확실하게 반영하기로 회사 측과 합의를 봤다고 했다. 신속한 행정 처리가 고마웠다. 대중교통과장은 시에서도 일 잘하기로 소문이 나 있는데 정말 그런 것 같았다. 업무 파악이 굉장히 빨랐다. 내가 지난주 면담을 요청했을 때 이미 영도구청으로부터 사전에 이야기를 듣고 자료를 들고 와서 교장과 이야

기를 나눌 정도였다. 나는 교장으로부터 설명을 듣고도 버스정류소 문제 등에 대한 내용을 정확하게 파악하기 어려웠는데, 담당과장은 내용을 정확히 파악한 상태였다.

그동안 내가 만난 다른 담당과장의 경우 업무에 대한 대응능력이 그렇게 신속하지는 못하였다. 지난주 교통국 행정사무감사 자료에서, 내가 부산지하철 반송선과 관련하여 시정질문을 한 내용이 누락되어 있어 교통정책과장한테 전화를 하여 왜 감사 자료에 나의 시정질문 내용을 뺐냐고 따진 적이 있었다. 그랬더니 자기들은 의회협력계가 제출하라고 한 대로 제출했다면서 아무 책임이 없다고 강변해서 내 화를 돋운 적이 있었다. 그리고 내가 의회협력계에 그 내용을 확인하니 교통국이 감사 자료에 의회 지적 사항을 표기하지 않은 것이 잘못된 것이라고 한다.

결국 월요일 교통국 담당계장과 담당이 자료를 가지고 와서 나에게 사과했지만 담당과장은 나에게 전화 한 통도 하지도 않고 담당계장한테 미루고 말았다. 말 한 마디 잘해서 천 냥 빚을 갚는다고 하는데 기본이 안 된 것 같다. 일을 어떻게 처리하느냐에 따라 그 사람에 대한 이미지가 형성되고, 향후 그 사람에 대한 평가가 달라질 수밖에 없다. 시에 과장이 수십 명이 있지만 나는 관련된 업무를 통해 이들을 평가한다.

부산대학병원 외상센터

2009년 12월 2일,
절차라도 밟아야지

복지건강국 예산심의에서 부산대학병원 외상센터 건립비가 문제로 드러났다. 부산시가 부산대학병원에 총 80억 원을 지원하는데 의회에 보고 한 번 제대로 하지 않고 2010년 예산으로 20억 원을 심의해달라고 했다. 나는 심의하는 자리에서 바로 부산대학병원 외상센터와 관련한 자세한 자료를 달라고 했다. 자료를 보니 부산대학병원과 부산시가 주고받은 공문과 확약서에 대한 언급이 있었다. 나는 공문과 확약서를 제출해달라고 했다. 의약담당계장이 내 자리로 서류를 가지고 왔다.

찬찬히 읽어 보니 부산대학병원에서 8월 26일에 부산시로 협조공문이 오고 9월 2일자로 부산시장이 협조하겠다는 공문과 확약서를 보냈다. 80억 원을 지원하는 데 어떻게 단 1주일 만에 그 사업을 검토하고 결정할 수 있단 말인가? 나는 이에 대해 집중적으로 따졌다. 더구나 2008년 12월 예산심사 때에는 이렇게 큰 규모의 사업이 중기재정계획에 반영되어 있지도 않았는데 1년 만에 이런 큰 사업을 결정하면서 의회에 보고도 하지 않았다. 또 예산편성을 했다면 의회에 사전 설명이라도 해야 되는데 심사 당일 자료를 제출했다. 이러한 내 질문에 복지건강국장은 제대로 답변을 하지 못한다.

낮 12시가 넘어 내가 자리를 뜨니 보건위생과장이 나를 따라 나온다. 나에게 자기를 불러서 질의를 해달라는 것이다. 복지건강국장은 아무것도 모른다는 것이다. 말이 안 되는 소리다. 예산 80억 원을 편성해놓고서는 국장이 모른다니, 해도 너무한다는 생각이 든다.

그리고 점심시간 후 오후에 다시 질의가 이어졌다. 허동찬 의원이 부산대학병원 외상센터에 대한 내 질의에 추가해서 언급을 했다. 나는 허동찬 의원과 복지건강국장이 나누는 질의응답을 듣다 보니 오전에 이어 계속 질의를 하지 않고서는 안 되겠다는 생각이 들었다. 이어서 내가 국장에게 물었다. 국장은 처음에 약 10억 원 정도의 예산만 부산대학병원에 지원하면 될 거라고 생각하고 확약서를 썼다는 것이다. 이건 더 말이 안 된다. 부산시가 부산대학병원에 얼마의 예산을 지원해야 되는지도 모르고 확약서를 썼다니! 복지건강국의 예산을 필요로 하는 복지관련 단체가 얼마나 많은데! 1천만 원의 예산을 지원받기 위해 찾아오는 여러 시민단체들은 국장은 고사하고 과장 얼굴 보기도 어렵다. 그런데 부산대학병원에는 너무나 쉽게 의회에 한 번의 보고도 없이 80억 원이나 지원을 하다니.

나는 질의를 통해 말했다. 부산시가 직접 운영하는 병원인 부산의료원의 공익진료 결손금을 지원하는 것도 제대로 되지 않고 있는

데 어떻게 이런 식으로 일을 하는가? 더구나 부산대학병원은 국립
대학병원인데 부산시가 아니라 중앙정부가 지원해야 되는 것 아닌
가? 부산대학병원은 시립병원이 아니기 때문에 부산시는 일차적으
로 부산의료원을 키우고 가꾸는 데 힘을 쏟아야 된다고 강변했다.
그리고 나는 부산의료원의 공익진료 결손금을 지원하라는 취지로
내가 의원이 되고 나서 제일 처음 5분 자유발언을 했던 것을 상기시
켰다.

12월 4일 계수조정에서 부산대학병원 외상센터 관련 예산은 결국
10억 원을 삭감하는 선에서 정리되었다. 어떻게 알았는지 국제신문
기자로부터 전화가 왔다. 나는 기자에게 예산의 내용도 문제지만
예산편성 절차 등의 문제에 대해 분명한 사실을 얘기했다. 부산시
가 돈이 있다면 지원을 하는 것은 다 좋다. 하지만 제대로 절차를 밟
고 의회에 보고한 후에 예산을 지원하든 뭘 하든 해야 되는 거 아니
냐고 했다. 아마 예산이 삭감될 것을 우려한 누군가가 기자에게 도
움을 요청했는지 모르겠다는 생각이 들었다.

기자의 전화를 받고 나서 혹시 이와 관련한 소식이 있는지 알고
싶어 보건위생과장한테 전화를 했다. 보건위생과장은 부산대학병
원 측에서 나를 만나러 온다는 것을 자신이 말렸다고 한다. 나는, 예
산 편성은 시장이 하는 거고, 편성된 예산에 대해 심의하는 것은 의
회이기 때문에 부산대학병원이 잘못한 것은 아니라는 점과 그렇기
때문에 부산대학병원 측이 의원을 찾아오는 것은 사리에 맞지 않다
고 말했다.

그럼에도 부산대학병원 측에서는 며칠 후 사무국장이라는 분이

아무 예고도 없이 내 사무실을 방문했다. 부산대학병원 외상센터에 대해 직접 설명을 좀 하겠다면서 들어왔다. 난감했지만 일단 이야기를 들어보기로 했다. 무작정 왔다고 온 사람을 내칠 수는 없는 일이라서 얘기를 나누었다. 나는 부산대학병원이 잘못한 것은 없다, 단지 80억 원을 지원하는 부산시가 사전에 의회에 한 번도 보고를 하지 않았기 때문에 이 사업에 대해 신중할 필요가 있다는 것을 인지시키고 싶었고, 1주일 만에 협조공문에 따른 답장을 하면서, 더구나 나중에 얼마를 더 지원해야 할지도 모른 상태에서 예산지원을 확약하는 것은 문제가 있다고 얘기했다. 하지만 이미 시장이 약속을 했으니 약속은 지킬 것이다. 그리고 예산을 삭감하고 안 하고는 내가 결정하는 것이 아니라 보사환경위 전체 의원의 뜻에 따라 결정될 것이라고 말했다.

그런데 12월 10일자 국제신문에 부산대학병원 외상센터에 관한 기사가 실렸다. 예산이 지원되지 않으면 문제가 발생할 거라는 내용이었다. 기사내용이 실제 사실과는 조금 동떨어진 감이 없지 않았다. 부산대학병원 측에서 언론플레이를 한 것 같아 보였지만 어쩌겠는가?

2010 예산편성

2009년 12월 9일, 돈이 로비인가?

연제구 체육센터

'의원님연제구국민체육센터예산그대로통과되도록협조해주시면
안될까요내용은나중에말씀드릴께요 000' (12월 9일 오후 5시 56분)

모 전 시의원으로부터 전화가 오더니 문자도 온다. 왜 이런 부탁
을 하는지 나는 알 길이 없지만, 부탁받을 일이 아닌 것 같아 부담스
럽기만 하다.

'여성단체 000입니다 의정활동에 노고 많으십니다 항상열심히하
시는 모습 보기좋으네요 연제구체육회관건으로 평소제가존경하는
분께서어찌나마음쓰시기에 무례하게좀도와주십사고부탁드립니다
긍정적으로고민좀해주십시오 건강하십시오' (12월 11일 오전 10시
12분)

내가 잘 아는 모 여성단체 전 회장까지 문자를 보내왔다. 나는 직

접 통화를 했다. 나는 내년 예산편성의 문제점에 대해 설명을 하고 이해를 구했다.

　자활단체의 어떤 분으로부터 전화가 왔다. 하지만 나는 예결위원회 심의 중이라 전화를 받을 수 없었다. 나는 속으로 자활 관련 예산 때문이겠지 하고 넘겼다. 다음 날 10일 오전에 교육청 예산심의를 하기 전인 9시 15분경 그분이 예고도 없이 내 방문을 열고 들어왔다. 이미 내 방에는 다른 분이 와 있어서 얘기를 나누고 있는 중이었다. 나는 잠시 기다려줄 것을 요청하고 얘기를 대충 마무리 지었다.

　아직 교육청 심의도 남아 있어 나로서는 바쁜 나날인데, 내 방 앞에는 나를 만나려는 사람들이 계속 줄을 서서 기다리고 있다. 예산 때문이다. 아무리 다급해도 사전에 약속도 하지 않고 들이닥치는 이 사람들이라니! 나는 우선 무슨 일이냐고 물었다. 내가 전혀 생각지도 않은 얘기를 꺼냈다. 연제구 구청장이 자기를 보냈다고 한다. 연제구 국민체육센터 관련해서 예산안을 그대로 통과시켜달라는 부탁이었다. 나는 잠시 언짢은 생각도 들었지만 이 사안에 대해 자세하게 설명했다.

　연제구 체육센터 예산편성과 관련해서 사전 절차의 미이행이 있어서 문제제기를 했지만 예산을 삭감하거나 그대로 통과시키는 것은 나 혼자 결정하는 것이 아니라 예결특위 의원들이 함께 결정하는 것이라서 내가 답변하기 어렵다고 말했다. 그리고 예산편성 전에 사전에 반드시 거쳐야 하는 절차가 있는데, 연제구 국민체육센터 예산안은 구의회의 공유재산관리계획에 대한 심의를 거치지 않은 상태라 관련 조례를 위반하는 것이라는 점을 얘기했다.

내가 제기하는 것은 연제구 국민체육센터 설립을 반대해서 그 예산안에 대해 문제제기하는 것이 아니라, 그 예산안을 편성하는 과정에서 드러난 절차상의 위법한 문제에 대한 것이라는 점을 설명했다. 그러자 그는 미안하다고 하면서 물러났다. 정확하게 내가 무엇을 지적했는지 모른 채 나를 만나러 온 것이었다. 나는 마음이 답답했다.

의원이 관련 질의를 왜 하겠는가. 문제가 있는 부분을 지적했으면 고치려고 해야 하는 것이 우선 아닌가? 의원으로서 의정활동을 하다 보면 느끼는 문제이지만, 시청 공무원들이나 사업관련 담당자들은 어떤 문제가 드러나면 고치려고 하기보다는 숨기거나 억지를 부려 대충 무마하려는 경향이 많다. 이번 건도 절차를 거쳐야 하는 것을 거치지 않았기 때문에 생긴 위법한 사안인데, 나를 아는 사람들을 동원해서 예산통과만 시키면 된다는 식으로 생각하는 사람들이 많다. 도저히 이해가 안 된다. 공유재산 관리계획이 구의회에서 심의 의결되지 않은 상태에서는 절차상 예산안이 성립할 수 없다는 것을 모르지는 않을 텐데 말이다.

모 전 의원이나 모 여성단체 전 회장이 이 건으로 나에게 전화를 하여 부탁하는 정도이니 내가 무슨 말을 더 보태겠는가? 내가 왜 이 예산편성에 대해 문제제기를 했는지 그 내용도 모르고 무조건 통과만 시켜달라고 하니 안타깝다. 이런 문제는 친소관계로 해결할 수 있는 문제가 아니다. 의정활동의 기본원칙을 바꾸라는 말인데 나로서는 도저히 받아들일 수 없는 일이다.

그리고 계수조정위원 6명 중에서 이 예산의 삭감을 주장하는 의원은 나 하나뿐이다. 만약 다수결의 통과절차를 갖는다면 내가 반대한다고 이게 통과되지 않는 것도 아니고 오히려 수적으로 본다면 이 건은 통과될 것이 뻔하다.

연제구를 지역구로 둔 김성우 의원도 그 예산 건으로 예결특위 회의 시간 중에 나에게 얘기를 하자고 했지만 거절했다. 나는 교육청 예산심의를 하고 있고 뻔하게 동료의원이 질의를 하고 있는데 자리를 비운다는 것이 예의에 어긋나는 일이라고 생각했기 때문이다. 관련된 사람들은 속이 타겠지만 이미 엎질러진 물이다.

범어사 산문

12월 11일 계수조정위원들의 계수조정이 시작되었다. 회의 초반부터 난타전이다. 나는 범어사 산문 신축과 관련한 예산을 전액 삭감하자고 주장했다. 내 주장에 대해 전윤애 의원이 정면으로 반박하며 삭감은 안 된다고 맞섰다. 내 언성이 높아지고 말았다. 질의를 통해 범어사 산문 신축의 문제점에 대해 충분히 얘기했는데 무조건 삭감하면 안 된다고 하면 질의한 사람은 뭐가 되느냐고. 그런 말들이 오고 가니 분위기가 냉각되고 말았다.

점심시간이 되어 송숙희 예결위원장은 지역구에 일이 있어서 가고 계수조정 의원 3명과 제종모 의장이 함께 식사를 했다. 나는 의장이 식사를 함께하는 것이 부담스러웠다. 이런 상황에서 의장이 왜 계수조정 의원들과 식사를 하는지, 무언가 압박으로 느껴졌다.

식사를 마치고 계수조정을 위해 예결특위 방으로 들어가는 입구에서 문화체육관광국장을 만났다. 국장은 범어사 산문 예산은 반드시 살려야 된다고 한다. 부산대학교 선배인 자기를 봐서라도 살려달라고 한다. 예결특위 때 내가 한 문제제기에 대해서는 동의하지만 자기가 부산대 불교학생회 출신이라는 걸 강조한다.

점심 식사 후 나는 국장과 다시 얘기를 했다. 국장은 범어사 주차장 예산 5억 원과 불꽃축제 예산 1억 원을 삭감하겠다고 한다. 대신 범어사 산문 예산은 원안대로 해달라고 했다. 내가 제기한 지적들이 아무리 옳다고 하더라도 소수인 나의 처지로는 담당 국장과 일정 정도 사전에 정리하지 않고서는 계수조정 회의에서 밀릴 것은 불을 보듯이 뻔한 일이다. 아침부터 조길우 전 의장한테서도 계속 전화가 왔지만 나는 일체 전화를 받지 않았다. 범어사 산문 예산을 살려달라고 할 게 뻔한데 전화 받기가 부담스러웠다.

범어사 산문 예산과 관련해서 권영대 의원은 내용도 잘 알지 못하고 있었다. 범어사 산문이 무슨 문화재인줄 알았다면서 실제 내용을 알고는 기가 막혀했다. 권영대 의원이 이 정도라면 범어사 산문이 뭔지도 모르고 있는 계수조정위원들이 있다는 반증 아니겠는가? 범어사 산문 예산과 관련해서 여러 사람으로부터 압력을 받고 있는 송숙희 예결위원장도 범어사 산문 예산은 살려주자고 나를 설득했다. 나는 아무래도 전액 삭감은 어려울 것 같다는 생각이 들었다. 그렇다면 이후 사업에 대한 경고라도 보내자는 생각이 들었다. 경고의 의미로 범어사 산문예산에서 1억 원을 삭감하는 것으로 정리되었다.

막판에 나와 말다툼을 한 전윤애 의원이 소수 의견을 주장하는 김영희 의원의 체면을 생각해서 1억 원을 삭감하자고 동의해주었기 때문에 그 선에서 정리된 것이다. 천년고찰 범어사에 21세기의 인공적인 산문이 과연 어울리는지 나는 이해가 되지 않았다. 범어사는 통도사나 해인사와 비교해 보면 절이 앉은 위치와 절 앞의 풍경이 너무나 다르다. 왜 다들 새삼스럽게 21세기에 들어와서 새로운 건축물을 지어 고건축의 멋을 지닌 10세기 천년고찰에 덧붙이려고 하는지 알 길이 없다.

나는 지금 있는 그대로의 범어사가 정말 아름답다고 생각한다. 범어사는 산문을 신축하는 것보다 범어사 자체의 아름다움을 간직할 수 있도록 자연미를 살려 그대로 두는 것이 특색 있다는 것을 믿어 의심치 않는다. 그런데 왜 그럴까? 주지스님 공약이라서 그런가? 주지스님의 공약이면 부산시나 부산시의회가 다 해주어야 하는가? 나는 아직도 산문 건설이 범어사를 망치는 일이라고 생각한다. 훗날 역사가 평가할 것이다. 과연 범어사에 산문이 필요했는지는……. 차라리 나는 지금의 산문 예산 전액을 자연 그대로 범어사를 유지하는 비용으로 주고 싶다.

*

범어사 산문 예산이란 난제를 해결하고 나니 연제구 체육센터 건립 예산이 기다리고 있다. 나는 입씨름 해 봐야 팽팽한 줄다리기만 되풀이 될 뿐이라는 것을 잘 알고 있다. 지난번 예총회관 건과 똑같은 건이기 때문에 그렇게 처리하면 될 텐데, 연제구 지역구 의원이 버티고 있으니 쉽게 조정되지는 않을 것 같다. 이 건과 관련해서 그나마 예산담당관의 설명이 나를 위로해주었다. 이 예산은 관련 조례에 의거해서 일단 삭감했다가, 구의회에서 공유재산관리계획이 통과된 이후 부산시는 예산을 내년 추경에 반영해도 별 문제가 없다는 것을 계수조정 위원들께 설명했다. 그래도 의원들은 연제구 의원들이 눈에 밟히는지 삭감은 안 된다고 했다. 할 수 없이 내가 결자해지하기로 마음을 먹었다. 예산안은 통과시키되 예산을 집행하기 전에 정당한 법 절차를 거친 후에 사용하도록 한다는 부대의견을 달기로 했다. 한나라당 내의 복잡한 세력관계가 고려된 것이다. 절차를 위배해서 편성된 예산이지만 예산을 통과시켜 주면 현 구청장 편에 서는 것이고, 통과시켜 주지 않으면 지역구 국회의원 편이 되는 것처럼 상황이 꼬여 있었다. 어떤 선택을 하든 중간자가 될 수 없는 상황으로, 한쪽 편에 설 수밖에 없다. 내가 누구 편에 서는 것이 아니라 법절차의 문제를 지적하는 것인데도 상황은 이렇게 만들어진다. 결국 나의 선택은 예결특위의 심사에 부대의견을 다는 것으로 타협을 하고 물러날 수밖에 없다.

경제산업실

계수조정소위에서 마지막으로 학술용역과 기술용역, 민간자본보전(민자보) 예산안에 대해 일률적으로 10% 삭감하는 것으로 정리되었다. 그런데 공교롭게도 경제산업실의 민자보만 모두 삭감이 되는 결과가 되었다. 경제산업실 실장이 곤란한 지경에 빠져버렸다.

자기만 바보가 되었다고 항의했다. 그렇지만 어찌하겠는가? 이미 예결위원들이 의결하기 위해 정리가 다 된 마당에 너무 늦었다. 나의 언급 때문에 삭감되어 미안했지만 민자보 예산이 너무나 방만했기 때문에 앞으로 예산지원에 신중을 기해야 된다는 측면에서 이 예산의 삭감은 불가피했다. 실제 경제산업실의 업무는 너무나 방대하다. 이 방대한 사업을 일일이 챙기기 위해서는 더 세밀한 업무 파악이 필요하다. 그렇기 때문에 이번 기회에 실장이 제대로 챙기지 못한 데에 대한 경고라도 함으로써 이후 자기 성찰과 함께 부산시의 사업이 세밀하게 돌아갈 것이 아닌가 하는 생각도 들었기 때문이다. 그리고 경제산업실이 이대로 타성에 젖어 운영되는 것은 부산의 미래가 암울하다는 생각을 많이 했다. 나는 계수조정을 하면서 마음 한구석이 무거웠지만 평상심을 가지려고 무진 노력했다.

교육감의 전화

2009년 12월 10일,
초등영어교사 지원예산의 효용성

저녁 9시가 넘어 설동근 교육감으로부터 전화가 왔다. 오늘 진행된 2010년도 부산시 교육청 예산심의에 대한 이야기였다. 내가 문제를 제기한 사안은 초등학교 영어교사들에게 한 달에 100만원씩 지원하는 예산 1억 2천만 원에 대한 건이었다. 교육감은 이 예산을 반드시 살려달라는 것이었다. 그리고 내가 제기하는 여러 가지 문제, 즉 보건교사들의 연수계획 등에 대해서는 재정과장으로부터 전화로 연락을 받아 잘 알고 있다고도 했다. 앞으로 영어수업을 원어민 보조교사에서 한국인 영어교사로 점차 교체해나가야 한다는 것이다. 원어민 보조교사를 채용해야 한다고 열을 올릴 때는 언제고 이제 와서 이 변덕을 부리는지 모르겠다. 교육감은 나에게 지금 우리 아이들은 원어민 보조교사들이 커피만 한 잔 사준다고 해도 아무런 의심 없이 따라 나선다고 했다. 그러다 보니 불미스러운 일

등이 자주 발생한다고 생각하는 것 같았다. 그래서 큰일 났다는 것이다.

그동안 영어 학습에 대한 교육정책이 너무 지나칠 정도로 편중되었다. 원어민에 대한 문제뿐만 아니라 영어교사들에 대한 처우도 지나치게 편중되어왔다. 미국연수니 뭐니 하면서 영어권 연수에 지나치게 편중된 예산이 투입되었다. 게다가 묻지 마 영어열풍 때문에 다른 교과목 교사들은 얼마나 많은 손해를 감수해야 했는가. 국어, 영어, 수학 시수를 늘리기 위해 다른 교과시간을 줄이는 것은 물론이고, 정작 아이들의 성장기에 필요한 과목들은 배우지도 못하는 경우가 부지기수였다. 영어 때문에 생긴 문제는 학교뿐만 아니라 사교육 열풍을 조장하고 돈 없으면 이 사회에서 도태하게 만드는 데 상당한 요인이 되고 있어 정말 걱정이다. 그리고 다른 교과목 교사에 대한 배려도 필요하다고 본다. 같은 사범대학을 나와 교사로 근무하면서 교사로서 동등하게 누려야 할 권리에서조차 배제되고 차별대우를 받는다면 이 또한 문제가 아닐 수 없다. 교사로서 정당한 대우를 받지 못하거나 일단 시수에서 줄어들게 되면 선생님들은 불안해질 수밖에 없으며 이런 교사가 많아지는 학교는 위험해지는 것이고 그 피해는 고스란히 학생들에게 돌아갈 것이다. 결국 전인교육이라는 우리의 교육이념에도 반하는 결과를 가져올 것이 뻔하다. 이번 교육청 예산은 바로 이러한 문제점을 안고 있는 것이었다.

만약 이러한 예산이 계속 편성된다면 예산은 예산대로 낭비하고 교육 내용은 더욱 부실해질 수밖에 없다. 그동안 원어민 교사가 필요하다고 해서 책정된 예산이 그대로 낭비되는 결과를 초래했는데 여기에 대해 책임질 생각은 하지 않고 무조건 이 예산은 삭감해선 안 된다고 하니 큰일이다. 교육은 백년지대계라고 했다. 장기적으로 차근차근 준비하면서 우리의 성실하고 뛰어난 교사들이 학교에서 신나게 아이들을 가르칠 수 있는 학교현장이 되도록 방안을 찾아나가야 할 것이다.

남강물과 낙동강물

2009년 12월 21일,
비싼 남강물은 장사치의 마음이다.

오후 2시 54분 보사환경위 전문위원실에서 문자가 들어왔다. '광역상수도 사업 조기 착공 촉구 결의안' 채택 관련하여 12. 22(화) 오전 9시 40분 위원장실에서 회의를 개최한다는 내용이었다.

오후 3시에 회의가 있어서 환경국 회의실에 있던 나는 바로 보사환경위 전문위원실에 전화를 했다. 내가 지난주에 분명히 그러한 내용의 결의안을 채택하는 것은 안 된다고 했는데 이런 식으로 결의문을 채택하겠다는 거냐, 그렇다면 내일 2009년 정례회의 본회의가 폐회하는 날이지만 반대 토론을 할 수밖에 없다고 말했다. 기분 좋게 끝나야 하는 자리에서 내가 반대 토론하는 것을 보고 싶으냐고 과장한테 속사포를 쏘아댔다.

그리고 나는 최형욱 운영위 간사한테 전화를 했다. 최 의원은 전화를 받지 않았다. 나는 마음이 바빠졌다. 정부가 남강댐 물 문제와

부산수자원공사를 방문하여 현장 확인을 하는 보사환경위원회 위원들

관련해서 예비타당성 용역조사를 실시했는데, 그 결과에 대한 발표 시기를 차일피일 미루다가 타당성이 있다는 결론을 내린 것 같았다. 이와 관련해서 지난주에 상수도본부장이 얼핏 보사환경위에 결의문을 채택해달라는 요청을 한 것 같았다. 12월 19일자 언론보도를 통해 이를 알게 된 나로서는 올 것이 오고야 말았구나 하는 생각이 들었다. 기획재정부는 18일 한국개발연구원에 연구조사를 맡겨 실시한 '남강댐 및 부산, 경남 광역상수도 건설 예비타당성 조사결과'를 국회에 보고했다. 보고서에 따르면 남강댐 물을 부산에 공급하기 위한 남강댐 용수증대사업과 광역상수도사업을 분석한 결과 사업추진을 위한 '종합적 타당성'이 0.527로 평가됐다는 것이다.

또 이 사업에 대한 경제성 분석에서는 '편익 대비 비용(1 이상의 경우 경제성이 있음)'이 0.954로 약간 부족한 수준이었으나, 지역경제에 미치는 파급효과와 지역균형 발전을 위한 정책적 분석 등을 종합적으로 판단해 사업의 타당성이 있는 것으로 결론지었다.

아마 사전에 이런 결과가 나올 것을 미리 알았던 부산시는 서둘러 시의회가 결의문을 채택해줄 것을 요청하려고 준비를 해왔던 것 같았다. 하지만 12월 15일 2차 본회의 때까지 별다른 얘기가 없어서 나는 안심하고 있었는데 결국 22일 마지막 본회의를 하루 앞두고 이런 문자가 온 것이다.

나는 오후 3시부터 환경국 기후변화 관련 정책협의회가 진행되기 때문에 오후 5시가 지나야 몸을 움직일 수 있을 것 같아, 회의가 본격적으로 시작되기 전에 잠시 회의실에서 나와 여기저기 전화를 했다. 마음 같아서는 회의를 포기하고 당장에라도 전문위원실로 뛰어

가고 싶은 심정이었으나 이미 회의장에 들어온 위원들과 인사를 나
눈 마당에 꼼짝달싹할 수가 없었다.

우선 다음 날 본회장에서 반대토론을 하기 위해 시급하게 토론문
을 준비해야 했다. 정책연구실 박사에게 전화를 했다. 간단하게 내
의견을 설명했다. 광역상수도사업이 진행되게 되면 부산시민들이
좀 더 좋은 물은 먹게 되겠지만, 상수도 요금이 인상되기 때문에 시
민들에게 부담을 주게 된다. 하지만 이런 내용에 대해서는 부산시
가 시민들에게 충분하게 알리지 않은 상태다. 수도요금이 인상된다
는 것을 부산시민들이 알게 된다면 지금처럼 남강댐 물을 끌어 오
는 것에 대해 무조건 찬성만 하지는 않을 것이다. 또한 낙동강 수질
개선에 대한 의지의 문제도 있다. 그렇지 않아도 낙동강 수질악화
때문에 걱정인데 낙동강 물을 상수도로 사용하지 않으면 결국 낙동
강이 방치되지 않겠느냐, 대구시도 낙동강 오염사고 때문에 취수원
을 상류로 옮기려고 하고 있다, 그러면 결국 낙동강을 포기하게 되
는 것은 시간문제인 것 아니냐고 물었다. 연구실 박사도 내 의견에
동의했다. 나는 박사에게 내일 반대토론을 해야 하니 문제점을 정
리해달라고 요청했다.

그리고 나는 다시 회의장으로 들어와서 회의를 했다. 회의 중에
최형욱 의원한테서 전화가 왔다. 나는 회의 중이라 전화를 받을 수
없어 문자를 보냈다. '나중에 전화를 하겠다' 고 보냈다가 도저히
마음이 급해 안 되겠다 싶어 다시 문자를 보냈다. 광역상수도 관련
해서 의회가 상수도 본부장의 부탁을 받고 결의문을 채택하려고 하
는데 이래도 되는지 물어보았다. 최 의원이 문자로 '어느 상임위에

서 하느냐?'고 답해왔다. 보사환경위에서 내일 회의를 하여 결의문 채택을 한다는 소식이 들어왔다고 답을 보냈다.

최 의원은 지난 7월 시정질문에서 남강댐 물 문제 관련 시정질문을 통해 내가 평소에 가진 문제의식과 동일선상에서 질의를 한 적이 있었다. 그래서 나는 최 의원한테 협조를 요청하는 것이 무엇보다 중요하고, 문제를 풀어나는 데 도움이 될 것 같았다. 오후 4시 30분이 넘어 보사환경위 유재준 수석전문위원으로부터 전화가 왔다. 나는 회의 중임에도 불구하고 전화를 받았다. 내일 채택하려는 결의문은 보류되었다고 했다. 그리고 다시 오후 5시 3분경에 유재준 수석전문위원으로부터 문자가 왔다. '상수도 건은 보류. 오늘 모임 꼭 참석 바랍니다, 유재준' 나는 일단 안도했다. 오후 5시가 넘어 회의가 끝나자마자 보사환경위 전문위원실로 달려갔다. 나는 유재준 수석전문위원에게 고맙다고 했다. 유재준 과장도 나 때문에 엄청 혼이 난 것 같았다. 나는 거듭 고맙다는 인사을 하고 저녁에 보사환경위 직원들과 저녁식사를 하기로 한 약속도 꼭 지키겠다고 말하면서 내 방으로 왔다. 최형욱 의원한테 전화를 했다. 최 의원은 내 전화를 받고 김성우 의원과 의논하고, 김성우 의원도 결의문 채택에 반대한다는 의견을 보사환경위에 전달했다고 했다. 같은 상임위소속 의원이 2명이나 반대하니 결의문을 채택하기 어려웠을 것이다. 나는 최 의원이 너무 고마웠다. 2시간 동안 긴박하게 진행된 그 소동은 그렇게 마무리가 되었다.

처음에 나는 결의문을 채택한다는 소식을 듣고 너무 기가 막혀 유재준 과장한테 오늘 보사환경위 직원들과 한 저녁약속도 취소한다고 말했다. 다행이 일이 잘 처리가 되어 저녁식사 자리가 이루어 졌지만, 전문위원은 저녁을 먹으면서 나에게 그간의 과정을 이야기 해주었다. 백종헌 위원장이 김영희 의원이 반대하면 결의문을 채택 할 수 없다고 말했단다. 상수도사업본부 본부장은 나를 설득하기 위해서 직원을 시켜 전화도 했다. 하지만 나는 회의 중이라서 받지 못했고 소동이 일단락 된 후 상수도본부 급수팀과 통화가 되어 얘 기를 나누게 되었다. 나는 단호하게 말했다. 보사환경위에서 논의 가 되지 않은 상태에서 급하게 결의문을 채택하는 것에 반대하며 앞으로 얘기를 충분히 하자고.

이런 소동을 겪고 나니 너무도 안타깝다. 위원장만 설득하면 결 의문을 채택할 수 있을 거라고 생각한 부산시도 안쓰러울 뿐이다. 그렇지 않아도 부산과 경남의 관계가 안 좋을 때다. 부산신항 명칭 문제, 남강댐 물 문제, 신공항 위치선정 등등으로 경남과 감정적으 로 틀어질 대로 틀어져 있는데 왜 이렇게 자꾸 불화를 만들어나가 는지 모르겠다.

지난주에 상수도사업 본부장은 편향된 말을 했다. 경남은 남강댐 물을 부산에 주지 못하겠다고 고집을 부리는데, 부산은 왜 가만히 있느냐고 중앙 정부에서 나무란단다. 설사 정부가 그런 말을 한다 고 해서 부산시의회가 충분한 논의도 없이 결의문을 채택할 수는 없는 일 아닌가. 부산시의회는 부산시민들의 다양한 목소리를 반영 하는 민의의 전당이다. 선출직 공무원이 시장 1명뿐인 부산시 집행 부와는 다르지 않은가?

남강댐 물을 부산시민이 먹을 수도 있고 안 먹을 수도 있다. 하지만 시의회가 결의문를 채택한다는 것은 또 다른 문제다. 이미 문제를 제기하는 의원들이 있음에도 그냥 무시하고 지나갈 수 있다고 생각했는지는 모르겠지만 너무 안일하다는 생각이 든다. 먼저 부산시는 결의문 채택이 몰고 올 파장에 대해 면밀한 검토를 하는 것이 우선이다. 부산시와 경남의 골 패인 감정싸움은 누구에게도 도움이 되지 않는다. 그리고 낙동강을 포기하지 않는다는 부산시의 말을 정말로 믿을 수 있도록 다양한 대책을 내놓아야 한다. 그나마 현재 우리 부산시민이 낙동강 물을 먹고 있기 때문에 나는 현재 수준이나마 낙동강 물을 관리해올 수 있었다고 생각한다. 앞으로도 경남의 반발은 계속될 것이다. 부산시가 경남과 어떻게 대화하고 협력을 이끌어나갈 것인지가 문제다. 문제 해결은 지난할 것이다. 그런데도 이번 결의문 채택과 같이 부산시의회에다 부산시의 책임을 다 미루려고 하는 것은 괘씸하다.

허남식 부산시장과
임태희 노동부장관에게 말하다

2010년 2월 3일, 서로 다름을 알고
강자가 약자를 배려하는 사회를 생각한다.

오전 10시 부산시청 대회의실에서 지역파트너십 협의체가 열려 회의에 참석했다. 허남식 시장이 직접 회의를 주재했다. 회의보고는 노사정책과장이 2010년도 부산시 일자리창출 종합계획과 2010년도 지역 노사민정 활성화사업 계획을 제출한 자료를 읽어나가는 것으로 했다. 노동청 부산종합고용지원센터에서도 2010년도 지역 맞춤형 일자리창출 지원사업 계획을 보고했다. 이번 회의에서는 특별히 의결할 사항은 없었다. 보고만 받고 질의응답을 한 후 끝내는 회의였다. 오전 11시 30분부터 임태희 노동부장관과 간담회가 잡혀 있어 11시까지만 회의를 진행한다고 했다. 시장이 직접 참석하여 회의를 주재하는 것이 참석한 사람들에게는 부담이 되는지 오가는 말들이 시원하게 이루어지지 못했다. 몇 명의 교수와 중기청장이 간단한 의견을 얘기하는 정도로 진행이 되었는데 회의 말미에 나도 얘기를 했다.

나는 시장한테 두 가지를 이야기했다. 첫 번째로 해운대구가 벌이고 있는 반송동지역의 물탱크에 시트지를 부착하는 희망근로사업과 부산시상수도사업본부가 진행하는 직결급수사업이 상호모순적인 사업이라는 점을 지적했다. 한쪽에서는 물탱크 없이 직접 수도관으로 물을 공급하는 사업을 하면서 또 한쪽으로는 물탱크를 보존하는 사업을 벌이고 있는 데 대한 지적이었다. 그만큼 예산낭비가 우려되니 사업에 대해 제고를 부탁하고 해운대구 희망근로사업인 시트지 부착은 다른 사업으로 변경해나갔으면 좋겠다는 의견을 피력했다. 덧붙여 부산시가 하는 사업과 구·군이 앞으로 진행할 희망근로사업이 상충되는 경우가 더 있을 수도 있으니 점검해나갔으면 좋겠다고 말했다.

두 번째로 한진중공업 정리해고 건을 얘기했다. 지난 1월 21일 한진중공업 관련 5분 자유발언을 해서 부산시가 개입하고 중재해나가기를 촉구했는데, 당시 허 시장은 신경을 쓰겠다고 답변을 했다. 또한 경제산업실장은 한진중공업 사장에게 전화를 하겠다고 했는데, 이후 어떻게 진행이 되었는지 알 길이 없었다. 나는 궁금해서 경제산업실장한테 한 차례 전화까지 했지만 연락이 닿지 않았고, 오늘도 얘기를 하려고 했는데 경제산업실장이 아까 회의 자리를 떠나는 바람에 시장한테 말할 수밖에 없다고 말문을 열었다. 어제 저녁에 한진중공업 사용자 측이 종업원 352명에 대해 정리해고를 하겠다고 노동부에 신고를 했다는 이야기를 했다. 시장의 표정을 보니 모르고 있는 것 같았다. 나도 어제 저녁에 연락을 받고 알았는데, 어젯밤과 오늘 회의가 열리는 오전까지 부산시의 그 누구도 시장한테 보고를 하지 않았다는 생각이 들었다. 나는 어쨌든 지난 본회의장에서 5분 자유발언도 했고 시장도 신경을 쓴다고 한 만큼 다시 한번 신경을 써달라고 했다.

오전 11시가 다 되어 회의를 마쳤다. 회의실에는 회의 성원 말고도 언론사에서 취재를 하는 기자들이 있었다. KBS 시사인 PD가 나에게 인사를 건넸다. 그 PD가 하는 말이 자기도 어제 한진중공업 노조로부터 회사가 노동부에 정리해고 신고를 했다는 연락을 받았는데, 시장이 모르고 있는 것 같단다. 이렇게 중요한 문제를 시장이 모르고 있다는 것과, 더구나 경제산업실에서 아는지 모르는지 알 수 없지만 시장에게 귀띔도 안 했다는 것은 정말 문제가 크다는 생각이 들었다. 그리고 지금 하고 있는 지역파트너십이라는 회의 자체가 이런 문제를 다루는 회의체인데 시장에게 보고도 안 되었다는 것은 부산시가 노사문제에 갖고 있는 관심의 정도를 단적으로 보여주는 일인 것이다.

*

회의를 마치고 바로 부산시가 마련한 버스를 타고 서면의 한 음식점으로 이동했다. 파트너십 협의체 위원들과 노동부장관의 간담회에 참석하는 인원수가 불어나서 그쪽으로 이동하는 것이었다. 오전 11시 30분부터 노사민정 간담회가 시작되었다. 참석자에 대한 소개가 있고 노동부장관의 인사말이 이어졌다. 점심을 먹으면서 자연스럽게 노동부장관에게 하고 싶은 얘기를 하는 시간을 가졌다. 그 자리에 참석한 사람들 중에는 협의체 위원들인 한국노총 부산본부장이나 경총 부산회장, 상공회의소 회장이 있었고 노동부 산하 노동청장, 지방노동위원회 위원장뿐만 아니라 몇몇 기업체 사장들과 노조위원장들도 있었다.

노조위원장 중에 대한제강노조 위원장이 참석했는데, 그는 내가 잘 아는 사람이었다. 2004년 영도구에서 총선을 할 때 함께한 민주노동당 당원이자 분회장이기도 했다. 몇 년 만에 이런 자리에서 만나니 조금은 어색했다. 이 자리에 참석한 사측과 노측은 소위 노동부나 정부가 볼 때 노사화합이 잘 되거나 노동부로부터 상을 받은 회사가 참석하는 자리였다. 노조위원장이 영도를 떠나 해운대구로 이사한 이후 만난 적이 없어서 최근의 근황은 알 수 없었지만, 참석한 다른 노조위원장들과 달리 양복이 아니라 작업복을 입고 있어서 그나마 그의 마음가짐을 알 수 있었다. 어쨌든 반가웠다.

오후 1시가 되자 허남식 시장과 상공회의소 회장 등 몇 분이 경남과 상생협약을 한다고 자리를 떴다. 남은 사람들이 인사차 일어나며 엉거주춤하다가 다시 자리에 앉아 마무리에 들어갔다. 몇 사람이 노동부장관에게 하고 싶은 말을 했다. 노동부 관계자의 답변과 임태희 노동부장관의 답변이 이어졌다. 임태희 노동부장관의 답변은 내가 생각한 것보다 훨씬 길었고, 기어이 내 마음을 상하게 만들고 말았다. 나는 괜히 참석했다는 생각이 들기도 했다. 하지만 임태회 장관의 말이 너무나 부당하다는 생각이 들어 마무리 단계에서 한마디 하지 않을 수 없게 되었다.

나는 노동부장관에게 한 말씀 드리겠다고 하고 말을 시작했다. '임태희 노동부장관의 말씀은 잘 들었다. 많은 얘기를 하셨고, 그 말들을 들으면서 임 장관의 인식이 이명박 정부의 국정철학과 통한다는 생각이 들었다. 나는 부산시의회 의원이다. 부산시의회 의원은 47명이고 2명이 야당 의원이다. 나는 그 두 명의 의원 중에 한 명이다. 장관 말씀 중에 노조전임자 임금 금지와 복수노조 문제와 관련해서 작년 연말 법이 통과된 것이 당연한 일이라고 하셨는데 노동현장은 그렇게 생각하지 않는다. 세계에서 한국이 노사정타협을 잘했다고 칭찬까지 한다고 하는데 정녕 그러한가? 그것이 어떻게 노사정 대타협인가? 스웨덴이나 선진국의 노사정 대타협은 그야말로 노총과 경총이 충분한 논의 끝에 제대로 된 타협을 이루어낸 것이다. 작년에 한 우리의 타협이 과연 그러한가? 노동진영의 한 쪽인 민주노총이 빠진 상태로 한 타협이 칭찬받을 만한 것인가? 그리고 노동부 산하 노동연구원장이 비정규직이 더 많이 늘어나야 된다고 말하고, 헌법에서 노동삼권을 빼버려야 한다고 말하고 있다. 이러한 상황에서 장관의 발언에 대해 과연 우리나라 국민이 동의하겠느냐'고 나는 반문했다.

나는 이명박 정부가 성공하길 바라지만 이런 식으로 국정을 운영하면 파국을 맞을 수도 있다고 충고했다. 또한 노동부장관이 시·도를 순시하면서 좋은 얘기를 많이 듣겠지만, 나와 같은 이러한 생각을 가진 사람들, 국민들이 있다는 것도 알아야 한다고 마무리 발

언을 했다. 아마 장관은 어디를 가도 이런 얘기를 듣지 못하였을 것
이다. 나는 이런 얘기를 하는 자리가 많이 만들어지고, 이런 얘기를
직접적으로 하는 사람들이 많았으면 좋겠다는 생각이 들었다.

해운대 관광리조트 특혜의혹

2010년 3월 9일~10일,
그의 공무원들의 과잉충성이 시정을 망친다.

3월 9일 아침부터 기획재정관이 내 방을 방문했다. 본회의가 끝나기가 무섭게 내 방으로 와서는 시정질문을 허 시장에게만 하지 말고 다른 실 국장에게도 나누어서 하고 시장한테는 부분적으로만 해달라는 부탁이었다. 자기도 승진해야 되니까 날더러 도와달라는 것이다. 기획재정관은 행정자치과장에서 국장으로 승진한 지 얼마 되지 않은 사람이다. 그런데 벌써 또 승진할 생각을 한단 말인가? 의원에게 너무 솔직하게 자기 마음을 드러내는 것 같다.

어쨌든 미래전략본부장한테 질문을 많이 하고 몇 가지만 시장한테 물어달라고 한다. 의회협력계가 기획재정관실에 있기 때문에 의원한테 그런 부탁을 하러 오는 것은 이해를 하지만, 내가 시정질문하는 내용이 기획재정관실 소관이 아닌 만큼 그런 얘기는 나한테 하지 않는 것이 좋겠다고 말했다. 그랬더니 그는 소관부서의 국장인 본부장을 나에게 보내겠다고 한다.

　오후 3시가 다 되어 미래전략본부의 담당과장이 전화를 했다. 내가 의회에 있으면 만나러 오겠다고 한다. 나는 시정질문과 관련해서 시장한테 하지 말고 본부장한테 하라고 요구할 거면 올 필요가 없다고 했다. 담당과장은 그 문제도 있지만 무언가 다른 내용을 설명하겠다고 한다. 나는 일단 회의 중이니 나중에 얘기하자고 했다.

　나는 오후 4시에 시정질문과 관련해서 기자실에서 브리핑을 했다. 기자는 3명이 참석했다. CBS, KBS, 국제신문이 모두 다였다. 나는 기자브리핑을 끝내고 시정질문 자료집을 만들어야 하기 때문에 보사환경위원회 전문위원실에 자료를 넘겼다. 아마 이 자료는 쏜살같이 시장의 손으로 넘어갈 것이다.

*

　오후 7시가 다 되어 부산도시공사 사장으로부터 전화가 왔다. 나의 시정질문 내용이 너무 많은 분량이고 이렇게 상세한 내용을 시장이 언제 공부해서 답변하느냐고 말한다. 도시공사 사장 자신이 직접 답변할 테니 자신에게 질문을 해 달란다. 나는 그렇게는 못하겠다고 했다. 지난 2월 23일 5분 자유발언을 통해서 해운대 관광리조트 특혜의혹에 대해서 시장이 직접 공개 해명할 것을 촉구했는데 이후 어떤 반응도 없었다. 그런데 이제 와서 이래라 저래라 하는 것은 적절하지 않다고 했다. 그러자 도시공사 사장은 지난번 내가 5분 자유발언을 한 것은 아는데 어떤 내용인지는 몰랐다고 한다. 나는 어처구니가 없어졌다. 그동안 나는 시측에 답변할 충분한 시간을 주었다고 생각했다. 최소한 2월 말까지 어떤 식의 답변이나 반응이라도 보여주었으면 시정질문은 하지 않을 셈이었다. 더구나 이미 내가 해운대관광리조트 관련 시정질문을 한다는 것을 알고 있는 시 관계자는 최소한 1주일 전이라도 나에게 와서 설명을 하든지 해야지 시정질문을 하기 하루 전날 이렇게 야단법석을 피우는 것은 도저히 이해할 수 없는 일이었다. 도시공사 사장 자신은 몰랐다고 한다. 자기가 내용을 알았더라면 미리 설명을 했을 텐데, 부산시가 왜 김영희 의원한테 미리 해명을 안 했는지 모르겠다면서 사장 본인이 죄송하다고 한다. 얘기가 길어지면서 서로가 언성도 높아졌다. 사장은 오히려 이 사업이 진척이 안 될까봐 걱정이라고 한다. 그리고 해운대 관광리조트가 만들어지면 부산시민들이 자기들한테 고마워할 것이라고 한다.

나는 이 문제가 부산이란 도시를 어떻게 만들어나갈 것인지에 대한 철학의 문제라는 점을 강조했다. 그러나 이번 시정질문에서는 이것까지 질문할 시간이 없어서 빼지만 생각이 너무 다르다는 점을 분명히 했다. 그리고 해운대 관광리조트의 사업범위가 정해져 있는데 사업을 공모한 후 집행하는 과정에서 그 범위를 확대한 것은 특혜의혹이 있다는 점도 말해주었다. 왜 애초 도시공사가 예산을 들여 만든 지침서대로 하지 않은 것인지, 사업범위가 확대되었다면 재공모하는 것이 타당한 것 아니냐고 물었다.

사장은 여기에 대해서는 별다른 해명 없이 부산도시공사가 그렇게 결정한 것이 옳은 것이라는 말만 되풀이하면서 요지부동이다.

자기를 못 믿느냐고 한다. 자기가 수십 년 부산시에 근무하다가 옷 벗고 나가 도시공사 사장으로 일을 하는데, 자기는 그런 사람이 아니라는 것이다. 나도 사실 도시공사 사장은 존경한다. 굉장히 청렴한 것으로 정평이 나 있다. 하지만 무조건 자신을 믿어달라는 말만큼 애매모호한 말은 없다. 내가 사람을 못 믿는 것이 아니라 정해진 제도와 절차에 대한 이야기를 하는 건데 사장은 자신을 믿어달라고만 한다. 나는 도시공사 사장 개인은 믿는다. 그러나 이 사업과 관련해서 세상은 또 다르게 움직이는 질서가 있어서 그 속에서 결정되고 있다는 얘기들이 나돌고 있지 않느냐고 되물었다.

아무리 사장 본인이 청렴하고 강직하더라도 정해진 제도와 원칙이 무시될 수는 없다. 그렇기 때문에 그 원칙을 위배한 것이라면, 도시공사가 이 일과 관련해서 무조건 정당한 것은 아닐 것이다. 특혜 시비가 불거질 거라고 예상했을 것이고, 여기서 파생되는 여러 가지 문제에 항상 시달리기 때문에, 그래서 문제를 미연에 방지하기 위해 공모지침서라는 가이드라인을 만든 것이 아니겠는가? 그런데 용역 당시 상황과 지금 상황이 달라졌다고 해서 특혜로 여겨질 만한 큰 원칙까지 훼손하면서 특정업체에 유리하게 사업을 해서야 어찌 부산시민들이나 상대 업체한테 떳떳할 수 있단 말인가. 후일 결국 다 밝혀지고야 말겠지만 아무리 뜯어봐도 이것은 특혜다. 보이지 않는 손에 의해 이 사업은 이미 이런 결론이 마련되어 있었던 것인지도 모른다.

나의 문제제기를 받기 전이라도 자기들 스스로 특혜의혹이 제기될 수 있다는 것을 진작 알고 있었다면 이 사업에 대한 검토를 다시 해야 했다. 내가 5분 발언을 했을 때는 모르쇠로 일관하다가 시정질문에 나서니까 이렇게 야단법석을 떨며 부산하게 움직이고 있다. 그리고 공무원들은 왜 그렇게 시장을 과잉보호하려고 하는가?

도시공사 사장과 통화하는 중에 다른 전화가 걸려오고, 의회 방에 있는 유선전화에도 벨이 울려댄다. 시의 도시계획위원회 담당의 전화였다. 내 시정질문서를 보고 도시계획위원회 관련 질문이 있어서 전화를 한 것이다. 나와 몇 마디 통화를 하더니 도시개발실장을 바꿔준다. 실장은 작년 도시계획위원회 12월 1일자 회의록을 담당자를 통해 보여주고 설명을 한 것으로 알고 있는데, 시정질문서에 그 내용이 있어서 나에게 항의성 전화를 한 것이다. 나는 지난 23일 5분 발언에서도 얘기했지만 시장이 트리플스퀘어의 모 감사를 도시계획위원으로 선정한 것은 적절하지 않았다고 문제제기를 했다. 그러나 당시 나의 지적에 대해 도시계획위원회 담당은 그날 회의를 할 때 모 감사는 트리플스퀘어 관련 당사자라서 회의에서 제척하고 진행했기 때문에 아무 문제가 없다는 식으로 얘기했다.

나는 그날 회의에 대한 문제가 아니라 도시계획위원을 선정하는 절차와 시기의 문제를 지적한 것인데도, 이들은 내가 무슨 말을 하려고 하는지 정말 모르는 건지, 아니면 알면서도 모르는 척하는 건지, 자신들의 입장만 앵무새처럼 반복하고 있다.

당일 도시계획위원회 회의에서 모 감사를 제척했다고 해서 부산시에 면죄부가 주어지는 것은 아니라고 얘기했다. 문제는 당시 도시계획위원으로 부적합한 사람인 모 감사가 위원으로 선정된 데 있었다. 모 감사는 2008년 10월 당시는 도시계획위원이 아니었고

2009년에 도시계획위원으로 위촉되었다. 그런데 2007년 11월에 이미 트리플스퀘어가 민간사업자로 결정되었고, 2008년에 구역이 확대지정됐다. 이런 일의 순서를 보면 모 감사는 당시 해당사업인 트리플스퀘어 감사로서 당사자였기 때문에 더더욱 도시계획위원으로 위촉하지 말아야 되는 것 아니었느냐고 지적했다.

그랬더니 실장은 막무가내다. 자기들은 도시공사에서 일어나는 일은 모르고, 토목학회 쪽에서 몇 사람 추천받아 그 사람으로 결정했다고 항변했다. 그렇다면 나는 내일 나의 시정질문에 대해 그렇게 답변하라고 말했다. 정말 한심하다. 트리플스퀘어 모 감사는 부산시 고위공무원 출신이다. 당연히 도시개발실장도 그를 잘 안다. 전직 고위공무원을 일부러 밀어준 혐의가 짙은 데다, 모 감사는 비리혐의로 구속된 전력까지 있다. 그런데 뭘 몰랐다는 것인가? 모 감사가 트리플스퀘어에 스카우트된 사실도 잘 알고 있었을 텐데 몰랐다고 하니 황당할 뿐이다.

그런데 실장은 그런 식으로 따져 사람을 고른다면 부산시 도시계획위원회 위원을 할 사람이 어디 있냐고 항변 아닌 항변을 한다. 도대체 말이 안 되는 소리를 하고 있다. 더욱 기가 막히는 것은 도시계획위원회 담당의 행동이다. 지난 2월 16일 나에게 작년 12월 1일 도시계획위원회 회의록을 보여준 적이 있었다. 당시 그는 자료를 보여주면서 아무한테도 이 자료를 보았다고 하지 말라, 알려지면 자기 목이 날아간다고 말했다. 그런데 금방 실장 본인이 김영희 의원한테 회의록을 보여주라고 했단다. 완전히 나를 농락한다는 생각이 들었다. 정말이지 내가 그 회의록을 본 소감이 뭔지 이들이 아는지 모르겠다.

이 트리플스퀘어 사업은 처음에 주거시설 도입으로 계획된 것이었다. 그런데 공모주가 결정된 후 상업시설 지정과 118층 고층 건립으로 확대되었다. 나는 이에 대해서 문제제기를 하였는데 부산시는 아무런 해명도 없이 자신들의 방침대로 결정해놓고선, 형식적인 회의절차를 거쳤기 때문에 아무 하자가 없다고 한다. 그 회의절차라는 것들은 부산시의 알리바이를 정당화하고 합리화시키기 위한 들러리 역할에 지나지 않는다. 회의에 참가한 한두 사람이 문제제기를 해본들, 수적 다수인 시집행부에서 자신들의 입장을 밀어붙이면 되니까 눈치코치 볼 필요가 없다는 식이다. 그리고 이런 전화를 하는 이유는, 나에게 심적인 압박이라도 가해보자는 것일 테지만, 어림없는 일이다. 시정질문은 내가 한다. 내일 시장이 나의 질문에 어떤 답변을 할지 기대가 된다.

*

3월 10일이다. 어제 저녁 기상예보에서 오늘 전국에 눈이 내린다고 하였지만 부산에 정말 눈이 내릴까 싶었다. 그런데 아침에 일어나 창문을 열어보니 눈이 많이 쌓여 있다. 다른 사람들은 눈이 내려서 아침 출근길 걱정부터 할 텐데, 나는 오늘 시정질문을 할 수 있을까 하는 걱정이 먼저 들었다. 이렇게 눈이 많이 내려 쌓여 있고, 앞으로도 계속 눈이 내린다면 시장이나 3급 이상 국장들이 그 대책마련을 위해 바쁘게 움직여야 할 것이다. 그래서 시의회 본회의장에 앉아서 시정질문에 답변할 수 있는 상황은 안 될 거라는 생각이 들기 시작했다. 어쨌든 나는 서둘러 출근을 준비했다.

다른 날보다 일찍 집을 나섰지만 시내버스는 다니지 않았고, 사람들은 영도다리 쪽으로 걸어 나가고 있었다. 나도 시내버스 기다리기를 포기하고 사람들과 함께 영도다리를 걸어서 건넜다. 눈이 계속 내렸다. 우산을 쓰고 영도다리를 건너는데 바람이 세차게 불어 우산이 뒤집어지기도 해서 잠깐씩 걸음을 멈출 수밖에 없었다. 다리를 건너 남포동 방향 지하도 입구 쪽으로 걸어가니 엄청나게 많은 사람들이 출구 쪽으로 쏟아져 나오고 있었다. 나는 그 사이를 비집고 겨우 내려갔다.

지하철을 타려고 기다리고 있으니 전화가 걸려왔다. 최형욱 의원이었다. 나에게 전화를 했는데 받지 않아 다시 전화를 했단다. 용건은 시정질문을 1주일 연기한다는 것이었다. 예상은 했지만 조금 허탈했다. 그리고 일정을 연기하는 것은 인정하지만 며칠 동안 연기할 것인가는 시정질문할 의원들과 의논해서 처리해야 되는 것 아닌가 하는 생각이 들었다. 나는 항의를 했다. 눈이 그치면 사정을 보아 하루나 이틀 정도 여유를 두고 다시 일정을 잡으면 될 텐데 일방적으로 무조건 1주일이라고 못을 박는 것은 문제가 있다고 말했다. 이미 회의 자료집이 어제 배포가 되었는데 1주일이나 연기하면 그동안 다시 추가할 사안이 생길 수도 있고 각 의원들의 일정도 계획과는 어긋날 수 있다고 말했다. 최형욱 의원은 미안하다고 한다. 시장과 의장이 먼저 연락을 취하여 일정을 의논하고 나서 의원들한테 전화를 했단다. 일단 일정을 연기만 하면 되는데 미처 그런 생각을 하지 못했다는 것이다.

나는 기분이 나빠졌다. 의원들의 시정질문에 대해 시장에게 1주일이라는 시간을 벌어준 셈이 되고 말았다. 이미 나는 시정질문 자료집을 배포했기 때문에 부산시는 나의 시정질문에 대해 충분한 시간을 가지고 답변준비를 할 것이다. 그러므로 이미 배포된 내용 그대로 시장에게 질문을 하게 되면 답을 다 알려주고 문제를 내는 셈이 되는 것이다. 부산시의 예상답변을 가늠해서 질문내용을 다시 보충할 수밖에 없는 상황이 되었다. 다시 1주일을 이 문제에 매달려야 된다고 생각하니 마음이 무거워졌다.

제 3 부

그래도 남은
일기

소설 『불멸의 이순신』

2010년 3월 3일,
장편소설 여덟 권을 7일 만에 다 읽다.

    지난 달 23일 저녁부터 나는 김탁환이 쓴 장편소설 『불멸의 이순신』을 읽기 시작했다. 나의 책 읽는 속도로 볼 때 3월 1일까지 7권을 읽는다는 계산으로 소설책을 빌렸는데 너무 빨리 읽는 바람에 공휴일인 3월 1일에는 읽을 책이 없어 다른 책을 봐야 했다. 나는 3월 2일 의회에 출근하자마자 나머지 책을 빌렸다. 당연히 10권까지 있을 줄 알았는데 8권에서 소설은 마무리되었다. 2일은 사상장애인자립생활센터 출범식 행사에 참가하여 격려사를 하고 왔다 갔다 하느라 늦게야 책을 집어 읽기 시작했고 밤 11시가 다 되어서야 대단원의 막을 내리듯 책을 다 읽었다. 나는 마지막에 눈물을 흘리고 말았다. 작가는 소설 속 그 시대를 너무나 가슴 사무치게 묘사하고 바로 지금 일이 벌어지고 있는 것 같은 착각 속으로 독자를 안내하는 것 같다. 그리고 비록 소설 속 삶이지만 다양한 사람들의 가슴 아픈 모습이 나의 머리를 떠나지 않는다.

몇 년 전 KBS에서 방영한 불멸의 이순신 드라마를 감동적으로 본 적이 있다. 처음부터 끝까지 본 것은 아니었지만 중반을 넘어서서는 열성적으로 방영시간을 챙겨가며 시청했다. 그때 드라마를 보면서 내가 이순신에 대해 잘 모르고 있다는 생각이 들었고, 다음에 시간을 내어 꼭 책을 보아야겠다고 생각했는데 이제야 보게 된 것이다.

지난 1월에 조정래의 장편소설 『한강』 열 권을 다 읽고 난 후에 곧바로 『태백산맥』을 읽을까도 생각했지만 한 번 읽었던 책이라 다음에 보기로 하고 의정자료실에 있는 다른 책을 몇 권 보았다. 그러다가 내 마음이 이순신에게로 갔다. 나는 2월 23일 시의회 본회의에서 해운대리조트에 대한 5분 발언을 하고, 노동청에 심사가 있어서 뛰어갔다가 오후 4시를 넘겨 의회로 돌아왔다. 차를 한 잔 마시고 의정자료실로 가서 서가를 둘러보다가 『불멸의 이순신』을 빌려 읽기로 마음을 굳혔다. 나는 두 권을 빌려서 내 방으로 돌아와 책을 읽기 시작했다. 소설책에 빨려 들어가기 시작했고 다음 날 오후 무렵에 1, 2권을 다 읽어버렸다. 그리고 25일은 3, 4, 5, 6권을 빌렸다. 25일과 26일에는 3, 4권을 다 읽었다. 27일부터 연휴가 시작되면 3월 1일까지 의정자료실이 문을 닫는데 책이 더 필요할 것 같아 26일에는 7권도 빌렸다. 그런데 28일 7권까지 다 읽어버렸다.

26일과 3월 1일에는 집안 제사가 있어서 책을 읽을 시간이 없을 것으로 생각했는데 오며 가며 시간을 내어 책을 다 읽어버리는 바람에 다음 권인 8권은 없어서 읽지 못했다. 나름대로 계산했는데,

결국 3월 1일은 딸의 방에 있는 임진왜란 관련 교양만화책을 집어들어 한 번 빠져버린 소설 속 이야기 감정을 이어가고자 했다. 3월 2일에 마지막 권을 읽고서야 TV 드라마가 더욱 생생하게 떠올랐고, 이순신과 조선시대 선조 때의 조정과 신하들, 이순신의 사람들, 조선의 백성들이 생생하게 가슴을 파고들었다.

뭐가 그리 재미있을까 싶기도 하겠지만 나는 재미를 떠나서 마음이 너무나도 착잡했다. 인간의 삶이라는 것이 시대를 초월해서 어찌 그리도 비슷하단 말인가? 조선시대의 당파투쟁이 지금의 정치에서도 이어지고, 그 투쟁에서 이긴 자들의 역사가 그대로 이어지고 있는 것도 어찌 그리 똑같단 말인가? 나는 이순신 장군이 노량해전에서 죽지 않고 살았더라면 하는 바람을 가진 적이 많았다. 그러나 TV 드라마를 보면서, 아니 이 책을 읽어보면서 치열한 전투 속에 스스로 죽음을 택할 수밖에 없었던 이순신이 이해가 되었다. 그리고 그러한 죽음이 오히려 역사에 남아 이순신의 삶을 욕되게 하지 않았을지도 모른다는 생각이 들었다. 노량해전에서 왜군의 유탄에 쓰러지는 것을 얼마나 안타까워했던가? 하지만 당시의 선조임금과 그를 둘러싼 당파의 각축전에서 이순신이 살았더라도 당파 간의 대립 속에 더욱 큰 치욕을 당했을 것이 뻔하다는 생각에 소름이 돋았다.

이씨조선 5백 년을 돌아보면 끊임없는 당쟁의 역사였다. 조선 성리학이 본격적으로 꽃핀 시대가 이씨조선이었지만, 그로부터 당쟁이 시작되기도 했다. 정적끼리 끊임없이 죽이고 죽임을 당하는 당쟁이 조선왕조가 망하는 그날까지 지속되었다. 현재 우리 정치가 이보다 더 낫다고 떳떳하게 이야기할 수 있을까? 정치가 너무나 닮아 있다. 조선시대의 백성이나 현재 대한민국 국민들이나 힘든 현실은 똑같다. 그럼에도 정치는 애써 이를 외면하고 있다. 정의로움을 올곧게 세우고자 노력하고 국민을 위한 정치를 하겠다고 해도 이러한 당파 정치 때문에 제대로 빛을 보지 못하는 것이 현실이다.

조선시대 당시 뛰어난 신하로서 유성룡이나 이덕형과 같은 빼어난 인물들이 있었지만 그 시대를 넘어서지 못했다. 이순신은 이들보다 조금 더 앞섰다는 것 때문에 그 시대에서조차 살아남을 수 없었다. 때를 기다려 준비하고 그 시대의 한계까지 간파하면서 나아갈 수 있는 용기와 지혜가 너무나 필요한 때이다. 그리고 전쟁 영웅이 아니라 고뇌하는 이순신, 백성을 살리는 이순신, 미래를 준비하는 이순신, 나의 책임을 우선시하는 이순신, 그를 닮고 싶다.

애꿎은 택배청년

2007년 2월 14일,
민주노총 부산본부 기관지 칼럼

설을 코밑에 두고 집 전화와 휴대폰 전화가 시도 때도 없이 걸려 온다. 휴대폰 전화에 찍히는 번호는 낯선 번호다. "여보세요" 하면서 전화를 받으면 저쪽에서는 "택밴데요" 한다. 그리고 연이어 집 위치가 어디냐고 묻는다. 나는 누가 보낸 거냐고 묻는다. 상대방은 바쁜데 위치만 말해주면 안 되느냐고 한다. 그러면 나는 다시 누가 보냈는지도 모르는 물건을 어떻게 받느냐고 반문한다. 그제야 택배 아저씨는 보낸 사람의 이름이나 기관명을 얘기한다. 그리고 이어지는 대화는 이렇다. "죄송하지만 보낸 사람한테 다시 돌려보내주세요." 그러고는 통화를 끝낸다.

"택배요"라고 전화기 저쪽에서 들려오는 소리는 다름 아니라 설 날을 맞이해서 부산시의 고위공직자들이 시의원들에게 선물을 보내는 소리다. 공직자 윤리강령에 걸리지 않는 3~4만 원대의 선물이라고 하지만 뭔가 찜찜하다. 내가 생각하기에 선물이란 친한 사람들끼리 서로의 마음을 더욱 따뜻하게 하기 위해서 보내는 것이라고 생각한다. 시의원과 공직자들은 어떠한 관계에 놓여 있는가? 선물을 주는 사람이나 받는 사람이 아무 느낌이 없다면 그것은 선물이 아니다. 더구나 때가 됐으니 보내고 올 때가 됐다 하고 받는 것은 더욱 곤란하다. 이런 일이 4년 내내 반복되는 일은 정말 사양한다. 그리고 공직자들이 시의원들에게 보내는 선물구입비는 어디서 나오는 것인가? 결국 공직자들의 판공비에서 지출되는 것이 아닐까 싶다. 공직자의 판공비가 의원들 명절 선물 값으로 나가서야 되겠는가? 판공비는 그야말로 그 직무에 긴요하게 필요한 데 사용되어야 할 것이다.

오늘 아침에는 택배직원이 이번에는 반품이 안 된다면서 기어코 집 앞까지 차를 몰고 왔다. 그 이유가 보낸 사람의 주소가 없다는 것이다. 물건을 보니 명함이 한 장 붙여져 있다. 그런데 그 명함이 온통 한자로 쓰여 있다. 이 청년은 한글세대가 되어 한자를 독해할 수가 없었고, 결국 집 앞까지 물건을 가지고 온 것이다. 나더러 한글로 주소를 써달란다. 결국 펜을 쥐고 한글로 옮겨주고서야 그 물건을 온전히 돌려보낼 수 있었다. 그런데 웬걸 한 시간도 안 돼서 이 젊은이 씩씩거리며 전화를 했다. 그 피감기관에서 왜 전달하지 않고 도로 가지고 왔느냐고 타박을 했단다. 그래서 한마디 했다. '시민들 세금으로 사서 주는 선물은 받을 수 없기 때문' 이라고.

평범한 일상

2007년 10월 20일, 토요일 맑음

솥발산 참배

금속노조 한진중공업 지회 김주익, 곽재규 열사 4주기를 맞아 양산 솥발산에서 11시에 묘소참배가 있는 날이다. 아침 8시 조금 지나 노동조합이 마련한 버스를 타기 위해 한진중공업으로 갔다. 노조사무실에는 몇몇 조합원들이 벌써 와 있었다. 며칠 전 공장 앞마당인 단결의 광장에서 추모제가 열렸는데, 차해도 금속노조 부산양산 지부장의 추모사와 김주익 열사 누님의 추모사가 참석한 사람들을 또다시 울렸던 기억이 이들의 모습과 겹쳐졌다. 4년 전 김주익 지회장은 "노동자가 한사람의 인간으로 살아가기 위해서는 목숨을 걸어야 하는 나라. 나는 죽어서라도 투쟁의 광장을 지킬 것이며 조합원의 승리를 지킬 것입니다"라는 유서를 남기고 우리의 곁을 떠났다. 4년의 세월이 흘러 아픔이 옅어질 만도 한데, 열사를 떠올리면 눈시

울이 뜨거워지는 것이 오랜 세월 알고 지낸 인연의 끈 때문만은 아니다. 한진중공업 같은 재벌대기업에서조차도 목숨을 바치고서야 노동자의 일자리를 지켜낼 수 있다는 참혹한 노동현실을 상기시키기 때문이다.

솥발산 참배에는 갑자기 추워진 날씨에도 불구하고 많은 사람들이 함께했다. 울산에서, 창원에서, 서울에서 달려온 분들의 마음이 고맙다. 솥발산에 누워 있는 부산, 울산, 경남의 열사묘소를 둘러보고, 술잔을 올리고 향을 피우는 예를 올렸다. 그러고 난 후 참석자들은 양지바른 곳에 삼삼오오 모여 앉아 도시락 점심을 먹었다. 나는 오랜만에 만나는 분들과 담소를 나누는 것도 잠시, 다음 일정을 위해 솥발산 열사의 묘역을 뒤로 한 채 부산시청으로 향했다.

농협노조 부산시청 집회참석

부산시청 광장에서 2시부터 파업 두 달을 경과한 농협노조 부산본부의 투쟁승리를 위한 전국 집회가 열릴 예정이다. 집회 포스터가 지하철 역사마다 붙여져 있었다. 집회에서 내가 할 일은 없었지만 어려운 투쟁을 하고 있는 농협노조 노동자들에게 조금이라도 힘을 보태주자는 마음으로 서둘러 집회에 참석하였다. 시청 앞에 도착한 시간이 1시 30분이었다. 벌써 농협노조 부산본부의 조합원들이 꽤 와 있었다. 여름옷에서 겨울옷으로 바뀐 그들의 옷차림이 눈에 들어왔다. 파업 두 달을 넘겨 생계의 곤란함을 겪고 있을 그들이다. 언제 끝날지 모를 투쟁을 조합원들의 단결된 힘만으로 버텨나간다는 것이 얼마나 힘든지 겪어보지 않고서는 잘 모를 것이다. 마음이 무거웠다. 2시에 집회를 시작해야 하지만 전국 방방곳곳에 흩어져 있는 농협지부가 한자리에 모이기가 쉽지 않아 정시에 시작되기는 어려웠다. 다 모일 때까지 앞풀이로 몸짓도 배우면서 열기를 돋우었다.

2시 30분이 되자 본 행사가 진행되었다. 시청광장을 꽉 메운 농협 노동자들과 투쟁 깃발들이 장관을 이루었다. 전국 집회이다 보니까 연사가 많았다. 집회가 길어졌다. 중간 중간에 노래와 몸짓패의 문화공연이 있었는데, 강원도 횡성에서 달려온 횡성지부 노래패의 노래가 인상적이었다. 부산본부 조합원이 말하길, 노래패가 강원도 사람 같지 않고 서울 사람 같다고 한다. 그 말에 옆에 앉아 있던 사람들이 다 웃었다. 노래패 가수의 세련된 모습 때문에 그런 말을 한 모양이다.

그런저런 볼거리의 제공으로 시간은 잘 갔다. 한편 파업 두 달이 지나며 어느새 실력을 쌓은 농협노조 부산본부의 몸짓패는 뜨거운 여름날 처음 보았던 때와 달리 전문 몸짓패로 변해가고 있었다. 누군가 '파업은 노동자의 학교'라는 말을 했는데, 이들을 이렇게 변화시키는 파업은 정말 노동자의 학교가 맞다는 생각이 들었다. 노동자라는 말이나 노동조합이라는 말도 어색했을 농협 사무직 노동자들을 투사로 만들어버리는, 세계 경제대국 11위권의 대한민국 노사관계가 어처구니없을 뿐이다. 마지막으로 결의문이 낭독되고 부전동 농협본부가 있는 곳까지 가두행진을 시작한 시간이 4시 30분이다. 나는 다음 일정 때문에 행진은 함께하지 못했다. 저녁 8시부터 진행되는 부산불꽃축제에 참석하기 위해 5시까지 시의회 후문으로 가야 했기 때문이다.

부산불꽃축제 참석

부산불꽃축제는 올해가 3회째다. 나는 작년 불꽃축제에 참석하지 않았다. 시의원에 당선되고 나서 처음으로 초청받은 불꽃축제였지만 부산시민의 세금이 낭비되는 행사라고 생각했기 때문이다. 나는 작년 예산심의 때 불꽃축제와 관련해서 부산시 관계자들에게 1시간의 불꽃놀이를 위해 10억 원이 넘는 예산을 들여야 되는 것인지? 앞으로 이런 행사를 계속 할 것인지? 부산국제영화제와 연계하는 방법은 없는지 등을 강구하라고 주문한 바 있었다. 그럼에도 불구하고 올해행사는 이전에 하루 행사로 치르던 것을 이틀에 걸쳐 하는 행사로 바꾸었다. 나는 올해 행사까지는 이미 이전에 결정된 사업이기 때문에 어쩔 수 없다 하더라도 내년행사부터는 철저한 예산심의를 해야 되겠다는 생각을 하였다. 올해 12월이 되면 2008년도 예산심의가 있기 때문에 직접 가서 보아야 하겠다는 생각을 했던 것이다.

5시에 시의회 버스를 타고 광안리로 향했다. 시내도로가 차량으로 꽉 막혔다. 불꽃축제에 참여하기 위해 '100만 명의 부산시민 대이동'이 이미 시작된 모양이다. 6시를 조금 넘겨 광안리에 도착했다. 백사장은 인산인해를 이루고 있었다. 7시경에 관람석에 자리를 잡았다. 본 행사가 시작되려면 1시간을 앉은 채로 기다려야 했다.

날씨가 너무 추웠다. 하루 종일 거리에만 있었던 탓인지 몸이 떨려왔다.

불꽃놀이가 시작되고 정신없이 1시간이 흘렀다. 불꽃과 레이저빔, 음악이 어우러졌지만 나는 감동이 일어나지 않았다. 나만 그런가 싶어 옆에 있던 몇몇 의원들에게 물어봤지만, 그들도 나와 마찬가지라고 한다. 왜 그럴까? 100만 명의 시민이 모여 관람할 정도의 불꽃놀이라면 그 불꽃놀이 이후의 프로그램이 있어야 한다. 시민들을 한마음으로 모아내는 불꽃놀이, 그리고 그 모아낸 마음을 함께 연결시키는 행동이 있어야 한다. 이 불꽃놀이에는 그 마음이 없다. 하다못해 불꽃놀이를 함께한 시민들은 자신이 가지고 온 쓰레기는 다시 가져가는 마음, 돌아가는 길에 승용차 빈자리에 함께한 시민들을 태워가는 마음, 돌아가는 백사장 길목에 이웃돕기 성금이라도 모으는 마음, 그러한 마음들이 모일 때 불꽃놀이는 더욱 빛을 발하는 것이 아닐까? 부산시는 100만 명이라는 숫자에만 만족하는 것이 아닐까?

백사장에 모인 100만 명의 문화적 욕구를 분출시키고 승화시켜낼 만한 문화마인드 부족이 이와 같은 감동부재를 낳고 있다는 생각이 들었다. 불꽃축제가 의도하고 시민들에게 주고자 하는 메시지가 뭔지를 헤아릴 길이 없이 광안대교에서 펼쳐지는 그 뜨거운 불꽃들이 내 가슴을 서늘하게만 했다. 고달픈 하루하루를 살아가는 부산시민들에게 내일을 위한 희망과 재충전할 수 있는 에너지를 선물하는 것이 부산시 집행부가 떠맡아야 할 숙제일 것이다. 집행부를 견제하고 감시하는 시의회 역시 고민하고 연구해서 대안을 마련하는 데 노력해야 된다는 생각도 해본다.

밤 9시가 넘어 불꽃놀이 행사가 끝나고 광안리 해수욕장을 빠져나오기 위해 수많은 인파에 휩싸여 걷기 시작했다. 지하철역에 도착했으나 사람이 너무 많아 지하철이 서지 않고 그냥 통과했다. 결국 지하철을 탈 수 있는 역까지 1시간 30분 이상을 걸었다. 중간 중간 버스정류장을 지나쳤지만 버스도 만원이라 세우지 않고 그냥 달려갈 뿐이다. 마침내 경성대부경대 전철역에 도착해서야 지하철을 탈 수 있었다. 서면역에서 1호선으로 환승하고 영도에 있는 집에 도착한 시간은 밤 11시 10분 전이었다. 토요일 하루가 이렇게 저물었다.

경계인의 하루

2009년 1월 21일,
의정활동을 갈등하다.

임시회 마지막 날이다. 용산 참사가 터진 지 둘째 날이기도 하다. 언론에서는 용산참사를 두고 경찰의 과잉진압과 철거민들의 화염병 사용을 두고 설왕설래하면서 서로 책임을 떠넘기기에 혈안이 되어 있다. 나는 어떤 이유를 막론하고 인명피해가 난 것에 대해서는 정부가 책임을 져야 한다고 생각한다. 그런데 정부에서는 책임지거나 납득할 만한 설명이 없다. 정말 이 나라가 어디로 가려고 하는지 답답하기만 하다. 최소한의 국민기본권마저 박탈당하고 있다는 느낌을 지울 수가 없다.

이런 날 아무리 시의회 임시회지만 무언가 발언이 필요한데 나는 그러지를 못했다. 지난 1월 14일 임시회 첫날에 5분 자유발언을 했기 때문에 다시 발언권을 얻어 나가지를 못했다.

허남식 시장은 미국 오바마 대통령의 취임식에 참석하기 위해 미국으로 출국하느라 본회의에 참석하지 못했다. 시장 대신 부시장이 참석했다.

오후 2시에 민주노동당 부산시당 위원장과 부위원장, 대변인이 함께 나를 찾아왔다. 도시계획조례 개정안 발의와 관련해서 나를 방문한 것이다. 부산시 전 지역에서 조례를 개정하기 위한 서명을 받고 있다고 얘기했다. 나는 이들과 이런저런 얘기를 나누고는 조례개정을 할 수 있도록 최대한 노력하겠다고 말하고 필요하면 상인들의 도움도 요청하겠다고 하였다.

당이 민주노동당과 진보신당으로 분당된 지 어언 1년이 지나고 있다. 다른 많은 이와 마찬가지로 나도 이러한 과정에서 많은 고통을 당했다. 나는 당이 분열하면서 그동안 함께 해왔던 민주노동당과는 거의 교류가 없이 지내왔다. 오늘과 같은 자리가 그동안 3차례 정도에 불과할 정도로 민주노동당 부산시당과는 소원한 관계에 있다. 그렇다고 해서 내가 특별히 정치적 입장을 달리하는 다른 행동을 하는 것도 아니다. 내 개인적으로는 진보신당 사람들과 가까운 인간관계를 유지하고 있지만 적극적인 진보신당 활동을 할 수 있는 조건이 아니다. 결국 이도저도 하지 못하면서 시의원으로서 의정활동에만 매몰된 채 혼자서 야당의원의 자리를 지키고 있는 셈이다.

나의 조건이란 다름 아닌 의원신분에 대한 것이다. 민주노동당 비례시의원으로서 내가 당적을 이탈하는 순간 나는 시의원의 자격을 잃어버린다. 민주노동당을 탈당하여 진보신당으로 당적을 옮기거나 다른 정치적 활동을 할 경우가 이에 해당된다. 그래도 민주노동당의 정치적 입장에 동의하지 못하면서 당에 남아 있는 것은 자기모순이지 않은가 하는 비판이 제기될 수도 있다. 맞다. 그래서 당이 분열할 당시에 나는 고민을 많이 했고 주변의 여러 사람들에게 의견을 물어보았다. 만난 사람들 대부분이 부산의 진보정치 역할에 대한 걱정을 많이 하였고 당시로서는 어렵게 진출하여 획득한 1석의 지방의원 자리라도 지켜내야 한다는 의견을 갖고 있었다. 시의원이라는 자리가 한 개인에게 주어진 것이기도 하지만 한편으로는 진보정치의 교두보 성격을 가지는 것인 만큼 개인의 정치적 소신이 조금 다르더라도 의원의 역할을 수행해야 한다는 것이었다.

물론 나 개인의 고민을 해결할 수 있는 방안이 따로 있기는 하다. 내가 스스로 당적을 이탈하는 것이 아니라 당이 나를 출당시키거나 당 스스로 해산하는 등의 경우에는 의원직 자격을 유지할 수 있다. 즉, 의원 개인의 불찰이 아니라 당의 불찰로 당적 변화가 왔을 때는 비례의원이라도 의원직을 유지할 수 있는 것이다. 그러나 당시 상황은 이러한 것을 허용할 수 있는 이성적인 상황이 아니었다. 분열과정에서 쌓인 서로 간의 감정적 대립과 비방은 전체 당의 존립기반을 흔들 정도로 심각한 것이었고 그 속에 있는 한 개인의 고민은 전체 당원들에게는 관심조차 끌 수 없는 미미한 사항이었다. 결국 일부 당원들이나 주변의 지인들과 논의할 수밖에 없었고 모든 결정은 나 개인의 판단에 맡겨진 상황이었다. 나는 당시 며칠 동안 아무 것도 먹을 수가 없었다. 잠도 자지 못할 정도로 스트레스에 시달리며 얼굴은 말이 아닐 정도로 상해갔다. 주위의 시선조차 귀찮을 정도였다. 당시 부산뿐만 아니라 거의 전국 시도에 1명씩은 진출해 있었던 민주노동당 의원들의 고민이 이러한 나의 고민과 비슷했던 것으로 기억한다.

　이러한 상황을 겪는 내내 나의 고민은 내가 아니더라도 진보정당 의석 1석을 지킬 수 있는 방안을 찾아보자는 것이었다. 그러나 방법은 없었다. 당시 민주노동당은 비례의원후보를 2번까지 내세웠다. 내가 의원직을 잃는다면 2번이 승계할 수 있도록 한 것인데 이 2번 후보가 이미 민주노동당을 탈당하여 진보신당으로 입당을 해버린 것이다. 유일한 대안마저 없어진 상황에서 나는 마지막 판단을 할 수밖에 없었다. 그것은 나 개인에 대한 정치적 판단이었다. 의원신분을 유지하기 위해서는 민주노동당 당적을 가져야 된다는 것과 임기동안 정당 활동을 하지 않고 의정활동에만 전념한다는 지극히 모순된 판단이었다. 이 경우 현재의 진보정치 지형상 분열된 2개의 당으로부터는 어떤 지원도 받을 수 없다는 것이었다.

　지금 나는 이러한 판단으로 의정활동을 하고 있다. 앞으로 나의 정치적 활동이 어떻게 진행될지 나는 알 수가 없다. 그러나 현재의 나를 규정하는 어떠한 틀도 나는 부정하고 싶다. 나의 활동은 이미 부산시민이라는 대중 앞에 공개되어 있는 것이고 이러한 대중의 평가는 나의 활동의 결과를 보고 이루어질 것이기 때문이다. 그것은 나의 임기가 끝난 후가 될 것이다.

　어쨌든 나는 당 분열 과정에 제기된 여러 가지 노선에서 입장이 다른 민주노동당과 일상적인 활동을 함께하기 어렵고, 마찬가지로 민주노동당 당적을 가진 채 진보신당과 교류나 정치적 활동을 함께할 수도 없다. 결론적으로 나는 두 당 사이에 끼인 경계인이 된 것이다.

봉화마을

2009년 5월 25일,

슬프다.

봉화마을을 찾았다. 지난주 토요일 오전에 노무현 전 대통령의 서거 소식을 듣고 나는 너무 놀랐다. 믿기지가 않았다. 일요일은 비가 쏟아졌다. 봉화마을에 가서 조문을 해야 될 것 같았다. 나는 차가 없어서 혹시 같이 갈 사람이 있나 해서 이리저리 전화를 했다. 다행히도 잘 알고 지내던 지명수 씨의 차를 타고 가게 되었다. 강서지역 진보신당 활동을 하고 있는 이규남 씨가 함께 가기로 했다. 아침 일찍 의원실로 출근했지만 일손이 잡히지 않았다. 약속한 시간이 되기도 전에 점심도 거른 채 약속한 장소로 나섰다.

지명수 씨의 차를 타고 가다가 이규남 씨가 장사하는 집에 들러서 태우고 가기로 했다. 마침 이규남 씨 집에 도착하니 참교육학부모회 팀이 조문을 마치고 돌아와서는 막걸리를 마시며 얘기를 나누고 있었다. 이들은 오전 일찍 조문을 하고 이 집에 와서 점심과 함께 막걸리를 마시고 있다고 한다. 마음이 울적한 만큼 술잔을 기울일 수밖에 없는 모양이다. 우리는 이들을 뒤로 한 채 이규남 씨가 길을 잘 알고 있어 봉화마을 입구까지 쏜살같이 달려갔다. 봉화마을 입구에 차를 주차하고는 긴 조문행렬을 보면서 걸음을 내디뎠다. 거기서 예전 전노협 시절 한독병원 노동조합 전 위원장 부부와 성요사 노조 전 위원장을 만났다. 너무 반가웠다. 다들 얼굴을 본 지 거의 10년이 넘은 것 같은데, 예전 그대로의 모습이다. 이들도 옛날 전노협 활동을 할 때 변호사였던 노무현 전 대통령을 만나서 알았던 그 인연의 끈을 따라 오게 된 것이리라 싶었다. 아니 인연의 끈이 아니라 엄청나게 많은 국민들의 추모행렬 가운데 한 사람으로서 여기까지 왔으리라.

다음에 꼭 보자고 인사를 하며 이들을 뒤로 하고 행렬을 따라 걸었다. 가는 중에 창원에서 일하는, 전노협 부산노련 시절 부산대 노동분과장을 했던 후배를 만났다. 벌써 조문하고 돌아가는 길이었다. 특별한 말이 필요 없었다. 현직 국회의원, 전직 국회의원이 조문을 하고, 배우 문성근 씨와 명계남 씨의 모습도 보였다.

KNN 이오상 기자가 보여 반가이 악수를 나누고 인사를 했다. 즉석에서 인터뷰를 하자고 했다. 나는 잠시 망설였으나 이전의 인연의 끈도 있고 돌아가신 분에 대해 추모의 한마디라도 보태는 것이 예의라는 생각이 들어 인터뷰를 했다. 나는 노무현 전 대통령이 영면하시길 기원한다는 내용으로 인터뷰를 했다. 이런 내 말은 그대로 TV방송을 타고 국민들에게 전달되었다. 그리고 국화 한 송이를 제단에 놓으며 추모의 예를 올렸다. 봉화마을은 조용했다. 그 많은 사람이 넘쳐나고 있었지만 다들 조용히 추모하면서 빵과 우유로 목을 축이고 노무현 전 대통령의 사저 주변을 둘러보며 고인을 생각하는 듯했다. 나는 비록 정당이 다르고 추구하는 정치노선이 달랐지만 그의 죽음을 슬퍼하지 않을 수 없었다.

노무현 정부가 들어설 당시 국민들은 많은 기대를 했다. 나도 그중 한 사람이었다. 그러나 노무현 정부는 웬일인지 노동진영, 특히 민주노총과는 함께 소통하려 하지 않았다. 노무현 대통령이 앞장서 대공장 노조를 귀족이라고 공격하였고, 심지어는 그의 재임시절 자본 측의 구조조정에 맞서다가 끝까지 협상을 거부하는 경영자 측의 태도에 절망한 나머지 금속노조 한진중공업 김주익 지회장이 크레인 위에서 목을 매 숨지는 사건이 발생하기까지 했다. 노동자와 학생들이 분신자살하는 시절은 지났다고 말했던 노무현 전 대통령, 그러나 그렇게 말한 노무현 전 대통령 자신마저 투신자살하는 현실이 오늘의 대한민국임을 그도 몰랐던가 싶다. 그 역시도 자본과 정권의 잔혹한 희생자임을 역사가 평가하리라.

많은 사람들이 그의 죽음 앞에서 이해가 안 된다고 한다. 지금의 상황에서 내가 노무현 전 대통령이었다면 어떤 선택을 했을까 하는 생각이 들었다. 이 물음에 솔직하게 자문을 해본다. 나 역시 마찬가지 선택을 하지 않았을까? 지금 이명박 정부가 자행하는 정치보복은 너무 치졸하다는 생각이 든다. 노무현 전 대통령에 대한 이명박 정부의 정치보복은 법적인 잣대로 잘잘못을 가리기 이전에, 그 잣대를 들이대는 과정에서 남용되는 권력의 횡포가 위법한 것은 물론이고 정치 도의적으로 너무 지나치다. 여기에 놀아나는 검찰과 언론은 더욱 가관이다. 아무리 검찰과 언론의 속성이 권력에 아부하는 것이지만, 해도 너무한다는 생각이고 얄미울 정도로 밉다. 노무현 전 대통령은 매일 떠들어대는 각종 언론과 검찰의 중간수사발표에 더 이상 자신의 삶의 자존심을 지탱하기 어려웠을 것이다. 나는 봉화마을과 부엉이 바위를 올려다보고 언제 다시 올지 모를 그 장소를 떠나왔다.

옛 동지와의 대화

2009년 9월 26일,
희망을 가져본다.

　정당 활동에서 오랜 후배인 세규 결혼식에 참석하려고 준비하고 있는데 또 다른 후배인 영주한테서 전화가 왔다. 영도 한진중공업 노조사무실에 있는데 결혼식에 갈 것 같으면 자기 승용차로 태우고 가겠다고 한다. 나는 고맙게 차를 얻어 타고 연제구청으로 갔다. 승용차 속에는 금속노조부양지부 교선부장과 한진중공업지회의 부지회장이 타고 있었다.

　그들과는 다음 주 월요일 만나기로 약속되어 있었는데, 만난 김에 그냥 차 속에서 선거와 관련한 얘기가 선문답처럼 오갔다. 나에게 의원 임기가 다 되지 않았느냐고 물어왔다. 나는 9개월이나 남아 있다고 했다. 그랬더니 탈당해야 되는 것 아니냐고 한다. 나는 임기를 채울 거라고 대답했다. 사실 이 문답 속에는 복잡한 공식이 있다. 내년 지방선거가 6월에 있고 나의 의원임기는 내년 6월 말까지다.

내가 만약 6월 지방선거에 출마하게 된다면 최소한 3월 초에는 의원직을 사퇴해야 한다. 임기를 채우겠다는 나의 말은 곧 지방선거에 출마하지 않겠다는 뜻이 된다.

이들은 내 속내를 읽었는지 농담 삼아 내년 지방선거 영도구 시의원 선거에서 좌영희 우상철 하자고 했다. 그들도 이런 식으로 얘기를 하고 싶지 않았겠지만 그냥 나는 우스갯소리로 넘겼다. 세규의 결혼식이 끝나자마자 영주 차를 타고 다시 한진중공업지회 사무실로 넘어왔다. 현장이 파업 중이라서 한번 와보려고 했었는데 겸사겸사 한진중공업으로 향했다. 가는 중에 슈퍼에 들러 사무실 상근 간부들에게 나누어 줄 과자도 샀다. 맛있는 회라도 사 가고 싶었지만 조합원들이 회사 내 도크가 접해 있는 바닷가에서 낚시를 하니 그럴 필요가 없다고 해서 교선부장이 권하는 대로 과자를 사 가지고 한진중공업지회에 도착했다.

나는 오랜만에 한진중공업지회에 들어오니 기분이 좋아졌다. 토요일 오후이기도 해서 노조 사무실에는 조길표 지회장과 권용상 사무장의 부인과 애들이 와 있었다. 과자 상자를 보자 애들이 좋아했다. 사무장이 나에게 현장을 방문한 김에 연설이라도 해달라고 했다. 어제 부지회장이 연설을 해달라고 부탁했지만 거절했는데, 한진중공업지회 파업현장에 온 마당에 거절은 할 수 없어 하겠다고 했다.

오후 5시가 되어 집회가 시작되었다. 삼삼오오 모여드는 조합원들의 힘찬 발걸음을 들으며 나는 연설을 준비했다. 전체 조합원의 반수 정도가 모였다. 비록 기계부품이 이곳저곳에 쌓여 있는 공장 마당이었지만 수백 명의 조합원이 모여든 집회대오는 일사분란하였다. 회사 측의 구조조정에 맞선 투쟁은 노동자들의 생계가 달린 문제이기 때문에 정말 힘겨운 투쟁이 될 수밖에 없다. 나는 이러한 사정을 잘 알기 때문에 이들에게 조그마한 힘이라도 보태주고자 하는 마음으로 연설을 하였다. 자신이 원하는 바를 최선을 다해 추구해나가다 보면 언젠가는 그 꿈을 이룰 수 있을 것이다. 한진중공업 조합원들에게도 희망찬 미래가 열리기를 기대해본다.

| 저자 약력 |

1963 부산 출생

1985 2월 부산대학교 사학과 졸업

1995~2005 영남노동운동연구소 사무국장, 부소장 역임

2004 2월 창원대학교 노동대학원 노동복지학과 석사 졸업

2006 2월 민주노동당 부산시당 광역비례대표 시의원으로 선출

2006 7월~2008 7월 부산광역시의회 기획재경위원회 위원

2008 7월~2010 6월 30일 부산광역시의회 보사환경위원회 위원

2006 7월~2010 6월 30일 부산광역시의회 운영위원회 위원

2006 7월~2010 6월 30일 부산광역시의회 예산결산특별위원회 위원

부산여성가족개발원 제1기 자문위원 역임

부산광역시 학술용역심의위원회 위원 역임

부산광역시 수돗물평가위원회 위원 역임

부산광역시 환경보전자문위원회 위원 역임

부산광역시 고용심의원회 위원 역임

| 의정활동 관련 수상경력 |

- 2009년 7월 15일 (사)보건교육포럼으로부터 감사패 받음
- (사)부산장애인인권포럼과 (사)한국장애인인권포럼 장애인정책모니터링센터로부터 광역시의원 부문에서 2008년, 2009년, 2010년 장애인 정책 우수의원으로 선정됨
- 부산경실련의 2006년 7월부터 3년간 본회의와 상임위 활동 평가를 통해 우수의원으로 선정됨
- 국제신문 2009년 6월 29일자 "5대 부산시의회 후반기 1년의 기록"에서 5대 후반기 1년 의정활동 성적표 1위, 5대 전반기 의정활동 성적표 2위로 발표됨

나는 시의회로 출근한다

초판 1쇄 펴낸날 2011년 2월 14일

지은이 김영희
펴낸이 강수걸
펴낸곳 산지니
등록 2005년 2월 7일 제14-49호
주소 부산광역시 연제구 거제1동 1493-2 효정빌딩 601호
전화 051-504-7070 | **팩스** 051-507-7543
sanzini@sanzinibook.com
www.sanzinibook.com

ⓒ김영희, 2011
ISBN 978-89-6545-136-5 03300